ちくま新書

# 明治史講義【人物篇】

筒井清忠 編
Tsutsui Kiyotada



1319

# 明治史講義 人物篇【目次】

凡例

＊各講末の「さらに詳しく知るための参考文献」に掲載されている文献については、本文中では（著者名　発表年）という形で略記した。

＊表記については原則として新字体を用い、引用史料の旧仮名遣いはそのままとする。

# はじめに

筒井清忠

明治維新や明治時代の人物について何か語るということになると、どうしてもまず小説の話になる。司馬遼太郎の小説『竜馬がゆく』『燃えよ剣』『世に棲む日日』『幕末』『歳月』『翔ぶが如く』『坂の上の雲』『殉死』などがその典型だろう。富田常雄原作で黒澤明が映画化した作品として著名な『姿三四郎』もその一つだろう。この小説において印象的な姿三四郎の師矢野正五郎が、講道館柔道の創始者嘉納治五郎《かのうじごろう》をモデルとしていることもかなり知られたことと言えるだろう。したがって実のところ明治維新・明治時代の人物についてのイメージは、その多くを我々は小説に依っているのである。

しかしまた、その読書のプロセスの中で、小説に描かれているこの人物のイメージは果たしてどこまでが本当なのだろうか、という疑問を多くの読者は抱くのではないだろうか。若い頃、司馬遼太郎を愛読した筆者自身がそうであった。司馬遼太郎の筆致があまりに巧みなので読んでいる最中はそれをあまり感じないことがあっても、読後には「本当のことを知りたい」という欲求はよくできた作品ほど強くなるものであった。

そうした疑問に答えること、すなわち明治時代の人物についてその実像を明らかにすることが、本書の一つの大きな目的である。

正確な歴史の史料に基づいたところ、著名な、例えば維新の三傑と言われる木戸孝允《たかよし》・西郷隆盛・大久保利通《としみち》といった人々はどのような人々だったのか、そうした疑問に答えてくれるのが本書なのである。

最近のこの方面の研究の発展は著しい。例えば、NHKの大河ドラマによく取り上げられる西郷隆盛の場合、坂本龍馬が西郷隆盛のことを鐘にたとえ「少しく叩けば少しく響き、大きく叩けば大きく響く。もし馬鹿なら大きな馬鹿で、利口なら大きな利口だろう」と言ったことは著名で、よく引き合いに出されてきた。しかし、本書では西郷研究の第一人者家近良樹氏により、近年の研究成果に基づき、西郷隆盛は体調が悪いことが多く非常にストレスの溜まりやすい神経質な性格の持ち主であったことが明らかにされる。そうすると明治維新や征韓論以後の動きについての解釈も随分と変わってくることになるだろう。さらには、西南戦争の際、西郷軍に勝機はどの程度あったのかなどの興味ある問題について、新しい正確な知識をコンパクトに得られることが本書の大きな特色なのである。

取り上げる対象の人物としては、明治という時代を大きく動かした重要な人物を取り上げるということを原則とした。その意味では本書は「キーパーソン中心的明治人物列伝」である。良い意味でも悪い意味でも、こうした重要な人物を読者はまず理解すべきだと、筆者は考えるからである。そこからさらに様々な多様な人物を知っていくのがよいと思う。

ただ、政治を大きく動かした人物を中心としたため、社会・文化などその他の領域の人物が十分に取り上げられなかったことは残念である。機会があればそうした人物をまとめた巻も出したいと思う。また、重要と考えたが、適切な執筆者が得られず断念したケースも当然ある。さらに、対象として予定した人物についてのこれまでの研究が、客観的な史料に基づいた正確なものと言えるのかわからないため断念せざるを得なかったことがあったことも著しておきたい。

明治維新史や明治史については、遺憾ながら一般向きの著作において誤解を多く含むものが現在少なからず刊行されている。しかし、それらは、ほとんどが正確な史料に基づいて書かれていないことが原因と言ってよい。正確な史実を理解しさえすれば、ある時代を全面的に肯定したり否定したりするような一面的な歴史理解に基づく書物が刊行されることはないはずなのである。

またそうした一面的理解は、人間とそれが織り成す歴史というものの多面性や逆説を十分理解していないことが原因であることも多い。一面化や単純化はそうした多面性や逆説を排するものだからである。その意味では人間という複雑な存在を中心に構成した本書のような書物から学び得ることは少なくないはずであり、それが編者が期していることなのである。

最後に、本書には「あとがき」がないので、ここで読者のための全体にわたるささやかな読書案内を著しておきたい。それもまず読まれるべき古典的なものを挙げることにしたい。

最初に明治時代の人物についての著作となると小説にそれを求めることが多いと述べたが、これは歴史研究者によって書かれたよい伝記がわが国では少ないことによる面が大きいだろう。よい伝記的歴史研究の多いイギリスなどに比べると、これは歴然としている。歴史的人物に対する関心は高く要求は強いのにそうした作品が少ないため、歴史小説が多いのである。

振り返ってみると、明治時代の人物についての著作は同時代から少なくはないが、信頼できる実証的研究に基づいたよい著作といえば、戦後の例えば岡義武の『山県有朋』（岩波新書）、『近代日本の政治家』（岩波現代文庫）などの著作となり、非常に少ないことがわかる。歴史を書くにあたり人物をいかに描くかの訓練（エクササイズ）を経てない研究者が多いのだ。このエクササイズがないと、青春・未熟混迷→成人・発展→壮年・円熟→晩年・老成、といった誰を書いても同じようなパターンの伝記しか書けないのである。

政治家の伝記を念頭に岡の著作を上げたが、本書は政治家にとどまらずもう少し広い範囲の人物を含んでいる。その意味では、人物ばかりではなく、政治から社会・文化までを広く含み、明治という時代を生き生きとして描いた『日本の百年』シリーズ（ちくま学芸文庫）中の『1　御一新の嵐』（鶴見俊輔）、『2　わき立つ民論』『3　強国をめざして』（松本三之介）、『4　明治の栄光』（橋川文三）が思い起こされる。広く勧められる書物である。4に橋川の書いた大逆事件の叙述一つとってみても、そのユニークさは卓越している。

『日本の百年』シリーズは、東京日日新聞社会部編『戊辰物語』・篠田鉱造『幕末百話』『明治百話』（岩波文庫）、綿谷雪編『幕末明治実歴譚』（青蛙房）、生方敏郎『明治大正見聞史』（中公文庫）、柳田国男『明治大正史　世相篇』（講談社学術文庫）等の影響を受けつつ現れた面もあり、これらの書物も読まれるべきであろう。

また、政治の歴史を中心にしつつだが広い視野から学術的に整理したものとして、升味準之輔『日本政党史論』（東京大学出版会）、坂田吉雄『明治維新史』（未来社）、『橋川文三著作集3　明治人とその時代　西郷隆盛　乃木伝説の思想』（筑摩書房）等も忘れられてはならない。

いずれにせよ、本書に登場する人物に関心を抱いた読者は、各人物ごとに研究史を踏まえた参考文献が掲げられているのでそれらの書物を読むことをまず勧めたいが、明治という時代に新たに関心を持たれた読者にはこうした書物をさらに読み進めていくことを勧めたい。これらの書物を読み進めていけば、前記のような一面的な明治史理解に陥ることなく、伝統的であると同時に近代的であり、「頑固」であるとともに「進取」でもある、「明治」の多面的でユニークな実像を理解することが可能となろう。本書からもわかるように、その多面性が明治という時代の「魅力」なのである。

第1講

# 木戸孝允――「条理」を貫いた革命政治家

落合弘樹

## †江戸遊学と研鑽

木戸孝允《たかよし》は一八三三(天保四)年に、萩城下の呉服町で、藩医和田昌景の長男として生まれた。そして七歳のときに知行一五〇石、大組士《おおぐみし》の家格だった桂孝古の末期養子となり、桂小五郎を名乗る。慶応期に「木戸」と改姓するが、養父孝古の家系が毛利家の家臣に複数存在する桂家のなかで「木戸桂家」と呼ばれたことにちなむ。諱は当初から孝允だった。本講では煩雑を避けるため、桂小五郎とせずに最初から木戸孝允として扱う。

一八五一(嘉永四)年に実父が没すると、資産を相続した木戸は自費での江戸遊学を藩に願い出て認められ、翌年から短期間の帰国を除き、七年近く江戸に滞在する。江戸に入った木戸は斎藤弥九郎の練兵館に入門し、わずか一年で神道無念流剣術の免許皆伝を得て塾頭となった。

さらに韮山代官江川英龍に入門して、西洋兵学・小銃術・砲台築造術を学び、浦賀奉行所与力中島三郎助のもとで造船学を学ぶなど、知識と交流を広げている。

対外的危機が増大するなか、長州藩は幕府から相州警備を命じられたが、木戸はペリー来航に大きな衝撃をうける。なお、吉田松陰とは、明倫館で兵学を学んだことはあったが、江戸遊学中に親密となり、松陰の密航計画を支持した。木戸はアメリカと和親条約を結んだ幕府の対応に、「外夷」の圧力に屈したと失望している。また、武人という本分を全うできない武士を淘汰し、器量に応じた登用を念頭に人材の育成を訴えた。

一八五八（安政五）年五月、将軍家定の継嗣をめぐる南紀派と一橋派の対立、さらに日米修好通商条約案の勅許拒絶で内政が動揺するなか、長州藩では朝廷への忠節・幕府への信義・祖先への孝を説く藩是が定められる。さらに国相府の当職（国家老に相当）だった益田弾正《だんじょう》が君側の筆頭である行相府の当役に転任し、周布政之助《すふまさのすけ》が手元役に任じられるなど、天保期に改革を主導した村田清風の人脈が藩政を主導するようになる。そして、周布に目をかけられていた木戸も大検使の役に就き、長い江戸遊学を終える。

### †政治活動の開始

萩に戻ってから九カ月後の一八五九（安政六）年、木戸は江戸詰を命じられ、一〇月に再び江戸に入るが、直後に吉田松陰が処刑され、伊藤博文らと遺骸を引き取った。その後、江戸桜田邸の教育機関だった有備館の御用掛を命じられる。翌年三月に安政の大獄を断行した大老井伊直弼が殺害されると、「大快事」と水戸浪士の「義挙」を絶賛している。そして、この年の七月に長州藩船丙辰丸で水戸藩士西丸帯刀《さいまるたてわき》らと会合し、「桜田の劇を再演し或は外人を屠り」と実行策に出る「破」の立場と、「幕府忠諫の任に当」る「成」の立場に双方が分かれ、水戸藩が「破」にあたり長州藩は「成」をなすという「成破の盟約」が交わされた。幕府を相対化させ、朝廷の求心力のもとに外圧に耐えうる国家体制を構築するというのが、当時の木戸の持論だったが、「成」を引き受けるあたりに粗暴な直接行動に否定的な木戸の姿勢が現れているといえよう。ただし、この盟約は両藩有志の非公式な約定にすぎず、周布ら重臣は慎重な姿勢を示した。結果的には水戸の「破」が、一八六一（文久元）年の東禅寺イギリス公使館襲撃、さらに六二年一月の坂下門外における老中安藤信正暗殺未遂というかたちで先行し、木戸は「成」の模索に迫られることとなる。

木戸孝允（1833-1877）

桜田門外の変以降、幕政は老中安藤信正と久世広周が主導したが、基本的政策は井伊政権を引き継ぎ、大獄関係者の復権はなく、開港場となった横浜での貿易は急速に拡大していた。一方、攘夷を国是とする孝明天皇の叡慮《えいりょ》も不変であった。こうした開鎖両論による江戸と京都のねじれと二重王権的状態は、国内を紛糾させ、外国の干渉を招きかねないと危惧された。打開策として皇女和宮と将軍家茂の婚姻がなされるが、根本的な解決とはならなかった。そうしたなか、六一年三月に長州藩直目付の長井雅楽《うた》は公武周旋の方策として「航海遠略策」を藩主毛利敬親《たかちか》に建言した。その内容は、人心不和は武備充実を妨げ、対外戦争は清国の轍を踏むこととなるので、朝廷は破約攘夷の方針を改め、幕府に対して艦船建造など軍備充実に邁進し海外進出に着手するように命じるのがよいというものだった。敬親はこの議論を称賛し、藩論とすることが決定され、長井は入京して朝廷と折衝した。孝明天皇も、海外に飛躍して五大洲より朝貢を受けるという論に満足し、長井はさらに江戸に入って老中久世広周と折衝したが、外様大名の臣下が政局をめぐり幕閣を説くのは前代未聞の事態である。

長井による公武周旋は順調に進みだしたかのように見えたが、藩内では久坂玄瑞ら尊攘激派が、長井の方策は通商条約の違勅《いちょく》調印という失政を犯した幕府に助け船を出し、朝廷に攘夷の放棄を求める奸策だと攻撃を強めた。木戸も、井伊政権の残滓というべき安藤老中ら「姦吏《かんり》」をそのままにして公武周旋を進めることを強く批判した。長井の真意は幕府に朝廷尊崇の態度を明示させ、朝廷が幕府よりも優位に立つことを前提としていたが、他の大名家との連携が確保できず、抜け駆けの印象を外部に与えた。長井による周旋策は、こうした藩内外の反発に加え、坂下門外の変で負傷した安藤老中の事実上の失脚、さらに薩摩藩主島津茂久《もちひさ》の父である島津久光が率兵上京という強烈な手段で政局に乗り出してきたため、完全に時機を逸した。さらに久坂らの工作の結果、長井の建白書に朝廷を誹謗する文言(「謗詞《ぼうし》」)があるとの疑義が京都から発せられ、長井は帰国を命じられて表舞台から排除された(翌年、藩命より切腹)。

### †藩論転換を主導

一八六二年前半、孝明天皇は長井の周旋に「此七八年無之《これなき》愉快之儀を聞たり」と大いに喜悦する一方、腰が重い久世老中に苛立ち、和宮降嫁の条件だった一〇年以内の攘夷断行という密約を公表している。こうした、天皇の公武一和という内意と、表向きの強硬姿勢という矛盾は、文久期の政局を複雑化させる最大の要因となっていく。天皇自身は早い段階で開国が不可避であることを認識していたが、攘夷熱が高まるなか、安政期に井伊政権との対抗から表明した論に束縛され、開国への軌道修正も積極的にはできず、ことさら過激な攘夷論を「叡慮」として堅持した。そうした矛盾に最も左右されたのが長州藩だった。

一方、島津久光は朝廷から公武周旋を命じられ、勅使大原重徳《しげとみ》を擁して江戸に向かった。久光の意図は、兄斉彬の盟友だった松平春嶽による幕政主導と、将軍上洛に合わせての国是会議開催による開国への移行だった。江戸在府中の毛利敬親には勅使に協力せよと朝廷から指示が下る。しかし、敬親は長井の「謗詞」への弁明を理由に、勅使一行が東海道から江戸に入る前日の六月六日に、あわただしく中山道経由で京都に向かった。当時、木戸は京都に滞在していたが、藩主が勅使を避けて江戸を離れたことを拙策と批判している。周布らが対応のため江戸に残ったものの、久光は当然ながら不快感を抱いた。

久光が江戸に向かう直前の五月一一日、朝廷は坂下門外の変を絶賛したうえで、幕府が攘夷に着手しないなら、神武天皇や神功皇后の偉業にならい公卿百官と天下の牧伯を率いて夷狄《いてき》を制圧するという「親征勅諭」を発した。天皇の意図は公武周旋《こうぶしゅうせん》に本腰を入れない久世老中への恫喝だったと思われるが、木戸はあまりに過激な内容から真偽を疑い、議奏中山忠能《ただやす》に問い合わせた結果、「真の勅文」との確答を得る。そして、「条理已《すで》に尽き、条理已に極ると云《いう》可し。依て断然攘夷の勅を奉す。是より挙国攘夷に決心」したと自叙で回顧している。

こうした状況をふまえ、木戸は京都を発して美濃国中津川で藩主一行を待ちうけ、航海遠略策による公武周旋を断念し、奉勅攘夷へと藩論を転換するように訴えた。ただ、行相府の重役たちだけでは判断がつかず、京都到着後に御前会議を開いて結論を出すこととなった。七月六日、藩主父子、行相府、在京藩士、さらに江戸から駆けつけた周布ら藩の首脳が一堂に会した会議が開かれた。木戸の奉勅攘夷論に対し、武備充実がいまだ不十分な状態での即今攘夷は無謀だという現実的な反対意見もあったが、行相府の中心だった周布は従来の方針を一変させ、「楠公《なんこう》湊川の一挙」にならい叡慮を一途に奉じるべきだと強調した。この結果、奉勅攘夷への藩論転換が一決する。周布は入京直後から木戸と協議しており、一気に議論を切り替えるタイミングを図っていた。ただし、周布が「攘排也《はらうはいなり》、排開也《はいはひらくなり》、攘夷而後国可開《じょういしこうしてのちくにをひらくべし》」と記したのと同じく、木戸は久坂のような徹底した排外主義ではなかった。翌年、朝廷と長州藩が一体となって将軍に攘夷断行を迫っていたのと同時期に、井上馨《かおる》・伊藤博文・井上勝・遠藤謹助・山尾庸三がイギリスに送られたのは、将来は開国を期するという木戸らの巧妙な方針にもとづく。こうして長州藩は政局の主導権を薩摩藩から奪回した。

藩論を転換した木戸ら長州藩の執行部は、将軍を上洛させて従来の失政を謝罪させ、臣下として破約攘夷という叡慮を遵奉させることを図る。こうした劇的展開を果たした木戸は、七月一四日に右筆役・政務座副役に昇進するが、妹治子の夫で航海遠略策に共鳴していた来原良蔵《くるばらりょうぞう》が八月に自決する。木戸は悲嘆したが、周布は「破約攘夷開兵端《へいたんをひらく》、此七字当今之急務」と激励している（木戸は来原の子を養子にして孝正と名乗らせた。孝正の子が昭和天皇の重臣木戸幸一である）。その後、長州藩は土佐勤王党と結合し、一一月に別勅使三条実美・姉小路公知を江戸に送って早期の将軍上洛と破約攘夷を督促した。

「勤王年」ともいわれる一八六二（文久二）年は、「叡慮」の影響が格段に高まる一方、幕府の権力的比重が大幅に低下し、松平春嶽を中心とした有志大名が幕政を主導し挙国一致を図るという安政期以来の構想を乗り越え、藩士クラスの有志が政治過程を大きく左右するようになった。そして、横浜開港後の経済的混乱にともなう排外的な民意と連動し、攘夷を前提とする変革へと潮流は大きく変わる。木戸は勤王の諸藩と有志が結束すれば局面は変えられると認識していた。また、「五六年前は幕吏の罪を糺《ただ》し候位の議論に有之《これあり》候処、今日の勢専ら徳川氏の罪を相糺し不申《もうさず》ては、所詮《しょせん》御国威御挽回被申儀《もうさるぎ》は無覚束《おぼつかなく》」と、倒幕をも視野に入れるようになる。後述するように、「正藩合一」による幕府との対峙は四年後に薩長連合として具体化するが、その根軸は木戸を中心に築かれたといえよう。

### †攘夷断行と藩の苦境

一八六三（文久三）年に入ると、長州藩を中心とする奉勅攘夷派は、さらに強い態度で幕府に攘夷の履行を求めた。具体的には失政の謝罪という含みを持たせた将軍上洛、明確に将軍を臣下と位置づけたうえでの家茂参内と賀茂社行幸随従、条件付の「庶政委任」（事柄によっては朝廷が大名に直接指令を送ることもあるとした）、攘夷期限の確定、親征のための大和行幸計画と、幕府を窮地に追い込んでいく。また、長州藩は下関で外国船に砲撃を加えて攘夷を実践した。

しかし、長州藩による政局主導は、「八月一八日の政変」によって一挙にくつがえされ、三条実美以下の七卿や尊攘激派とともに京都から放逐されることとなる。木戸は無謀な攘夷が可能とは考えておらず、激派の頭を抑えつつ政局を主導しようとしたが、薩摩藩を中心とする大名の勢力から浮き上がり、「天誅」による恐怖や宮廷工作を利用した政局主導は、底の浅いものだったことが露呈された。以後、木戸は「正義の藩」との結合で事態を打開しようとし、内部抗争を調停したことのある対馬藩や、奉勅攘夷に同調的だった鳥取藩との連携を図るが、藩内では京都奪回を図る進発論が強まる。周知の通り、長州藩は池田屋騒動を契機に禁門の変へと突き進み、久坂や寺島忠三郎ら藩内有志が戦死するとともに、「朝敵」の汚名を蒙って征討の対象となり、さらに四国連合艦隊の下関攻撃で砲台を破壊された。恋人である芸妓幾松の保護を受けたのち京都を脱出した木戸は、但馬国出石での亡命生活を余儀なくされる。

西郷隆盛を参謀とする征長軍との和議が進められるなか、高杉晋作が決起し、幕府に恭順姿勢を示した「俗論党」政府を打倒した。しかし、「正義」「俗論」の激しい内訌《ないこう》のなかで、多くの逸材が喪失され、指導的人物が欠如した結果、一八六五年四月に木戸は推戴されるかたちで復帰し、割拠の方向に藩を導くが、奇兵隊など諸隊の影響力が格段に強力となった以上、彼らの意向をふまえなければならなかった。

## †薩長連合の成立と木戸

木戸が藩に復帰する以前から、大宰府に亡命した三条実美らの周辺にいた中岡慎太郎らにより、ともに幕府からの割拠をめざしつつ敵対する薩長両藩を提携させようという運動が起きていた。六五年閏五月には木戸と西郷の下関会見が用意された。しかし西郷が将軍進発をうけて上京を急いだため失敗し、木戸は「また薩摩にだまされた」と憤慨するが、坂本龍馬は薩摩藩名義による小銃の輸入を提案した。薩摩藩家老小松帯刀《たてわき》は長崎を訪れた井上と伊藤に対して支援を確約する。井上は鹿児島に招かれ、久光と対面して薩摩の意向を確認している。こうした薩摩の好意に応じ、九月八日に毛利敬親・元徳父子は島津久光・忠義父子に宛てて従来の行き違いを詫びる親書を送り、両藩は実質的に和解した。

一方、幕府は長州再征の勅許を獲得した。西郷・大久保は「非義の勅命は勅命にあらず」というメッセージを坂本龍馬に託して長州に送ったが、対応策について責任者同士で詰めの協議をする必要が生じたため、一二月に黒田清隆が薩摩から山口に派遣され、長州側代表者と政局の中枢と化した京都での折衝を求めた。木戸は久光と面会した井上を送ろうとしたが、高杉や井上は木戸に上京を強く求める。薩摩家への不信感が強い木戸は難色を示す。また、諸隊にも薩摩への敵意が根強く残っていた。たとえば御楯隊の太田市之進などは「死者え対し薩と合力同心は是迄同有志之恥る処」と息巻いている。井上は、木戸が上京を断れば黒田に顔向けできないと迫り、結局のところ木戸が代表を務め、諸隊から品川弥二郎らが同伴するかたちで二七日に三田尻を出港、翌年一月七日に京都の薩摩屋敷に入った。

西郷と木戸の折衝は平行線をたどる。西郷は「今日先《まず》之を忍べ。他日雲霧霽《はれ》て御上京之節共に歎願致度《いたしたく》」と、長州藩がとりあえず幕府の処罰に服することを求めた。西郷は、長州処分が手詰まりの状態となり出兵にも踏み切れない幕府が、伏罪を条件に寛大策に出る可能性は十分にあると見ており、内戦は「率土瓦解《そつとがかい》」の危機をもたらすと考えていた。しかし、木戸は三家老の首級を差し出したことで禁門の変の伏罪は決着済みで、このうえの謝罪は論外だと強く表明した。彼の薩摩への根強い警戒心もあるが、それ以前に戦闘の現場から身を避ける木戸に対する諸隊からの厳しい視線を計算したともいえよう。西郷は長州藩の意向を確認したが、薩摩は長州に頼み事をする立場ではなく、幕府の出方を慎重に見守っていた。

幕府は二〇日に毛利父子の蟄居を前提とする処分案を朝廷に上奏する。この日、西郷の不明確な態度に業を煮やした木戸は帰国を表明したが、ちょうど坂本龍馬が京都に到着する。幕府の長州処分案は二二日に勅許されたが、もとより長州藩がのめる内容ではなく、開戦の危機が高まった。これをふまえ、同日に小松帯刀の御花畑屋敷で、木戸・西郷・龍馬の間で詰めの協議が行われ、薩長の間で六カ条の盟約が成立した。その内容は、幕長開戦の際は、薩摩は在京の兵を増強して京都・大坂を固める。戦況の有利・不利にかかわらず薩摩藩は長州藩の雪冤《せつえん》にむけ尽力する。開戦に至らなくても、雪冤を幕府側が妨害する場合、薩摩は決戦を辞さない。双方とも、今日より誠心を尽くし、皇威の回復にむけて尽力する、というものだった。この盟約は、軍事戦略というより共通の政治指針を示したもので、天皇の反省をも意図した朝廷改革を構想しており、幕府にかわる新政府の樹立を遠望したものといえよう。

こうして薩摩藩の不参戦を確保し、大村益次郎の近代的戦術を取り入れた長州藩は、四境すべてで征長軍を撃破し、浜田および小倉の城を占領した。薩長連合の成立を達成した木戸は、藩官僚と諸隊の双方を統括しうる立場を確保し、長州閥の総帥になっていく。

## †急進改革の演出者

新政府成立後、一八六八年に参与・総裁局顧問となった木戸は、国是を定めた「五箇条の御誓文」について、由利公正の原案、福岡孝悌の改定案にさらに手を加えて確定した。とくに第一条は「列侯会議」をうたった原案を「広く会議を興し、万機公論に決すべし」と改めた。また第四条「旧来の陋習《ろうしゅう》を破り、天地の公道に基づくべし」は木戸の意思で加えられている。そして、誓文は天皇が文武百官を従えて天地神明に誓うという儀式を通じて公表するという構想を実現させた。天皇を権力の頂点に据え、あわせて公論にもとづく政治を行うという、維新の基軸を明示したといえよう。その後、木戸は版籍奉還による諸侯の領主権回収を促進する一方、官吏公選や議事機関の設置に尽力した。

政府にとって大きな課題となったのは、第一に直轄の府県と藩という、郡県・封建の併存だった。分権的な存在で大名家の主従関係を維持し、軍事力をも備えた藩を解体し、集権化をいかに早期に実現するかという問題に木戸は対応していく。第二は、脆弱な財政基盤をいかに強化していくかであった。一八六九（明治二）年に民部・大蔵両省が合併され、大輔となった大隈重信のもと、伊藤博文や井上馨、さらに渋沢栄一ら旧幕臣の能吏を中心に、徴税の強化や金札引換、藩札や藩債の整理を前提とした藩政改革など急進的改革が推進されたが、木戸はその後ろ盾となった。しかし、漸進《ぜんしん》的な改革をとなえる大久保利通や広沢真臣《さねおみ》との対立が激化する。木戸は大隈の参議就任を図ったが、大久保らは辞表を掲げて抵抗し、七〇年七月には民部・大蔵省の分離が断行された。さらに鹿児島藩士族横山正太郎が、木戸が計画した朝鮮への派兵による国内的混乱の収拾や、官吏の驕奢《きょうしゃ》を糾弾する文面を掲げて諫死《かんし》するという事件が起こり、政府内の分裂は深刻化した。

こうした事態をふまえ、木戸と大久保は薩長の結束を再び強化するため、中央政局から退隠して薩摩隼人の維持・育成に努めていた英雄西郷隆盛の呼び戻しを図り、岩倉具視を勅使として山口・鹿児島に派遣するとともに、帰国して地元の説得を図った。この間、木戸と大久保をつなぐ存在だった広沢が暗殺される。一八七一（明治四）年二月三日に木戸は西郷・大久保、さらに板垣退助とともに帰京し、薩長土三藩からの兵力提供により御親兵が設置されることとなる。西郷の上京で薩長の結束が強化されたかにみえたが、大久保が諸省の卿を中軸とする新体制を構想し、参議は木戸だけとする案を示すと、木戸は猛反発した。そして大臣・参議の権限をむしろ強化して諸省の割拠を抑えることを主張する。やむなく、西郷が木戸と一緒に参議に就任することとなったが、その後も政府内は政体論や人事をめぐる紛糾が続く。こうした停滞をみて、鳥尾小弥太や野村靖ら長州藩出身の財務・軍事部門の若手官僚たちは、高知や熊本など有力藩の朝権一定運動に先を越されることを危惧して井上や山県に突き上げを行い、それを契機として七月一四日に、電撃的に廃藩置県が断行された。こうして全国の政令が帰一したが、その根幹となる制度改革の多くに木戸は携わっている。

**†煩悶する元勲**

廃藩置県からわずか四ヵ月後に岩倉遣外使節団が横浜港を出発し、木戸は大久保・伊藤とともに副使として加わった。出国に際し、木戸は士族の常職廃止と家禄の整理、税制改革という最重要の課題を井上馨に託している。欧米の近代社会を実見した木戸は、近代西洋の開化は根本が深いのに対し、日本はいまだ表面上の開化に急なばかりで、国力の損耗を度外視していると感じた。とくにドイツは驕奢を抑え沈着に進歩していると感銘し、留学中の青木周蔵から強力な君主権とユンカーによる補強を特徴とするドイツの国制と漸進主義を伝えられ、強い関心を抱く。以後、木戸は国憲制定と君主制の確立、華士族の新たな位置づけに重点を置くようになる。ただ、洋行中から木戸は体調不良に悩むとともに、大久保や伊藤との確執も生じた。

帰国後は参議兼文部卿に就任したものの、台湾出兵に反対して下野した。政局は参議兼内務卿の大久保利通が主導したが、北京での李鴻章との交渉で日清開戦は回避したものの政権の基盤が不安定だったことから、木戸および板垣退助との調和を図り、一八七五年に大阪で会見した。木戸と板垣は、立憲政体樹立と三権分立を参議復帰の条件とし、それに応じて漸次立憲政体樹立の詔が発布され、新たに元老院・地方官会議・大審院が設立された。木戸は地方官会議の議長に就き、民情を国政に反映させる機関に位置づけようと図っている。六月から開かれた会議では地方警察や地方民会について審議され、議論の取りまとめに苦心している。

木戸は士族と農民の双方の生計を安定させることを求め、秩禄処分および地租改正の急速な断行に批判を強めた。家禄の最終的廃止である金禄公債証書発行条例については、大臣・参議のなかでただ一人反対し、一八七六年秋に地租軽減を求める大規模な農民一揆が発生すると、農民たちに同情する姿勢を示した。木戸は大久保の施策について、官権を民情より優先させていると批判する。また朝鮮遣使をめぐる七三年の政変以降、西郷が兵威を基盤に鹿児島で割拠していることも容認できなかった。一八七七年二月に西南戦争が勃発すると、西郷と大久保の間に入って仲裁することを図り、鹿児島への派遣を望んだが果たせなかった。この頃から健康状態の悪化が深刻化し、「西郷また大抵にせんか」と憂憤しつつ、五月二六日に思い出多き京都にて、四五年の生涯を閉じた。

木戸は、剣豪ながら修羅場を巧妙に避ける「逃げの小五郎」で語られることが多い。また、寡黙な西郷・大久保とは対照的に感情をあらわにすることも多かったが、逆にいえば幾松との真摯な恋愛も含め、彼らと違った人間味を感じることもできる。そして、時代の流れと民意を読みとり、それを国家の将来像につないでいく能力は、一貫して群を抜いていた。「条理」を追求し続けた木戸の近代国家創設における貢献は、高く評価できるだろう。

**さらに詳しく知るための参考文献**

＊木戸孝允については、日記や書翰、来翰など一次史料が『木戸孝允日記』、『木戸孝允文書』、『木戸孝允関係文書』として活字化され、妻木忠太『松菊木戸公伝』（明治書院、一九二七）が最も詳細で重厚な評伝となっているが、入手しやすい基礎的な文献としては以下があげられる。

大江志乃夫『木戸孝允——維新前夜の群像　第4』（中公新書、一九五六）……幕末をメインに叙述されているが、桂小五郎への評価が高い一方、参議となった明治以降の木戸孝允は、横井小楠と違って要路につくべきではなかったと酷評している。ただ、背景にある明治維新への視点は、今日的には古すぎると言えよう。

松尾正人『木戸孝允——幕末維新の個性8』（吉川弘文館、二〇〇七）……大江と異なり、新政府発足後の木戸の役割について、版籍奉還や廃藩置県など制度改革や国家構想の展開と関連づけながら積極的に評価している。また、一次史料をふまえて叙述されている。

一坂太郎『木戸孝允——「勤王の志士」の本音と建前』（山川出版社日本史リブレット人、二〇一〇）……九〇頁程度の平易な評伝であるが、木戸が「勅」とどのように向き合っていったのかが描かれている。

# 第2講　西郷隆盛――謎に包まれた超人気者

家近良樹

## †虚像と実像の乖離

西郷隆盛の研究は、近代史家にとって最も難しいテーマの一つとされる。これには、さまざまな理由が挙げられる。まず西郷の生きた時代が日本史上でも有数の激動の時代だったことがある。すなわち、あまりにも短時日の間に、これまたあまりにも多くのことが錯綜して発生した時代状況の中で西郷は生き、少なからざる間を飛び切りの主役として生きた。したがって、当然のことながら、彼の行動を複雑な時代状況の中で正確に捉え、そのうえ解り易く説明することは至難のわざとなる。

しかも、西郷の人生は出入りが激しかったために、一貫して中央政局に関わったわけではなかった。この点で、彼の後輩・同志であり、かつある意味でライヴァル的な関係ともなった大久保利通とは大きく異なった。大久保は、政治の表舞台に登場して以降、常に主流の座から下りることはなかった。だが、西郷はそうではなかった。そのため、彼に関わる歴史叙述を行ううえで、一層の困難が伴う。

ついで、西郷研究を困難にしている要因として、西郷が極めてユニーク（独特）な人間だったことが挙げられる。西郷は、一定の枠組みを設け、その中に押し込めようとしても、収まりきらない人物であった。西郷は真に不思議な人物で、多くの国民の眼には、一見容易に理解しうるキャラクターの持ち主と映る。それは、小さなことには拘泥しない泰然自若とした大人物（英雄・豪傑）としての像（イメージ）である。また、人によっては、西郷は人格円満で完全無欠な神に近い人物だと受けとめられる。

西郷は、むろん、他人の真似しえない胆力の持ち主だったが、その一方で繊細な感性の持ち主で、小さなことにもすぐに目の向く気配りの人でもあった。また、本来は多情多感といえるほど情感の豊かな人物で、好き嫌いも激しく、しばしば敵と味方を峻別しないではおれない一面があった。

したがって、敵対者との人間関係のもつれ等から生じる巨大なストレスから逃れられず、時に深刻な体調不良状態に陥った。すなわち、等身大の西郷はごく普通の人間でもあった。ところが、世間一般は、しばしば西郷を人間離れした英雄・豪傑としてのみ見がちである。こうしたことが、西郷の実像（実態）をより掴みがたくしているといえる。

### †変身前と変身後

さらに、このことには西郷の変身（心）が大きく関わった。普通、西郷の生涯は、幕末維新期と明治期に分けて論じられる。その際、よく使われるのが、「維新（慶応）の功臣にして明治の賊臣」との言葉である。すなわち西郷は、徳川将軍家と摂関家が、それぞれ幕府と朝廷という支配の頂点に君臨していた旧体制を幕末維新期に破壊に導くうえで顕著な功績を残したが、明治期においては真逆な立場になったとの評価である。

しかし、西郷の内面にまで踏みこんで分析すれば、西郷の在り方が、二度の流島体験（なかでも第二次流島時）を境に大きく異なることになったのが判る。西郷は、広く知られているように、本土（鹿児島）から遠く離れた南の島で二度にわたって流島生活を送った。一回目は、一八五九（安政六）年の一月から一八六二（文久二）年の二月に至る、約三年間に及んだ奄美大島での生活であった。二回目は、一八六二年の七月から翌々年（元治元年）の二月に至る、約一年半に及んだ徳之島（ついで沖永良部島）での生活であった。

西郷隆盛（1828-1877）佐藤均筆

西郷の在り方を大きく変えたのは、第二次流島時であった。第一回目の流島は、藩主島津斉彬の命を受けて従事した政治活動（その中心は、一橋家の当主だった慶喜を第一三代将軍徳川家定の継嗣〔後継ぎ〕に据えようとするものであった）によってもたらされたものであった。すなわち、この活動に従事したため徳川政権から目をつけられ、身を隠すために藩命によって奄美大島に流された。したがって、西郷自身に罪があったわけではなく、そのぶん西郷は自由度の高い生活を送ることになった。藩から経済的支援を受け、また島人と大好きな相撲を取り、火縄銃を使っての狩猟にいそしんだ。そして、なにより現地妻として愛加那《あいかな》を迎え入れることもできた。

だが、西郷は、いったん復権を遂げたものの、斉彬のあと藩政の実権を握った島津久光の尋常ではない不興（不信）をそのあと招き、再度流島生活を送ることを余儀なくされる。そして、これは文字通り罪人としての生活となった。狭い座敷牢での生活が始まったのである。しかし、この再度の流島生活で西郷は大きく変身し、思慮深く、かつ志操堅固な「人物」のレベルにまで成長することになる。

それまでは、いってみれば「人材」レベルに留まっていたのが、豊かな人間力を有する大人物へと飛躍を遂げることになった。そして、これには、やはりなんといっても、それまでに経験したことのない艱難辛苦が彼を鍛えあげた面があった。また、その一方で、時間だけはたっぷりとある孤島での生活で、これまでの自分の人生（前半生）を深く振り返る時間を持てたことも大きかった。

西郷は読書に励むとともに、これまでの自分の在り方を見つめ、十分な反省を行ったのである。その結果、西郷は、理詰めの性分を包み隠し、人間的底力を養いながら茫洋とした人物像を可能な限り演じ続けていくことになる。もっとも、このことは、反面、西郷の行動とその考えをともに非常に解り難いものとすることにもなった。

それまでの西郷は、元気いっぱいで、自分の思ったことをすぐに口にする直情径行型といってもいい青年だった。しかし、そのため、彼の過激な発言は敵方にしばしば筒抜けとなった。たとえば一八五八(安政五)年の九月一六日夜、西郷は近く上洛してくる老中の間部詮勝が「暴発」に及べばすぐに「義兵」をあげるといったことを口にしたらしいが、これは京都で諜報活動に当たっていた彦根藩士の長野主膳にすぐに察知された(『大日本古文書　幕末外国関係文書』二一)。

ことほどさように、若かりし日の西郷は天真爛漫なところの多分にある青年だった。だが、第二次流島生活を終えて鹿児島に戻ってきて以降の彼は、島津久光以下に対して低姿勢に徹するなど、対人関係において格段に慎重な男に変身した。そして、国民の圧倒的多くが抱く西郷のイメージは、この後半生の西郷に対してのそれである。

## †中央政府入りをなぜしなかったのか

ところで、後半生（なかでも明治期以降）の西郷の言動と行動は、多くの謎に包まれている。謎を商品として売るデパートになったとすら評してもよいぐらいである。以下、順を追って明治期の西郷にまつわる謎のいくつかを取り上げることにしたい。

一八六七（慶応三）年一二月九日に決行された王政復古クーデター後に成立した新政府内で、西郷と大久保の両人はともに孤立することになる。そうなるに至った最大の要因は、徳川慶喜と徳川家に対してのみ一方的に辞官納地を彼らが求めたことによった。辞官とは、前将軍の徳川慶喜に対して与えられた内大臣の官位を一等下し、他の大名並みの官位に引き下げることを求めるものであった。また納地とは、徳川家に領地返上を命じる朝命を下し、それによって新しく誕生した政府を支えるための財源を確保しようとするものであった。

官位問題に関しては、慶喜が政権を返上（大政奉還）した以上、妥協が可能であった。大きな問題となったのは納地問題であった。旧幕府側に対してのみ、領地の返上が一方的に求められたからである。そのため、このような西郷らの要求は、公議公論にもとづく政治をこれから行っていくと高らかに宣言した、王政復古の精神と合致しない、アン・フェアなものだと猛烈に批判され、西郷らは新政府内で孤立を深めることになった。

こうした苦境から西郷らが脱出しえた直接的なきっかけが、一八六八（慶応四）年の一月三日に勃発した鳥羽・伏見戦争であった。ついで、これ以後、西郷は箱館五稜郭での戦いに至る戊辰戦争に従軍（ただし、多くは実戦には参加しえなかった）することになる。そして、戊辰戦争に従軍したあと、西郷は中央政府入りせずに鹿児島に留まることになる。

ところで、明治期の西郷にまつわる数多い謎の最初のものが、なぜ戊辰戦争後、西郷が中央政府入りをしなかったのかという問題である。これに対しては、西郷の仕官嫌い（窮屈な役人生活を嫌った）の性格に加えて、次のような理由が解答として考えられる。

その一は、とかく薩摩藩に対する諸藩の嫌疑が強かった当時にあって、大久保と自分の両人がともに政府の中枢に坐る形になると、ますます嫌疑を招くと西郷が判断した結果だろうということである。幕末時の文久年間に薩摩藩が中央政局に登場して以来（いうまでもなく、その口火を切ったのは、一八六二（文久二）年に決行された島津久光による率兵上洛（出府）であった）、同藩に対する嫌疑は、幕府関係者のみならず、朝廷関係者や諸藩士の間でも強かった。つまり、幕府を追いつめることで、徳川家に代わって薩摩藩が全国の支配権を握ろうとしているのではないかとの嫌疑であった。

本質面で、人一倍、周りの動向に神経を尖らせるタイプだった西郷は、当然のことながら、こうした反薩摩感情の高まりに人一倍気をもんだ。事実、西郷が、これ以上の反薩摩感情の高まりを招かないように動いた痕跡は幾つもある。その代表例が一八六八年の一月一七日に、藩主の島津忠義が海陸軍総督に、西郷が海陸軍掛と徴士に、それぞれ任ぜられると、忠義を説得して辞退したことである。

また、戊辰戦争終結後の西郷が国元に引き籠った理由としては、島津久光の存在が挙げられる。そして、これには、戊辰戦争での大勝利を背に、鹿児島にあって門閥制度の打破およびそれと裏腹の関係にある人材の登用ならびに藩政の全面的改革を声高に叫んだ西郷配下の下級藩士の動向が密接に絡んだ。久光は一定程度の改革の必要性は認めたものの、下級藩士の主張を旧来の身分・格式（藩主や家老中心の在り方）を大きく突き崩しかねない危険なものだと嫌悪した。そして、これら下級藩士の背後に西郷の指図があるとみて問題視した。したがって、西郷が中央政府入りをせず、鹿児島に留まったのは、下級藩士の要求を押え、頑《かたく》なまでの封建的身分制維持論者であった久光との激突を防止しようとの狙いが隠されていたと思われる。

### †中央政府入りしてからの西郷

なお、この間、西郷は鹿児島に在って、一八六九（明治二）年の二月下旬に参政に任じられ、藩政に関わることになった。これは、前年の一〇月に「藩治職制」が制定され、各藩に対して慣例や家格にこだわらない人事や制度の改革が求められたことを受けてのものであった。すなわち、翌年の二月に鹿児島でも制度の改革と人事の刷新を行うことが藩内に布告された。西郷の任命はこれを受けてのものであった。しかし、このあと、西郷は、一八七〇（明治三）年の一月に参政を辞任することになる。島津久光および側近グループからの執拗な攻撃に苦しめられた結果であった。

ついで西郷は、この年の一二月に中央政府が鹿児島に派遣した勅使岩倉具視の説得を受けて中央政府入りを承諾することになる。これには、二つの理由が主に関係したと思われる。一つは、当時、鹿児島にあって久光および側近グループと抜き差しならぬ対立状況下にあった西郷が、中央政府入りすることで苦しみからとりあえず逃れようとしたためだろうということである。いま一つは、自分が中央政府入りすることで、鹿児島士族をこれから親兵として給養しうるとふんだ結果だろうということである。つまり彼らの新たな就職先を確保できると考えたことが、承諾につながったと想像される。

さて、続いて中央政府入りしてからの西郷にまつわる謎であるが、その中でまず最初に取り上げねばならないのは、一八七〇年末もしくは一八七一（明治四）年半ばまで郡県制の導入に同意していなかった西郷が、廃藩置県に断然同意したのはなぜか、という問題である。

この点に対しては、名古屋・徳島・鳥取といった有力藩から、藩知事の辞職論や廃藩建白が相次いで出される中、藩を廃し中央集権国家を樹立することは逆らえない時代の流れだと西郷が冷静に受け止めての同意だったと考えられる。また廃藩置県が長州藩関係者からの提案を受けてなされたことと併せ考えれば、西郷の同意には、国政の主導権を長州藩をも含む有力藩に奪われず、これからも自分たちが保持し続けるためには、率先して廃藩を実行しなければならないとの西郷なりの計算が関係したと思われる。

続いて検討を加えねばならないのは、壮兵主義（武士の軍事的役割を尊重し、彼らの存続を強く願った）の立場にたつ西郷が、武士階級の廃止に直結する徴兵制の導入（四民から平等に兵士を取り立てる）に同意したのはなぜか、という問題である。この点に関しても先ほどと同様の観点からの解答がなされて然るべきであろう。すなわち、徴兵制の採用は、時代の流れからいって阻止しえないと西郷が判断したこと、徴兵制採用の主張者が長州藩出身の山県有朋らであり、彼らとの協力体制の維持を図るうえでも同意は避けがたかっただろうということである。

### †明治六年政変と西郷

ついで明治期における西郷に関わる謎の最たるものとして俎上《そじょう》にのせねばならないのは、一八七三（明治六）年に西郷が突如朝鮮使節を志願したのはなぜかという問題である。そして、この点に関しては、昔から、西郷が近い将来における征韓を視野に入れて朝鮮使節を志願したとする意見と、いやそうではなく朝鮮の開国および同国との修好関係の実現を平和的交渉によって自ら成し遂げようとしたのだとする意見が対立してきた。

この論争に重要な一石を投じることになったのが毛利敏彦著『明治六年政変の研究』（有斐閣、一九七八）と『明治六年政変』（中公新書、一九七九）の刊行であった。毛利説は西郷は征韓論者ではないとするものだったが、両書の刊行によって引き起こされた論争のなによりも大きな成果は、明治六年政変についての研究が、その後、格段に進展したことである。

すなわち、岩倉使節団に参加していた大久保利通・木戸孝允、それに岩倉具視らの帰国後に、西郷の朝鮮への派遣を阻止する運動が秘かに起され、結果として西郷や西郷に同調した板垣退助以下の参議がいっせいに政府を去るという事態（明治政府の大分裂）が生じるに至る基本過程に関する史実がほぼ解明された。また、中央政府入りした西郷を弾劾する「詰問」状を発し、ついで岩倉使節団の派遣中に、留守政府を筆頭参議として預かる立場となった西郷に対し、「忘恩」を詫びる「謝罪状」を提出させるなど、西郷を激しく追いこんだ島津久光の行動が、西郷の朝鮮使節志願に大きく関わっただろうことが、以前よりも詳細に分析された。

その結果、いまでは西郷は、こうした苦しみから逃れるべく、いわば死に場所を求めて征韓論を提唱した（ただし、それは後の大陸進出論者のように、明確な侵略構想を伴うものではなく、曖昧模糊なものに止まった。つまり、自身が使節として朝鮮に派遣され、この地で殺害されることで征韓の口実を意図的に作ろうとしただけで、朝鮮の植民地化までは想定していなかった）といった評価が、学界では次第に支配的となりつつある。

## †西南戦争と西郷

最後に、西郷に肉体的な死をもたらした西南戦争に至る過程を、ごく簡単に振り返っておくことにしたい。征韓論政変で敗れて鹿児島に帰った西郷は、自ら設立した私学校を通じての子弟教育と農作業、それに犬を伴っての狩猟等に従事する以外は、目だった行動には出なかった。そして、各方面からの復職の要望（再出仕を求める動き）には応じなかった。

ただ、そうした中、県令の大山綱良からの協力要請には応えた。これは、大山が地租改正事業をスムーズに推進するために、直接業務を担当することになる県下大区の区長・副区長の人選を西郷に依頼したことに応じたものである。そして、これに伴って、一八七六（明治九）年頃になると、大区区戸長の過半が私学校関係者で占められるようになる。ここに鹿児島は一段と西郷王国（一種の独立国）の様相を呈するようになる。

それはおき、帰鹿後の西郷はきな臭い動きを、いっさい見せなかった。日本が対外危機に見舞われた際（おそらくロシアとの衝突を想定していたものと思われる）に、子弟を引き連れて参戦する決意（考え）を時に周囲に洩らすぐらいで、あとは沈黙を守ることになる。

ところが、一八七六年の一一月段階になって、突然、過激な思いを表明することになる。すなわち、最も心を許した桂久武に対して発せられた書簡（『西郷隆盛全集』第三巻）中に、西郷は、「陳《のぶ》れば、両三日珍しく愉快の報を得申し候」として、萩で発生した士族反乱の一件（前原一誠が中心となって引き起こされた）を報じた。

そして西郷は、萩で発生した士族反乱に鳥取県や岡山県の士族、あるいは東京の人士が応じるのは間違いないとしたうえで、書簡の最後に「一度（状況が）相動き候わば、天下驚くべきの事をなし候わんと、相含み罷り在り申し候」との自分の考えを桂に伝えた。

ここに見られるのは、久しぶりに興奮を隠せないでいる西郷の姿であった。そして、ここからは、西郷が大久保政権に対して批判的だったことも窺える。西郷は、下野後、鹿児島に在って、それまでの自分の人生では味わえなかった安逸な気分に包まれた幸せな生活を送る一方で、英雄ならではの退屈な気分がもたげてきたこともあってか、そう遠くない将来に満天下の人間が「驚く」ようなことを決行するつもりだと親友に伝えたのである。

もっとも、ではそれが具体的に、どのような行動を指すのかといったことは、いっさい不明である。が、おそらく、大久保政権の打倒とそれに引き続く対外戦に耐えうる日本国への一大改造を目論んだものだったと想像される。とにかく、西南戦争直前段階の西郷は、決起することに吝《やぶさ》かではない心境にもはや達していたと考えられる。これは、翌年早々に勃発した西南戦争で、西郷はもっぱら私学校生に担がれたと見なしてきた長年の西郷評価に再考を促がす書簡となった。

ついで、西郷は、一八七七（明治一〇）年の二月に勃発した西南戦争のリーダーとして参戦し、九月二四日に鹿児島の城山で死ぬことになるが、西南戦争が西郷軍の敗北で終わった原因について軽視しえないのは、これが多分に戦略ミスによったことである。主たる戦略ミスは二つあった。

一つは、西郷らが自分たちが決起した理由を川路―大久保ラインによる暗殺計画への「尋問」にのみ絞ったことである。これより前、不穏な様相を呈するようになった鹿児島の状況を視察するため、大警視の川路利良の内命をうけて二〇名ほどの警視官や書生が帰省や墓参などの名目で国元に帰って来る。だが、彼らをスパイ視した私学校生によって捕えられ、厳しい訊問の結果、川路から場合によっては、西郷ならびに桐野利秋らの刺殺もやむなしとの指令がなされたことが判明した（とされた）。さらに、西郷らの暗殺計画に内務卿の大久保も介在したとされた。

そして、これが私学校生による挙兵に繫がったが、西郷らは挙兵にあたって致命的なミスを犯した。いまさきほど挙げたように、暗殺計画の一点をのみ挙兵（正確には出兵）の理由としたことである。しかし、このことによって、西郷らの決起は薩摩内の大物同士（西郷と大久保）の私的な怨《うら》み・憤《いきどお》りを晴らすための、取るに足りない些々たる喧嘩レベルのものだと受けとめられてしまった。そのため、西郷らの決起は幅広い層の支持を獲得できるような「大義名分」をもちえない、ひたすら私憤を晴らそうとする「暴発」だとされてしまった。

もし西郷らが「私怨」「私憤」レベルではなく、大久保政権の在り方を問う形で決起しておれば、その後の事態が大きく変わった可能性がある。大久保政権は、当時、天皇の考え（「聖旨」）や知識人・民衆の意見（「公議」）を抑圧して、数人の政府高官による臆断と専決によって政治を行っているとの批判を猛烈に浴びていたからである。

いま一つは、西郷軍が九州路を陸路北上するという選択をしたことである。そのため、熊本で政府軍によって北上を阻止され、これが敗北に直結した。もし、こうした方策を採らずに、軍艦を確保して、それに西郷らが同乗し、ただちに当時天皇のいた京阪地域に直航するか、もしくは東京に向かい、それぞれの地に到着したあと、すぐに自分たちの主張を明治天皇か三条実美や岩倉具視ら政府首脳に訴える方策を採ったならば、その後の彼らの運命は大きく変わった可能性がある。

以上の二点が西郷軍の犯した致命的な戦略ミスであったが、最後にあえて指摘しておきたいことがある。それは西郷にあれほどの「人望」（とくに配下の若者たちの支持）がなければ、西南戦争がこれほどの規模のものとなることはなかったということである。すなわち、西南戦争は、他地域で発生した反政府運動（士族反乱）に比べ、ずば抜けて多くの兵士を動員する戦いとなった。そのぶん、当然のことながら犠牲者の数も格段に増えた。
もし、西郷に稀有な「個人」的魅力とそれに付随する「人望」が備わっていなければ、これほどの規模の戦争にならなかったのは間違いない。西郷一個人の存在と影響力には、現代人の我々からすれば、信じがたいほど巨大なものがあったのである。こうした人物は、長い歴史を誇る日本史上でも他には存在しない。

**さらに詳しく知るための参考文献**

**史料・参考文献**

『西郷隆盛全集』第一〜六巻（大和書房、一九七六〜八〇）……島津久光を批判した西郷の書簡など新史料が含まれる。

石神今太編『南洲翁逸話』（鹿児島県教育会、一九三七）……西郷に直に接した庶民の眼に映った、西郷に関する興味深いエピソードを多く含む。

野中敬吾編『西郷隆盛関係文献解題目録稿――西郷隆盛観の変遷を追って』（私家版。一九七〇。一九七八改訂増補。一九七九、一九八一、一九八五、一九八九）……西郷に関するありとあらゆる文献を網羅しているので、大変便利である。

**研究書・一般書**

家近良樹『西郷隆盛と幕末維新の政局――体調不良問題から見た薩長同盟・征韓論政変』（ミネルヴァ書房、二〇一一）。西郷の体調不良や異常な精神状態が政局に多大な影響を及ぼしたことなどに着目した初めての専門書である。

家近良樹『西郷隆盛――人を相手にせず、天を相手にせよ』（ミネルヴァ書房〔日本評伝選〕、二〇一七）……等身大の西郷の実像を、生誕時から没年時まで、全生涯にまたがって徹底的に炙《あぶ》り出そうとした著作である。

家近良樹『西郷隆盛　維新一五〇年目の真実』（NHK出版新書、二〇一七）……西郷にまつわる様々な「謎」の解明を中心に、比較的自由な立場から「推論」をぶつけたものである。

第3講

# 大久保利通——維新の元勲、明治政府の建設者

勝田政治

## †明治維新と大久保利通

現在でも資料的価値を失わない、勝田孫彌『大久保利通伝』（全三巻、一九一〇～一一）の「緒言」は、大久保利通を「維新の元勲、明治政府の建設者」と評している。この的確な評価のように、大久保は明治維新を最も主体的に担った政治家である。明治維新は大きく二つの段階（時期）に分けられる。第一段階は幕藩体制（近世国家）の崩壊期であり、第二段階が明治政府による近代国家の形成期となる。大久保は第一段階における「維新の元勲」であり、第二段階における「明治政府の建設者」であった。このように、明治維新の全過程にわたって、中心的位置を占め続けたのが大久保である。

明治維新の三傑として、しばしば大久保・西郷隆盛・木戸孝允が挙げられる。このなかで、

西郷と木戸は第一段階での活動は顕著であるが、第二段階では影が薄くなってくる。西郷は、明治政府成立直後の一八六八（明治元）年末に鹿児島に帰り、以後は薩摩藩参政として藩政改革に従事する。七一年に政府に復帰するが、七三年の征韓論政変で政府を去ってしまう。木戸は、七一年の廃藩置県まではリーダーであったが、征韓論政変前後から病気により、政局に深く関与することができなくなる。また、大久保の同志である朝廷の岩倉具視は、幕末に京都を追放され、第一段階では政治の表舞台には登場できなかった。

ところで、一九世紀後半の明治維新期における最大の国家的課題は、何だったのだろうか。筆者は、近代国際法を掲げる欧米諸国の圧力のなか、いかにしたら独立を維持し、さらには欧米と肩を並べることができるのか、であったと捉えている。当時、「万国対峙《たいじ》」という言葉が使われている。「万国」とは欧米諸国を指し、「対峙」とは向き合って立つという意味である。そして、この万国対峙が明治維新期の国是（国家の方針・目標）であった。

大久保が直面したのもこうした課題であった。大久保は、どのようにして万国対峙を実現しようとしたのか。また、大久保の政治家としての特質を筆者は、「熟考」・「果断」・「責任」の三点に求めている。こうした観点から、大久保の足跡を追っていくことにする。

## †幕末動乱のなかで

大久保は一八三〇（天保元）年、薩摩藩の下級武士の長男として鹿児島に生まれた。西郷隆盛は三歳年上、木戸孝允は三歳年下であり、同年生まれには長州藩の吉田松陰がいる。幕末動乱をもたらすペリー来航時は二三歳であった。そして、大久保が薩摩藩の「国父」と呼ばれる島津久光（藩主島津茂久《もちひさ》の実父）の懐刀として、幕末の中央政局に登場するのは、六二（文久二）年のことであった。

幕末期にあって大久保（薩摩藩）がめざしたのは、朝廷と幕府の二元政治（「政令二途」と言われる）の克服であった。すなわち、朝廷・幕府・藩の一体化による国内一致体制、当時の言葉で言えば「公武合体」の構築である。具体的には、朝廷の下での幕府と有力藩（雄藩）による国政運営である。本来の幕藩体制では、朝廷と幕府のみの一体であり、薩摩藩のような雄藩であるが外様藩は、国政から排除されていた。疎外されていた外様藩も国政に参加させる国内一致体制である。国内が一致しなければ、万国対峙は難しい。

大久保利通（1830-1878）

大久保は、「公武合体」の実現に向けて、島津久光の家臣（薩摩藩士）として、朝廷や幕府および雄藩との交渉役を一手に引き受ける。幕府に対しては徳川慶喜に期待をかけ、雄藩では越前・土佐・宇和島藩に呼びかける。そして、六四年には幕府と雄藩による会議（参預会議）が開かれる。しかし、雄藩の政治参加に拒否反応を示す幕府（徳川慶喜）により、この試みはあえなく失敗に終わる。

そして、薩摩藩（大久保）が猛反対した第二次長州征討が、幕府により実施されたこともあって、大久保はそれまでの朝廷・幕府・藩の三位一体路線を修正する。幕府そのものを倒して、朝廷と藩の二者による国内一致体制である、「公議政体」をめざす方向に舵を切り替える。「公議政体」とは、朝廷の下での諸藩会議を国策決定機関とする、諸藩連合政権構想である。ここに、将軍徳川慶喜は打倒の対象に転換する。

しかし、当初は武力による倒幕ではなく、雄藩の「公論」により将軍慶喜に大政奉還させる、という平和的倒幕論である。大政奉還論は土佐藩の主張として知られているが、決して土佐藩のみではなかった。「公論」を押し出して、雄藩会議（四侯会議）を六七（慶応三）年五月に開いたが、またしても徳川慶喜の壁に阻まれて失敗に帰す。

## †王政復古から廃藩置県へ

平和的倒幕が困難とみるや、大久保は長州・安芸（広島）両藩とともに軍事クーデターを計画し、さらには長州藩と武力による倒幕を決意し、朝廷内の岩倉具視ら倒幕派公家との連携をはかる。しかし、この武力倒幕論（討幕論）も将軍慶喜の機先を制する大政奉還により、公家側から見直しを迫られる。そこで、武力倒幕ではない軍事クーデターによる、幕府の廃絶のみならず摂政・関白も廃止する王政復古を断行する。六七年一二月である。天皇親政主義をめざす「公議政体」論による国内一致体制、天皇を核とする諸藩連合政権という明治政府の誕生である。王政復古は武力倒幕一辺倒からの帰結ではなかった。大久保は、次々と生起する政治状況のなかで「熟考」し、修正するやいなや「果断」に実行する、という極めて現実的な政治家である。

誕生直後の明治政府のなかで大久保や岩倉具視は、前将軍慶喜の政治（幕政）責任を厳しく追及し、辞官納地（慶喜の内大臣辞任と徳川氏の領地返上）を要求する。しかし、辞官納地が慶喜のみならず、土佐藩の山内豊信《とよしげ》や越前藩の松平慶永《よしなが》らの反対により困難となるや、大久保は岩倉に旧幕府（慶喜）との開戦を要求する。鳥羽・伏見での戦闘が始まるのは、その直後であった。こうして、慶喜を「朝敵」とする戊辰戦争となる。そして、戊辰戦争を経るなかで、明治政府は天皇親政主義を確固たるものとする。

明治政府のもとで大久保がまずめざしたものは、国内一致体制の完成に向けた中央集権化である。そして、そこでの政治活動も現実の状況を「熟考」し、「果断」に行動するものであった。中央集権国家の実現には、独自の支配様式を有する江戸時代以来の藩の存在が問題となる。この藩体制をどうするのか、政府の大きな課題となった。具体的には、藩の土地と人民の天皇への返上という版籍奉還問題である。全藩主に即時奉還させる、という急進論が木戸孝允の主張である。それに対し大久保は、政府が諸藩に基盤を置いているという現実を「熟考」し、奉還後は改めて旧藩主に旧領地を任せるという、藩体制を温存する漸進論であった。

版籍奉還は基本的に大久保の主張通り、一八六九（明治二）年に実施された。そして、藩を政府直轄地の府・県と同じ行政単位とする、府藩県三治体制という地方制度が確立する。以後、この府藩県三治体制の徹底化（藩への統制強化）によって、中央集権をめざすことになる。藩統制の強化のため大久保は、薩摩・長州・土佐の三藩提携による強力政府の創出を企てる。しかし、三藩連携策も現実政治（とくに政府組織と人事における薩長の対立）のなかで、うまく機能しないことが露呈される。そこで大久保は、「熟考」して一大飛躍としての藩体制の解体（廃藩置県）に「果断」に突き進む。主君島津久光との関係（封建的君臣関係）より、中央集権化を優先させたのである。七一（明治四）年七月であった。

## †欧米視察の衝撃

廃藩置県による中央集権化の実現後は、不平等条約を改正して欧米諸国と対等関係になる、という万国対峙が最優先課題となった。そのために西洋化という国内改造がめざされ、西洋文明調査を最大の目的とする岩倉使節団が派遣される（七一年一一月一二日横浜発）。大久保はその副使となり、欧米諸国を視察してその現状にショックを受けるが、「熟考」して明確なるビジョンを抱くことになる。大久保の旅を追っていこう。

最初の訪問国アメリカで使節団は、予定外の条約改正交渉を行うことにしたため、天皇の委任状が必要となった。大久保は伊藤博文とともに委任状を得るため、日本へ一時帰国する破目となる。しかし、条約改正はうまくいかず、大久保が委任状を携えてアメリカに戻った当日、使節団は交渉を打ち切らざるを得なかった。この大失態のためか大久保は、アメリカでの見聞をほとんど記していない。

アメリカからヨーロッパに渡り、イギリス・フランス・ベルギー・オランダ・ドイツを視察するが（七二年七月から七三年三月）、イギリス・フランス・ドイツの三国に注目する。

まずイギリス（四カ月間滞在）では、リバプールの造船所をはじめとする各地の工場、裁判所・刑務所・学校・貿易会社などを廻覧する。そして、資本主義国家として繁栄するイギリスの「富強」の源泉は、「制作場」（工場）と貿易にあることを見出す。

次いでフランス（二カ月間滞在）では、ベルサイユ宮殿・庭園・博物館・政府関係施設などを訪れ、大統領ティエールと会見する。そして、最も強い関心を寄せたのが、パリ・コミューンを鎮圧したティエールであった。その統治能力に「感伏」して「豪傑」である、と評価している。

そして、ドイツ（二〇日間滞在）では、工場・病院・博物館・学校・劇場などを訪ね、首相ビスマルクの招宴に臨む。ここで、「小国」が国権を保持するためには、国際法に依拠するのではなく軍事力が必要である、というビスマルクの演説を聞く。ドイツの印象はビスマルクに集中している。ビスマルクは国民の信任が厚く、政策はすべて彼の心から出ているようである、として「大先生」と評価する。

大久保が欧米視察で学び取ったことは、イギリスでの国家富強の源泉としての工業と貿易、フランス・ドイツでの政治家としての統治能力であった。そして、大久保はこの視察を経て大きく変貌する。同時代人の安場保和（福島・愛知・福岡県令、貴族院議員）は、次のように述べる。大久保は欧米廻覧後「人品」が変化して「識見」が増進し、万国対峙のためには、「富国」の基礎を「強固」にしなければと語った。また、渡辺国武（高知・福岡県令、大蔵大臣）は、大久保の生涯を二分して次のように回顧する。欧米視察が画期となり、視察後に大久保は万国対峙のためには、「殖産興業」を進めなければと力説した。

これまで、大久保は欧米視察によってビスマルクのドイツをモデルとする軍事国家をめざした、と説かれることが多かった。しかしながら、同時代人は「富国」の基礎となる「殖産興業」を推進したと証言している。帰国後の大久保の足跡を見ていこう。

大久保は一八七三(明治六)年一月の政府の召喚命令により、木戸孝允とともに使節団一行と別れ、同年五月下旬に帰国する(木戸の帰国は七月下旬)。大久保が帰国してから一ヵ月ほど経った六月末から七月初め、西郷隆盛の朝鮮使節派遣論が閣議に登場し、八月に内定する。大久保は参議でないことから、この閣議には参加できなかった。西郷は日本の国交要求を拒否する朝鮮政府を「無礼」とし、日本代表使節を派遣せよと言うが、平和的な国交樹立方針ではなかった。使節派遣↓朝鮮拒否↓武力行使(開戦)、という、最終的には朝鮮との戦争を期す征韓論である。

西郷は次のように主張する。使節派遣によって「戦い」をすぐに始めることではない。「戦い」は「二段」となる。朝鮮との戦争の「道理」が未だ国民に不分明であるから、使節を派遣するのである(第一段階)。すると、朝鮮側は使節を「暴殺」するであろう。ここに朝鮮を「討つ」べき「罪」が明らかとなり、戦争(第二段階)に持ち込むことが可能となる。そして、この軍事行動は士族の「内乱を冀《こいねが》う心」を外に移す、という士族反乱防止策とともに、「国を興《おこ》すの遠略」であると言う。

西郷は「国を興すの遠略」の内容に関する記録を残していない。しかし、側近の桐野利秋は西郷の意見として、次のように語っている。日朝戦争の狙いは「皇威」を海外に張って万国と対峙し、ひいては条約改正の実現を図ることである。この桐野の言によれば、西郷征韓論は万国対峙に向けた軍事行動であった。

大久保は一〇月に参議に就任して岩倉具視右大臣とともに、西郷征韓論に真っ向から反対する。反対理由は、欧米視察で得たビジョンの実現のためには、対外戦争は回避しなければならない、ということである。大久保は「熟考」して次のように言う。条約改正による万国対峙は、「民力」を「厚く」することによる「実力」がなければ困難である。それでは「実力」とは何か。それは「民力」を基礎とする「実力」、具体的には民業振興による富国化である。すなわち、民業を基盤とする経済力による富国化こそ、万国対峙の道である。この道を遮るのが対外戦争（日朝戦争）である。だから断固阻止しなければならない。

西郷征韓論は一〇月一五日、三条太政大臣の裁決により閣議で決定された。大久保の敗北である。ところが、閣議決定を天皇に上奏する直前、三条太政大臣が急病となり、岩倉が太政大臣代理となった。大久保と岩倉はこの機会を逃さず、閣議決定と岩倉代理の意見（使節延期論）の両論を上奏し、天皇の裁断により使節派遣論を否定する「秘策」を実行する。こうして、大久保は岩倉とともに征韓論を葬り去ったのである。

征韓論政変は、軍事力優先か経済力優先かの対立でおこったものである。政変の結果、大久保により軍事力を抑制する、経済力による富国化が万国対峙策となった。

## †内務省事業の推進

征韓論政変によってトップ・リーダーとなった大久保は、欧米回覧のなかで「熟考」し獲得したビジョンを明らかにし、それに向けて「果断」に動き始める。

七三年一一月の「立憲政体に関する意見書」で、将来における理想の政治形態を次のように構想する。真の開化、国家の隆盛、国威の海外宣揚という万国対峙に向けた課題を実現するためには、「良政」を行っているイギリスをモデルとする「君民共治」という立憲君主制としなければならない。

そして、同月に内務省を創設すると、翌七四（明治七）年五月には「殖産興業に関する建議書」を提出して、次のように主張する。国家富強の源泉は、イギリスのように「人民の工業」すなわち民業にある。したがって、イギリスを「規範」として、民業の誘導奨励に務めなければならない。民業による富強が実現すれば、万国対峙は可能である。

イギリスの立憲政治を「良政」とし、イギリスの工業化を「規範」とすべきであると言う。欧米視察によって大久保は、万国対峙策としてイギリスモデルを打ちだしたのである。ドイツをモデルとするような意見書や建議書は残されていない。

大久保は七四年初頭から、内務省事業に邁進するつもりであった。しかし、佐賀の乱がおこりその鎮圧に追われ、次いで自ら実行した台湾出兵をめぐり清国との紛糾が生じると、出兵の「責任」から清国との交渉に乗り出すことになる。日清戦争の危機が生じたが、征韓論争時と同じく避戦の立場から粘り強い交渉を行い、イギリスの駐清公使ウエードの調停もあって、平和的決着にこぎつけている。

七五（明治八）年五月大久保は、内務省事業の「目的」を記した意見書を提出し、次のように主張する。内務行政の二本柱は、「民業」奨励による「国力」・「実力」の養成（殖産興業）と、「治安」の確立（警察行政）である。とくに、農業・牧畜業・農産加工業・山林業・海運業の振興、地方警察の整備が「緊要」な政策課題である。この提言に基づいて、先ず警察行政がスタートして七五年に地方警察制度が整備される。そして、翌七六（明治九）年から殖産興業部門が順次進められる。官営農業試験所や官営模範工場の設立、植林事業の着手、海運会社（三菱）や直輸出会社（三井）の保護などが実施される。近代産業の基盤整備事業であり、それはのちの産業革命をもたらすことになる。

さらに大久保は、明治初年以来懸案になっていた内外の問題に決着をつける。国内における秩禄処分の断行、国外では日朝の国交樹立をもたらす、日朝修好条規の締結である。両者とも七六年のことである。

## †志なかばの死

一八七七（明治一〇）年、西郷隆盛を担いだ最大の士族反乱である西南戦争がおこる。大久保は、西郷が反乱に与《くみ》することはないので、急進派から西郷を切り離して反乱軍を鎮圧すれば、中央政府に従わない鹿児島県を改造するチャンスである、と追討令を出す。七カ月におよぶ西南戦争は西郷の自刃によって、九月下旬に終わった。

戦後の七八（明治一一）年、大久保は内務行政のさらなる推進を図る。殖産興業における士族授産としての開墾事業と地方への殖産資本金の貸与である。そして、こうした事業の財源として初めての国債である、起業公債の発行に踏み切る。さらに、大久保は地方制度の統一をめざす提言を行う。大久保の意図が必ずしも実現したわけではないが、これに基づいて府県レベルでの一元的制度である地方三新法が制定され、府県会が創設される。

七八年五月一四日、大久保は早朝に福島県権令《ごんれい》山吉盛典《もりすけ》の訪問を受ける。ここで大久保は、七八年からの一〇年間が最も「肝要」であり、内治を整え「民産」を殖する時期であることから、内務省長官としての職責を尽くす、と決意を語っている。島田一良《いちろう》らにより大久保が暗殺されたのは、山吉との会談を終えて出勤途中の八時三〇分頃であった。

島田らは、万国対峙のためには「武備」の充実が必要であるが、大久保は「無用不急」の工事などに国費を費やしている、と批判する。大久保は「武備」という軍事力を抑制し、「無用不急」ではない殖産興業（経済力）による万国対峙をめざしていたのであった。

## さらに詳しく知るための参考文献

毛利敏彦『大久保利通』（中公新書、一九六九）……第二次大戦後初めての大久保の評伝であり、古典的な書物。大久保を近代日本が生んだ「第一級の政治家」として、「望ましき」政治家の「一典型」として描く。大久保は、ドイツモデルとする国家をめざしたとする。

佐々木克『大久保利通と明治維新』（吉川弘文館、一九九八）……明治維新の政治過程における大久保論。大久保がトップ・リーダーであり続けた理由として、政治能力に加えて「人望」を指摘する。大久保のモデル国として、ドイツとともにイギリスもあげる。

佐々木克監修『大久保利通』（講談社学術文庫、二〇〇四）……評伝ではないが、大久保に関する同時代人のエピソードや思い出、印象を語った談話を集めた書物。大久保の人間像を知ることができる。

佐々木克『大久保利通』（山川出版社日本史リブレット、二〇〇九）……大久保を表現するキーワードとして、誠実・責任感・正義感を挙げて、「志」の政治家として描く。コンパクトにまとめられた大久保論である。

勝田政治『〈政事家〉大久保利通』（講談社選書メチエ、二〇〇三／角川ソフィア文庫、二〇一五）……幕末からの政治行動を追いかけ、大久保がめざした近代日本は、ドイツではなくイギリスモデルであったとする。内務省と大久保の関係を詳述している。

勝田政治『大久保利通と東アジア』（吉川弘文館、二〇一六）……大久保政権が展開した東アジア政策を、大久保の国家構想との関連で論じる。東アジアの華夷秩序と西洋国際法秩序の対立・相克の具体像、およびそこにおける戦争回避の外交を描く。

勝田政治『明治国家と万国対峙』(角川選書、二〇一七)……明治国家の国家目標である万国対峙に向け、どのような道が提起されていたのかを論じる。大久保を中心として西郷隆盛や木戸孝允の万国対峙策も検証する。

笠原英彦『大久保利通——幕末維新の個性3』(吉川弘文館、二〇〇五)……政治家大久保というよりは、人間大久保の実像を描く。青年期の思想形成を重視し、「リアリスト」で柔軟な大久保の実像を提示し、大久保専制論の見直しを迫る。

落合功『大久保利通』(日本経済評論社、二〇〇八)……経済思想の観点からの初めての大久保論。大久保が最も力を入れて、殖産興業政策を進めた根底には、「官僚主導」という経済思想があったことを指摘する。

第4講

# 福澤諭吉——「文明」と「自由」

苅部 直

## †晩年のおもかげ

昭和戦前期から終戦直後まで長らく慶應義塾長として活躍した経済学者、小泉信三(一八八八〜一九六六)は、福澤諭吉(一八三五年一月〔天保五年一二月〕〜一九〇一年二月〔明治三四年〕)の高弟である小泉信吉《のぶきち》の息子として生まれた。信吉がやはり塾長を務めたのち、一八九四(明治二七)年に数え歳四七で早世したあと、妻と三人の子供たちは、福澤の世話で東京三田の慶應義塾の横に家を建て、そこで生活することとなった。そして家が完成するまでの一年間は、まず福澤邸の敷地内の別棟に住んだのである。

その一八九五(明治二八)年、八歳だった小泉信三は、そこで六二歳の福澤諭吉と出会い、福澤が逝去するまで六年間、身近でその生活を目撃することになる。六〇年がすぎたのちに、晩年の福澤のようすをこう回想している。

しかし六十二歳の先生は元気なものであった。前記の〔運動のために毎朝、自家の精米作業をやっていた〕米搗きもであるが、私は先生がガアデン〔庭の一部に芝生を植え、遊具を置いた場所をそう呼んでいた〕で得意の居合《いあい》を抜くのを見たこともある。夕方、ガアデンに出ていると、先生が浴衣にたすきをかけ、尻を端折り、草履をはき、古腰に一刀を横たえて現れた。先生は立ち止まり、姿勢をととのえた後、かけ声とともに刀を抜き、頭上にそれを振り舞わして、踏み込み、踏み込み、斬るような動作をした。そうして瞬間に刀を鞘に納める。私は刀身が白く空中に光るのを、驚いて見ていた。先生は何度も同じ動作をくり返した。（「わが住居」一九五六初出、『小泉信三エッセイ選2　私と福澤諭吉』慶應義塾大学出版会、二〇一七、四八頁）

明治時代には六十歳代はかなりの老境と見られていたはずだから、この頑健さは、子供にとっても驚きだったのだろう。細部をくっきりと憶えているのは、小泉の抱き続けた印象の強烈さゆえと思われる。また、福澤の晩年のエピソードとしてよく語られる毎朝の散歩にも、信三少年はつきあわされた。当時はまだ田圃も広がっている郊外だった三田の近辺を、「三マイル」（約五キロメートル）ほども朝食の前に歩いてゆく。屈強な健康老人なのであった。

「啓蒙」知識人というできあいのイメージから、福澤に関してはつい文弱の徒と想像してしまう人もいるかもしれない。テレビドラマで背の低い俳優が福澤を演じた例もあった。ところが福澤本人は、四八歳のときの身体計測の記録によれば、身長一七三・五センチ、体重七〇・二キロ。ほかの人と並んでいる写真を見るとその大きさがよくわかる。身体能力もすぐれた偉丈夫なのであった。当然、女性にも好かれる。二五、六歳のころに若い洋学者として、江戸築地の桂川甫周の家に出入りしていたが、甫周の娘、今泉みねはそのようすをこう回想する。「先生は若くて非常の好男子であつたので女などから騒がれてゐましたが、先生は超然として取り合はなかつたゝめ、他の書生達から嫌はるゝやうな風でした」(石河幹明『福澤諭吉伝』第一巻、岩波書店、一九三二、二七〇頁)。

福澤諭吉(1834-1901)

こうした人物が、明治初年のベストセラーとなった『学問のすゝめ』全一七編(一八七二〈明治五〉～一八七六〈明治九〉)をはじめとする著作で、日本人は「文明」への道を進むべきだと高らかに説いたのである。その第一編は二〇万部も売れ、偽版も含めると二二万部。小泉信三によれば、当時の日本人口のうち、一六〇人に一人が買ったことになるという(『福沢諭吉』岩波新書、一九六六、二八頁)。識字率や男女の教養の違いを考えれば、読書する大人の大半が読んでいたことが想像される。

『福翁自伝』（一八九九〔明治三二〕）などの晩年の著述では、あたかも自分一人の力が日本の「文明開化」を推進したかのように語る。さすがにそれは過大評価ではあろうが、社会に及ぼした影響の大きさが同時代の知識人のなかでぬきんでていたことは、まちがいない。老境に入った福澤の活発なふるまいは、自分の努力によって、日本が立派に近代化を果したという満足感に支えられたものでもあっただろう。自由の気風の涵養を唱え、さまざまな価値観が共存する社会を理想とする大らかな姿勢が、その挙措の奥底でしっかりと生き続けている。

しかし他面で、一種の戦略家、悪く言えば策略家としての計算をあからさまに示す側面もあり、本人もそのことに自信を抱いていた。一八八一年、明治一四年の政変の直前に、福澤は外務卿の井上馨からの働きかけを受け、国会開設にむけた政府の動きに協力するために新たに新聞を発行することを、密かに約束した。さらに政府内の伊藤博文・大隈重信とも連携して工作を進めていたが、やがて明治一四年の政変で、伊藤・井上が大隈を政府から追放したために、計画は挫折した。

本来は政府を牛耳る専制勢力として、藩閥を忌み嫌った福澤が、どうしてこのときは、政府内の藩閥官僚たちと手を握ったのか。そのときの心理を、没後に公表された手記「明治辛巳紀事」ではこう語る。「古来今に至るまで「ミリタリ・グロリ」（武辺の功名）なるもの丶人心に感ずること深くして之を棄るの不利なるを知ればなり」「即ち今の俗世界に於ては武辺の功名ほど有力なるものなくして、之を利用するは治国の良方便たるを知ればなり」。

地縁と世襲に基づく「封建」的な人間関係を忌み嫌い、個人の自主独立を唱えた福澤が、ここでは「治国の良方便」として政府内の藩閥の力に頼り、国会の開設を進めようと策略をめぐらしていた。よく言えば柔軟、悪く言えば狡猾な計算によって、社会を「文明」へと導こうとする方法もまた、福澤の得意とするところだったのである。

福澤はその生前から毀誉褒貶にさらされ、とりわけ多くの悪口を書かれた人物であった。今泉みねが語るような万能の美丈夫で、自信は満々、みずからが日本の文明化を主導していると誇っているような男。そうした人物が崇拝者を集めるかたわらで、嫌われることになるのも、ある意味で当然なのかもしれない。さらに、時には「治国の良方便」として藩閥とも手を握るような戦略的な態度。それが、反感を呼ぶ原因ともなったのだろう。

## †抵抗の精神と「文明」

『西洋事情』初編・外編・二編（一八六六〈慶應二〉～一八七〇〈明治三〉）や、先にふれた『学問のすゝめ』全一七編、『文明論之概略』（一八七五〈明治八〉）といった著作で、福澤は日本もまた「文明」に向かう進歩の道を歩むべきだと高らかに唱え、「文明」の先駆者である西洋諸国から「文明の精神」のあり方を学ぶべきだと主張した。しかし同時にまた、皮相な西洋崇拝に陥ってしまう傾向を、早い時期からきびしく批判した人物でもあったことを、見落とすべきではない。

よく知られたその例として、西南戦争が一八七七（明治一〇）年九月、西郷隆盛と鹿児島士族の敗北に終わった直後に福澤が執筆した著作、『明治十年丁丑《ていちゅう》公論』がある。勝った側の明治政府に対する批判が、言論取締の対象になることをおそらく憂慮して、当時は公表を控えたが、二四年後、福澤の晩年に門下生の石河幹明が稿本を発見し、『時事新報』に掲載したために世に知られるようになった。続いて、同じように執筆ののち一〇年間公刊していなかった『瘠我慢の説』と合本の形で、没後、一九〇一（明治三四）年五月に単行書として刊行されている。

明治政府に対し反乱を起こした西郷は「武人の巨魁」であり、徳川時代の身分制度に固執して士族を偏重し、「自由の精神」を圧殺する「文明の賊」にほかならない。たとえばそういう批判に対して、『明治十年丁丑公論』で福澤は、むしろ西郷を弁護する姿勢を示す。そこで福澤が持ちだす直接の根拠は、西郷はたしかに士族を重んじていたが、それは単に士族の「気風」を「愛重」していただけであり、むしろ「自由改進」の味方で「真実に文明の精神を慕ふ者」であったということである。西郷は「封建世禄」による強固な政治・社会の抑圧体制を打ち壊した、廃藩置県を明治政府の参議として主導した人物であった。その点に関する福澤の評価は高い。

だが福澤が注目しているのは、そうした政治主張の内容の次元よりも、西郷と鹿児島士族の精神の深いところにある「活潑屈強の気力」である。そうした武士に由来する伝統的な「気力」が、むしろ政治権力に対する「抵抗の精神」として働く。そうした士族に残る旧来の「気力」を、国会（「民会」）の開設を通じて、政治参加に向かう熱心さへと誘導するべきだ。福澤はそう説いて、むしろ明治一〇年の情勢において世の人々は「文明の虚説に欺かれて、抵抗の精神は次第に衰頽するが如し」と指摘する。西郷らの反乱を単なる守旧派の反動として片づけてしまうような浅薄な「文明」論を、福澤は批判した。

前近代の日本にしか存在しなかった、武士という特殊な支配者集団が継承してきた「活潑屈強の気力」。それこそが、今後の日本の「自由の精神」にエネルギーを与え、「文明」化を支えてゆく。福澤が指し示した「文明」化の道は、西洋とまったく同じ道筋を歩み、完全な西洋化をめざすというものでは決してなかったのである。福澤の目は、「文明」の進歩が向かってゆく理想の頂点だけではなく、足元の日本の伝統をいかに生かしてゆくかという課題にも向いていた。

実際、福澤諭吉はその「文明」観を体系として述べた『文明論之概略』において、人間は「天性おのづから文明に適する」ものだと述べ、「野蛮」から「文明」へと向上する進歩の過程を進むことになるので、「人間万事皆この文明を目的とせざるものなし」と言い切った。だが、「文明」へと向かう道は、西洋化の一本だけではない。同時にまた「文明開化の字も亦相対《あいたい》したるものなり」と語る。

福澤において「文明」の進歩とは、人間の「智恵」と「徳」の双方があいまって成長し、身体の安楽さと精神生活の「高尚」さが、ともに向上してゆく過程であった。その基準で見れば、一歩先んじている西洋諸国も、いまだ戦争をやめることがなく、外交における権謀術数が横行している以上、文明の「至善」の状態に至っているとは言えない。したがって、いま日本がめざすべき「文明」化の手法は、西洋から多くを学ぶことになるとは言っても、それはあくまでも西洋諸国が「今の世界の人智」の範囲内で最上の位置にあるからなのである。西洋の「文明の精神」を学ぶとともに、日本にある独自の伝統を生かしながら、日本なりのやり方で「文明」化を進めてゆくべきだ。福澤はそう考えた。

## †ナショナリズムと「偏頗心」

「文明」とは、人類すべてが「国」（ネイション）の区別をこえて、共通に追求すべき理想であり、現在の激しい国際競争の時代をこえて、「文明の極度」に達したならば、全人類が平和に交流しあう「徳義の海」のような世界が生まれるだろう。しかしそれは「数千万年の後」のことであり、「今の文明の有様」は、まだその域にははるかに遠い地点にとどまっている。

したがって、「今の文明」の段階において日本が目ざすべき、短期・中期の目標に関するかぎりでは、福澤は強烈なナショナリストであった。小泉信三は晩年の著書『福沢諭吉』(岩波新書、一九六六)で、福澤にとって人生で最大に「愉快」だった歴史上の出来事として、二つの事件を挙げている。一つは廃藩置県である。「門閥制度は親の敵」というほどに世襲身分制を憎み、徳川時代の社会全体における「権力の偏重」を批判した福澤にとって、身分制を解体した大改革としての廃藩置県が、大きな喜びをもたらしたことはたしかだろう。『文明論之概略』では、一八六八年の「王制一新」と一八七一年の廃藩置県とを並べて論じているが、社会全体の変革としては後者の方が意義が大きいと考えていた気配もある。

そして小泉が第二の「愉快」な出来事として挙げるのは、「日清戦争の勝利」にほかならない。もちろんこの評価には小泉自身が福澤をどのような思想家として描きたかったかという選択も反映しているだろう。だがたしかに福澤は晩年に日清戦争を「文明」の「野蛮」に対する戦争として熱心に支持し、かつて「文明」化の苦心をともにした友人たちが、その成果としての戦勝を見ないまま死んでいることについて、「前に死んだ同志の朋友が不幸だ、アア見せてやりたい」と泣いたと自伝で語っている(『福翁自伝』)。

こうした福澤の「対外硬」的な言説については、帝国主義の支持者として批判する解釈もあったが、北岡伸一『独立自尊――福沢諭吉の挑戦』(二〇〇二初刊、中公文庫、二〇一一)も指摘するように、あくまでも力点は、「文明」と「野蛮」との対比にあったととらえるべきだろう。清帝国が漢民族にとっては異民族の王朝によって支配され、隣国朝鮮を従属させる「野蛮」な国家として東アジアに君臨している。そのことに対する憤りが、日本国の独立を維持しようとするナショナリズムの感情と同調したところで、福澤の熱狂的な戦争支持を生んだのである。そして独立の維持の方法として重視したのは、軍事力を用いた勢力圏の拡大ではなく、まずは貿易国家として発展し、西洋諸国との経済競争において生き残ることであった。

したがって『文明論之概略』でも福澤は、最終章である第十章を「自国の独立を論ず」と題し、そこでは、きびしい国際競争にさらされている「現今の日本」の視点に立てば、むしろ一国の「独立」を大きな目的として立て、「文明」をその手段と考えるべきだと説いた。先にふれたような、人類普遍の理想としての「文明」をめぐる議論との一貫性をめぐって、研究者をさまざまに悩ませてきた箇所である。

だがこの同じ章のなかで福澤が、「今の世界は、商売と戦争の世の中と名《なづ》くるも可なり」と説いて、その状況下では「自国の民を富まし、自国の智徳を脩め、自国の名誉を耀かさんとして勉強する者」が多くなるのもやむをえないと指摘しながら、「報国心と偏頗《へんぱ》心とは、名を異にして実を同《おなじ》ふするものと云はざるを得ず」と語っているところに注目すべきだろう。ここで福澤が示しているのは、人々が団結し、国の独立をともに守ろうとするナショナリズムの意識は、同時に人類全体の視点から見れば、一集団の利益の確保のみに固執する「偏頗心」にすぎないという、醒めた認識である。

これもまた、国制改革のためには藩閥とも手を握る戦略や、普遍的な「文明」化のために伝統倫理を活用しようとする意識や、日本に独自の進歩のコースを構想した議論とも通底するような、福澤の重層的な思考の現れであろう。非常に長い歴史の展望から言えば、いずれはネイションの区別などは問題にならない平和世界が登場することになる。しかしそこまでには至らない「今」の国際社会における「文明」の現状のうちでは、一国の独立を至上命題にしなくてはいけないのである。成熟したリアリズムの思考と言うべきではあるが、理想的な平和論やコスモポリタニズムを追求する論者からは、うさん臭い現状肯定論のように見なされる原因ともなった。

## †「自由」の追求者として

福澤にとって一国の「独立」は、決して「専制」によって人々が強制的に統合される体制によって主導されるのではなく、「自由の精神」を身に着けた人々が、時に「抵抗の精神」を発揮しながら、政治に活発に参加する営みを通じて、維持されるべきものであった。有名な「一身独立して一国独立す」（『学問のすゝめ』第三編）や、一般の人々が一国全体の利害に無関心であることを嘆いた「日本には政府ありて国民《ネーション》なし」（『文明論之概略』第十章）といった福澤の言葉も、この「自由の精神」の確立と深く関連している。

そして重要なのは、福澤がこの「自由」を、いち早く徳川末期に『西洋事情』初編において、西洋の政治思想に浸透している「文明の政治」の基本となる要点を六箇条挙げたうちの、冒頭に記していたことである。その第一条では「固より門閥を論ずることなく、朝廷の位を以て人を軽蔑せず、上下貴賤各々其所を得て、毫も他人の自由を妨げずして、天稟の才力を伸べしむるを趣旨とす」と「自由」を説明している。先にもふれたように、身分と「門閥」の序列に縛られた徳川時代の人々に対し、解放を指し示すものとして、福澤は「自由」を提示した。

だが同時に、西洋の liberty もしくは freedom の概念を日本人が理解することの難しさをもまた、福澤は痛感していた。同じ第一条の説明では、「自主自在」「自由」といった在来の漢語表現は、本来は「的当の訳字」ではないと補足している。西洋思想における freedom や liberty は、個人の意志の自立を認めるとともに、それ自体が政治の原則としての強い規範性をもつ。これに対して在来の日本語における「自由」は、たとえば「手足が不自由」といった表現に見えるように、身体や物を思うままに使えるという意味にすぎない。心理法則の必然性とも対置されるような、意志の自立した働きを示す freedom、liberty に比べると、規範や正義との結びつきはきわめて弱い。

『西洋事情』がベストセラーになった結果として、この「自由」の訳語が定着して現在に至るが、日本社会で主張される「自由」が単なる欲望の解放にすぎないのではないかといった批判は、現在でも跡を絶たない。その原因は、福澤が指摘した「自由」とlibertyとの間の意味のずれが、その後忘れ去られたことにもあるだろう。近代日本において福澤は、徹底したlibrtyの主唱者であるとともに、「自由」の批判者でもあったのである。

**さらに詳しく知るための参考文献**

『小泉信三エッセイ選2　私と福澤諭吉』（慶應義塾大学出版会、二〇一七）……小泉が福澤について書いた評伝として、『福沢諭吉』（岩波新書、一九六六）があり、簡便な案内書として優れたものであるが、ここでは福澤に関するエッセイを集めたこの本を、最初の入門書として紹介したい。さまざまな角度から、その人と思想を語っている。

平山洋『福澤諭吉——文明の政治には六つの要訣あり』（ミネルヴァ書房〈日本評伝選〉、二〇〇八）……最新の学問的見解を反映させた評伝として重要。『時事新報』論説である「脱亜論」がアジア侵略論だとする俗説を徹底的に批判した、同じ著者による『「福沢諭吉」とは誰か——先祖考から社説真偽判定まで』（ミネルヴァ書房、二〇一七）もあわせて読むべき一冊。

北岡伸一『独立自尊——福沢諭吉の挑戦』（二〇〇二初刊／中公文庫、二〇一一）……明治の政治・外交史と福澤との関係について、もっともバランスのとれた叙述を展開している評伝。朝鮮との関わりをめぐっては、その後に出た、月脚達彦『福沢諭吉の朝鮮——日朝清関係のなかでの「脱亜」』（講談社選書メチエ、二〇一五）を参照されたい。

松沢弘陽校注『新日本古典文学大系　明治編10　福澤諭吉集』（岩波書店、二〇一一）……『福翁自伝』は、福澤の著作のなかでも読みやすく、またその人と生涯を知るのに便利な本である。簡便に入手できる講談社学術文庫版（土橋俊一校訂・校注、二〇一〇）もあるが、詳細な注のついた松沢版でぜひ読んでほしい。福澤研究の進展ぶりが着実に反映されている。

松沢弘陽校注『文明論之概略』（岩波文庫、一九九五）……福澤の思想についてじかに知るためには、やはりこの作品を、すぐれた注の助けを借りながら読むのが一番いいだろう。現代語訳として、先崎彰容訳（角川ソフィア文庫、二〇一七）もある。

『福澤諭吉年鑑』（福澤諭吉協会）……福澤諭吉協会が毎年発行する研究誌であり、二〇一七年で四四号に達している。最新の研究論文や研究文献案内が掲載されているので、福澤研究の動向を調べるのにはもっとも便利である。

『福澤諭吉事典』（慶應義塾、二〇一〇）……『年鑑』と同じく、福澤について詳しく知るために必須の一冊。研究者によるゆきとどいた説明が、生涯と著作の全体にわたって展開されている。

第5講

# 板垣退助――自らの足りなさを知る指導者

小宮一夫

## 憲政の功労者にして戊辰戦争の「軍事英雄」

国会議事堂の中央広間には、板垣退助《いたがきたいすけ》、伊藤博文、大隈重信の銅像がそびえ立っている。三人の銅像は、大日本帝国憲法発布五〇周年を記念して、日中戦争が始まった翌年の一九三八（昭和一三）年に建立された。板垣と大隈は自由民権運動の指導者として在野から、他方、伊藤は政府にあって立憲政治（憲政）の樹立と定着をめざしたのである。

憲政の功労者である三人のうち、伊藤は四度、大隈は二度内閣を組織したのに対し、板垣は一度も内閣を組織していない。日露戦前まで政治の中枢に居続けた伊藤と比べ、在野から政治改革を叫び続ける期間の長かった大隈と板垣が政治業績で劣るのはいなめないが、大隈との比較においても板垣の政治業績は見劣りがする。

しかし、板垣には伊藤と大隈にない一面があった。それは戊辰戦争期における新政府軍の軍事指導者としての経歴である。

さて、板垣は、どのような経緯をたどって新政府に参画したのであろうか。

一八三七(天保八)年四月一七日、板垣は土佐藩士乾正成《いぬいまさしげ》の嫡男として高知城下で生まれた。武田信玄の重臣板垣信方の子孫という由緒を持つ乾家は騎乗が許された馬廻格《うままわりかく》の上士で、家禄は三〇〇石であった。板垣退助が乾から板垣に改姓するのは、戊辰戦争のさなかである。板垣は、幕末・維新期に活躍した志士のなかでは高禄の出自であった。ちなみに、後藤象二郎も一五〇石の馬廻格の上士の家に生まれている。

一八六一(文久元)年一〇月下旬、板垣は江戸藩邸での職務を命じられ、翌年末には前藩主山内豊信《とよしげ》(容堂《ようどう》)の側用役に登用された。山内容堂は股肱《ここう》の臣である吉田東洋に宛てた書翰のなかで、板垣を「時々藪から棒に理屈を述べる」男と評している(『板垣退助君伝記』第一巻、五六頁)。この板垣評は的を射たものである。しかし、一八六三年四月、山内容堂が土佐に戻ると、板垣は容堂の忌諱《きい》に触れ、側用役を免ぜられた。同年九月、吉田東洋を暗殺した嫌疑で攘夷を掲げる武市瑞山ら下士を中核とする土佐勤皇党に対する弾圧が始まると、板垣は側用役に再び登用された。

公武合体論・開国論が優勢な土佐藩において、尊王攘夷論の板垣は反主流の立ち位置にあった。一八六五（慶応元）年正月、板垣は大監察の役職を辞し、江戸に赴き、西洋式の騎兵を学んだ。一八六七年五月、京に上った板垣は谷干城とともに中岡慎太郎を介して、薩摩藩の小松帯刀の邸宅で西郷隆盛らと会見した。そこでは、薩摩と土佐が盟約し、討幕に向かうことが話し合われた（『板垣退助君伝記』第一巻）。こうして、薩摩藩は長州藩に続いて土佐藩とも盟約を結ぶに至った。

このあと、板垣は中岡らの尽力で大坂にて米国製の施条銃を三〇〇挺購入して土佐に戻った。帰国後、板垣は軍備総裁に就き、軍制改革に取り組んだ。具体的には、西洋式の銃隊を編成したのである（『板垣退助君伝記』第一巻）。こうして、周囲の軋轢《あつれき》をものともせず、板垣は土佐藩の軍事指導者として頭角を現した。

板垣退助（1837-1919）

一八六八（慶応四）年正月、鳥羽伏見の戦いで戊辰戦争が始まると、板垣は大隊指令として土佐藩兵六〇〇余名とともに京に上った。そして、板垣率いる西洋式の土佐藩軍は、官軍に編入され、旧幕府勢力の征討で各地を転戦する。

明治天皇の足跡を編纂した『明治天皇紀』に板垣退助の名が初めて登場するのは、一八六八（慶応四）年三月五日の条においてである。そこには、東山道先鋒総督府参謀板垣退助が新選組隊長であった近藤勇率いる二〇〇余名を甲州勝沼で破り、これが官軍（「東征軍」）と旧幕軍の「鋒を交へし初めなり」と記されている（宮内庁『明治天皇紀』第一、吉川弘文館、一九六八）。

その後、東征大総督府参謀補助となった板垣は棚倉、会津の攻略などで軍功を挙げ、一八六八年一〇月三〇日、同参謀西郷隆盛らとともに天皇より太刀料三〇〇両を賜った（『明治天皇紀』第二）。戊辰戦争における軍功は、自由民権運動で名をはせるまで板垣にとって最大の政治財産となった。板垣は戊辰戦争の「軍事英雄」だったのである（松沢裕作『自由民権運動――〈デモクラシー〉の夢と挫折』岩波新書、二〇一六）。

## †廃藩置県と征韓論

一八六九（明治二）年一〇月二五日、板垣は高知藩権大参事、翌年一〇月一九日には高知藩大参事に任じられ、高知藩の改革に取り組んだ。一一月、高知藩庁より「四民平均の理」が発せられた。その結果、「士族文武の常識」が解かれ、世禄は金禄に変更された。族類は士・卒・平民の三等に分けられ、それぞれが自由に職業に就くことも認められた（『板垣退助君伝記』第二巻）。板垣は郷里の土佐で中央に先駆けて「四民平等」をうたった急進的な改革策（藩政改革）を実施したのである。

一八七一（明治四）年一月一九日、高知藩大参事板垣と同権大参事福岡孝弟は、勅使岩倉具

視の命で高知に赴いた鹿児島大参事西郷隆盛、参議の大久保利通、木戸孝允らと会見した。その席上で、西郷は「薩長土三藩協力して皇謨を翼賛すべき」ことが急務であると説き、これに板垣・福岡は同意した（『明治天皇紀』第二、一九六九）。二月一三日、薩長土三藩に親兵献納の命が降りた。薩摩藩より歩兵四大隊、砲兵二隊、長州藩よりは歩兵三大隊、土佐藩よりは歩兵二大隊、騎兵一中隊、工兵一中隊、砲兵二隊が献納されることとなった。三藩の献兵は御親兵と称し、その後近衛兵と改められた（近衛兵はのちに近衛師団に改められる）。御親兵は兵部省に隷属し、その兵員は八〇〇〇人であった（『明治天皇紀』第二）。

政府直轄軍の誕生は、政府の兵権を強固なものにするうえでは決定的だった。中央集権をめざす政府は、この軍事力を背景に七月一四日、廃藩置県を断行する。同日、先月二五日の政府改革で新たに参議に任じられた木戸と西郷に加えて、大隈と板垣が参議に列せられた。参議が西郷と自分の二人のみだと政務を処理するのが滞るとして、木戸が大隈を推すと、西郷は板垣を推した。板垣、大隈が参議に新たに加わったことに対し、大久保と岩倉具視は不同意であった（『明治天皇紀』第二）。

一八七一年一一月、右大臣岩倉具視を正使、大久保、木戸らを副使とする岩倉使節団が欧米歴訪に赴くと、参議の西郷、大隈、板垣らは太政大臣三条実美とともに政府の留守を預かることになった。

当初の目的であった条約改正交渉を果たせず、岩倉使節団が欧米で文明視察を続けるなか、留守政府では征韓論が沸き上がった。鎖国政策をとり、近代化政策をとる日本との国交を拒否する朝鮮への対応が閣議で取り上げられると、板垣が即時出兵論を唱えた。これに対し、西郷は自ら使節となって朝鮮に赴き、開国を説得すると主張した。こうして、西郷が朝鮮に使節として派遣されることが決まった。そして、西郷に万が一のことがあった場合は、その国家的非礼を武力でもって懲罰するという路線が固まった。結果的に西郷が前面に出ることになってしまったが、板垣が征韓論を唱えたことは、一般にはよく知られていない。板垣の唱えた征韓論が西郷を引きつけ、未だ基盤の固まらない明治政府を分裂の危機に陥れた板垣の責任は大きいと言わざるを得ない。

これに猛反対を唱えたのが、欧米視察から帰国した大久保、木戸、岩倉である。一〇月二三日、太政大臣三条実美に代わって右大臣岩倉が閣議において僅差で決定した西郷の朝鮮派遣を取り止める旨を上奏した。これに激昂した西郷、板垣、後藤、江藤、副島ら征韓派の参議は一斉に辞職した（明治六年政変）。

**†国会開設運動と国会開設の勅諭**

一八七四（明治七）年一月一七日板垣は後藤、江藤、副島らと民撰議院設立建白書を議事機関である左院に提出した。政府が「有司専制」に陥っており、それを打開するためには国会を開設すべきだと訴えた民撰議院設立建白書は、居留地横浜でブラックが発行する日本語新聞『万国新聞』に掲載され、社会の注目を浴びるに至った。これが契機となって民間では民撰議院設立の是非をめぐって論争が沸き起こった。こうして自由民権運動が始まったのである。

民撰議院設立建白書を提出するに先立ち、板垣は副島、江藤らと愛国公党を組織したが、四月に板垣が高知に帰郷したため、愛国公党は活動らしい活動もしないまま自然消滅した。板垣は片岡健吉らと地元高知で立志社を創設し、同志の結合を図った。

一八七五（明治八）年一月から二月にかけて、木戸と親しい井上馨と民撰議院設立建白書の起草に携わった小室信夫《しのぶ》の周旋で、大阪で木戸と板垣が会合を重ねた。木戸は台湾出兵に反対し、前年四月に参議を辞し、政府を離れていた。明治六年政変後、政府の実権を掌握し、殖産興業路線を推進する大久保は、大阪に乗り込み、二月一一日、木戸、板垣と会談した（大阪会議）。そこでは、左院を廃し、新たに議事機関として元老院を設置することなどが決まった。民撰議院設立に関しては木戸の漸進論《ぜんしん》で進むことが決まり、四月一四日には、漸次立憲政体樹立の詔書が出された。

三月に木戸とともに参議に復帰した板垣であったが、参議と各省卿の分離など自身が強くこだわる政策は政府の容れるところとならなかった。そのため、板垣は一〇月一二日、参議を辞した。政府に復帰し、権力の内側から立憲主義を推し進めようとした板垣の敗因は、急進論にこだわり、漸進論の木戸との関係を維持できなかったことに求められよう。

一八七七(明治一〇)年に西郷らが引き起こした西南戦争に、林有造ら立志社の一部が呼応したものの、結局、板垣が呼応することはなかった。西南戦争が終焉すると、以後、不平士族の反乱は途絶える。反政府運動は、武力闘争ではなく言論闘争に一本化されるのである。

西南戦争の翌年(一八七八)九月、板垣は大阪で愛国社の再興大会を開催した。愛国社は大阪会議が開かれた一八七五年二月、国会開設を求める全国の同志が大阪に集合し、創立された「一大政社」であった。しかし、大阪会議ののち、呼びかけ人の板垣が参議に復帰したこともあり、愛国社は開店休業状態に陥ったのである。復活した愛国社が発展して、一八八〇(明治一三)年三月一五日、国会開設期成同盟が結成されたのである。

板垣が立志社を拠点に地方から自由民権運動の火の手を上げようとしたことが嚆矢《こうし》となって、全国各地に自由民権結社が設立されていった。そして、各地でそれぞれが活動し、それらを糾合して全国組織をつくるという政治戦略は、資金難に苦しむ自由民権運動のありかたとして合理的であったといえよう。

四月一七日、片岡健吉、河野広中が国会開設期成同盟を代表して国会開設請願書を政府に提出したが、政府はこれを受理しなかった。しかし、その後、全国各地から国会開設の請願や建白が政府に寄せられるようになった。

国会開設を叫ぶ自由民権運動を政府は弾圧する一方、大久保の死後、政府の中枢を担う伊藤博文は盟友井上馨とはかり、一八八一年一〇月一二日、漸進的国会開設論から早期国会開設論（急進論）に転じた大隈重信を政府から追放した。それと同時に、国会開設の勅諭が出された。一〇年後には国会を開設すると、天皇が国民に公約したのである。板垣をはじめ自由民権運動に取り組んできた者たちにとっては、国会開設は見果てぬ夢ではなく、実現可能な夢となったのである。

## †自由党解党と受爵騒動

自由民権運動の担い手たちの間では、自由主義者の政党結成に向けた動きが一八八〇年末から始まっていた。国会開設の勅諭が出されてから二週間後、一八八一年一〇月二九日、自由党が結成された。板垣は党首である総理に推されたものの、自分は性格が厳格で、「衆を容るゝは最も短所」であるとして、辞退した（『板垣退助君伝記』第二巻、七四八頁）。板垣が自由党総理を受諾したのは、一一月九日のことである。副総理には、同じく総理を固辞した後藤象二郎が就いた。

一八八二（明治一五）年三月一〇日、板垣は東海諸県での遊説に出立した。四月六日、板垣は岐阜中教院で政談演説を行い、そのさなか刺客に襲われた。今もよく知られている「板垣死すとも自由は死せず」という名文句が作られ、社会に定着していく過程については、中元（二〇一五）が詳しいので、そちらを参照されたい。

自由党関係者は当初、刺客は政府の示唆によると見なし、激昂した。実際のところ、犯人は単独犯であった。政府は今回の板垣遭難が全くの無関係であることを示す必要に迫られた。四月一二日、天皇より侍従西四辻公業《にしよつつじきみなり》が勅使として派遣され、岐阜の旅館で療養する板垣に聖旨の伝達と菓子料三百円の下賜がなされた。周囲がこれは「政府の緩和策」だ、これを「拝辞すべ」きだというと、板垣は叱りつけた。これは「聖恩」が「微臣」（板垣）にも及ぶものであり、どうしてこれを奉受しないことがあろうか、と述べ、板垣は慎んでこれを拝受した（『明治天皇紀』第五）。尊王の念が強い板垣にとって、今回の勅使派遣は極めて名誉なことであり、感極まるものであった。

天皇の勅使が板垣へ差し向けられたことで、板垣等の自由民権運動が天皇の意に適うものだと見なす者や、板垣に見舞金を送らないと相済まないと心得る者が各地で現れたようである（一八八二年六月一二日付伊藤博文宛岩倉具視書翰、伊藤博文関係文書研究会編『伊藤博文関係文書』三、一九七五、塙書房、一〇五頁）。自由党にとって、板垣遭難は党勢拡張への格好の宣伝材料となった。

明治一四年政変で政府を追われた大隈も政党結成に乗り出し、一八八二（明治一五）年四月一六日、立憲改進党を結成した。改進党が結成された時期は、遭難事件で板垣と自由党の人気が絶頂の頃であった。発足当初、漸進論を旨とする改進党は、天賦人権論を掲げる急進論の自由党と比べて、人気がなかった。だが、井上馨が三菱などから資金を用立て、板垣と後藤に洋行させた一件が、改進党にとって追い風となった。自由党は、板垣と後藤の洋行をめぐって党内が分裂した。欧州へ憲法調査に赴いた伊藤に遅れること約半年後の一八八二年一〇月、板垣、後藤は欧州視察のため、日本を出立した。

伊藤博文は、欧州で国法学者シュタインから君主機関説や憲法運用の重要性を学んだ。これに対し、板垣と後藤は、伊藤のような成果を挙げることができなかった。イギリス公使森有礼は伊藤に宛てて、一八八三（明治一六）年五月に出したと推定される書翰で、板垣がイギリスの著名な社会学者スペンサーと会ったことに対する情報を次のように伝えた。

板垣は「本尊」スペンサーと河上通弁を交えて会談し、「余程之満悦」のようだ。両者の面談では、弟子と師が入れ替わったかのように、弟子（板垣）の説法が多く、かつ例のごとく根拠のない空論が少なからずあった。そのため、「本尊」（スペンサー）の堪忍袋も切れ、会見の後半では「no. no. no」の声とともに立ち上がり、そのまま別れたようである（伊藤博文宛森有礼書翰、『伊藤博文関係文書』七、一九七九、三八四頁）。

スペンサーを敬愛する板垣は、子どもが大人に知識をひけらかすように、自分の考えをぶつけた。しかし、学問のプロフェッショナルであるスペンサーには、板垣の話す内容は何もわかっていない子供の戯言レベルであった。それゆえ、スペンサーの堪忍袋の緒が切れたのであろう。

一八八三年六月、日本に戻った板垣と後藤は、党をいかにして運営していくかに苦慮した。資金難に加えて、党員の統制に苦慮した板垣は、自由党の解党を決断した。一八八四年一〇月、自由党の解党が決議された。大阪会議に復帰した参議も半年で辞職したし、自由党も結成以来、わずか三年で壊した。板垣は大久保や伊藤と比べて、権力への執着心が弱かった。板垣は大久保や伊藤が得意とする「建設」ではなく、西郷と同じく「破壊」を得意とする政治家だったといえる。

一八八七(明治二〇)年五月九日、板垣は大隈、後藤、勝海舟とともに伯爵を授けられた。これは、政府による懐柔策であった。ここで、板垣は伊藤博文首相ら政府当局者が予想だにもしなかった行動に出る。六月四日、板垣は伯爵を辞す上表を行ったのである。旧自由党員の大半は、板垣の行動を支持した。板垣が受爵を拒否する行動に出たことで、洋行、自由党解党で地に落ちた声望は一時的に回復された。

板垣の辞爵を認めれば、皇室の藩屏たる華族の制度が揺らぎかねない。政府としては、板垣の辞爵を認めるわけにはいかなかった。政府は勅命を撤回できないという理屈で、板垣に受爵を迫った。七月七日、板垣は再び天皇に辞爵を上表したが、天皇はこれを受けつけなかった。尊王の念の厚い板垣はこれ以上、天皇を悩ますわけにはいかないと、七月一五日、伯爵を受爵した。板垣受爵問題は、政府・皇室を震撼させる政治問題となった。板垣は拒否権を発動することで、政界に騒動を引き起こし、本人が考える以上に政界に影響を及ぼしたのである。

**†政党内閣の実現をめざして**

一八八九（明治二二）年二月一一日、大日本帝国憲法（明治憲法）が発布され、立憲政治の幕が切られた。旧自由党系と改進党による共闘路線、すなわち大同団結運動の主役であった後藤象二郎が三月に突如入閣すると、大同団結運動は分裂し、下火となった。

五月一〇日、大同団結大会が開かれたが、政社派と非政社派が対立し、河野広中ら政社派は大同倶楽部、大井憲太郎ら非政社派は大同協和会を結成した（大同協和会は翌年一月、再興自由党となった）。旧自由党系が分裂したままでは、政府に十分に対抗できない。こうした考えは旧自由党関係者に共有されていた。しかし、さまざまな行き掛かりで一つにまとまることができない。これを実現するためには、自分が立ち上がるしかない。板垣は一八九〇年四月、愛国公党を設立した。旧自由党系三派は、七月一日の衆議院総選挙を前に庚寅《こういん》倶楽部を結成して選挙に挑んだ。総選挙のあと、民党勢力の合同話が持ち上がり、九月一五日、旧自由党の三派と、九州で独自の勢力を誇る九州改進党が合同して立憲自由党（自由党）が結成された。党首は置かれなかったため、板垣は無役であった。

東アジアで最初の国会を政府と衆議院の対立で解散させてしまっては、欧米列国から日本は「文明」国と見なされない。このような思いは政界で広く共有されていた。一八九一年二月、土佐派が予算の修正案に同調して、自由党を脱党した。いわゆる「土佐派の裏切り」によって予算は成立し、第一議会は解散することなく終了した。

党首・党幹部が中心となって代議士、院外団を牽引していくトップダウン型の組織を作らないと党内の統制が取れないと考える星亨《ほしとおる》らが中心となって、一八九一年三月、自由党の総理（党首）に板垣を推した。こうして、板垣は再び党首に就いたのである。

板垣は星と同じく国会が開設されたのちは、やみくもに政府に反対するのではなく、国家のため政府に協力することも必要だと考えていた。板垣は星と協力して、内地雑居賛成に党の方針を転換するなど対外政策の面から政府との政策距離を縮めていった。こうした戦略が功を奏し、日清戦後の一八九五（明治二八）年一一月、自由党は第二次伊藤内閣との提携を実現するに至った。

自由党の支援で、伊藤内閣は戦後経営の諸政策を実現にこぎつけた。その代償として、第九議会終了後の一八九六年四月、板垣は内務大臣に就任した。この時、板垣は自由党総理を辞し、タテマエ上は政党と距離を置く形で入閣を果たした。現実的には政党内閣の実現はまだ遠い先の話だとしても、国会開設後、わずか五年で自由党の政権参入が実現したことは、政党（自由党）が明治憲法体制のなかで確かな存在になろうとしていることを予感させた。

しかし、地租増徴をもくろむ伊藤が進歩党（改進党の後身）の大隈重信を入閣させ、挙国一致内閣をつくろうとすると、板垣はこれに猛反対し、第二次伊藤内閣を閣内不統一で総辞職に追い込んだ。ここでも板垣が拒否権プレーヤーとなり、内閣を瓦解させたのである。

板垣にも首相になれるかもしれない機会があった。一八九八（明治三一）年六月一〇日、第三次伊藤内閣の提出した地租増徴案が自由党と進歩党の反対もあって大差で否決されると、伊藤は衆議院を解散し、地租増徴を支持する勢力を結集した新党結成をもくろんだ。しかし、支持勢力が集まらないこともあって、この新党構想は頓挫する。

一方、増徴案に反対した自由党・進歩党の間では、衆議院解散によって合同の機運が一気に高まり、六月二二日、憲政党が結成された。民党連合の集大成ともいうべき憲政党の出現により、明治政府は一層窮地に陥った。伊藤は憲政党を基盤とする内閣を作らせ、政党の統治能力を向上させようとした。伊藤の孤軍奮闘により、六月二七日、明治天皇より憲政党を与党とする大隈重信と板垣退助に大命が降下した。総理大臣のポストはいうまでもなくひとつである。このとき、板垣は宮中等の儀礼について明るくないという理由で、大隈に総理大臣の座を譲った。こうして、大隈を総理、板垣を内務大臣とする日本で最初の政党内閣ともいうべき第一次大隈内閣が発足した。世にいう隈板《わいはん》内閣である

しかし、隈板内閣も、直接的には板垣によって瓦解に追い込まれる。倒閣をもくろむ星亨の意を受けた板垣内相は、閣議で進歩党系の尾崎行雄文相の共和演説問題をとりあげ、ゆさぶりをかけた。さらに、天皇に尾崎文相の弾劾上奏を行い、尾崎を辞任に追い込んだ。一〇月二九日、旧自由党系のみで憲政党を新たに立ち上げ、板垣ら旧自由党系閣僚は辞表を提出した。こうして、日本で最初の政党内閣は一度も議会を経験することなく、わずか四カ月で幕を閉じた。

新たに誕生した憲政党においては、星の政治力が自由党時代と比べて格段に強くなり、これに反比例して板垣の政治力は弱まった。憲政党に党首は置かれず、板垣は総務委員待遇に甘んじなければならなかった。一八九九年一一月八日、板垣は総務委員待遇を辞し、政界引退を表明したのである。

## †板垣のめざしたもの

大隈と比べて板垣は財政など政策面での能力が劣ることは、当時の政界では周知のことであった。板垣自身もこのことを自覚していた。その代わり、板垣は党勢を拡張するため、全国各地へ遊説に赴き、その後の懇親会に参加することを厭わなかった。大隈率いる改進党が政党の

政策提言能力を重視したのに対し、板垣率いる自由党は政党の組織力を重視した（五百旗頭薫『大隈重信と政党政治――複数政党制の起源　明治十四年－大正三年』東京大学出版会、二〇〇三）。政治思想史研究者の山田央子《えいこ》氏が指摘するとおり、自由党の組織は「軍隊」に擬せられた（『明治政党論史』創文社、一九九九）。その結果、自由党は改進党を党員数で凌駕し、国会開設後も、改進党の約二倍に及ぶ議席を獲得していった。

板垣が政党の規律を重んじ、強固な組織をつくることをめざした背景には、軍事指導者としての経験があるのかもしれない。軍隊では、指揮官の命令のもと、兵士たちが一糸乱れず一丸となって行動することが求められる。板垣は党首が強いリーダーシップで党員を牽引する党首の「専制」を理想としたが、これは軍隊の論理と相通じるものがある。

組織によって政党を発展させていこうとする板垣の発想は、星亨や原敬にも通じるものである。しかし、板垣の権力への執着心は、星、原、大隈、伊藤と比べてはるかに弱かった。それが板垣の調整能力、交渉能力の「弱さ」につながったのである。権力への執着心の「弱さ」は、「破壊」による局面打開においては有効であっても、妥協による「建設」という点では不利に作用した。

板垣は自らの足りなさを知るという点において優れていた。そして、「弱者」への温かいまなざしを持っていた。政界引退後、板垣は社会改良を掲げ、さまざまな「弱者」の救済に乗り出した。しかし、本人の真摯な思いの多くは実らなかった。

一方、「弱者」の役に立ちたいという思いが本人の自覚なしに悪用されると、ロビイスト的な行動をしてしまうこともあった。『原敬日記』には、そのような板垣の姿が冷やかに描かれている。しかし、原は板垣を見捨てなかった。受爵を断り続けた原は、華族制度に批判的で「一代華族論」を唱える板垣に、心のどこかで共鳴するところがあったのかもしれない。原敬は板垣の葬儀委員長を務めた。それは何ゆえであろうか。

**さらに詳しく知るための参考文献**

宇田友猪著、公文豪校訂、安在邦夫解説『板垣退助君伝記』第一～四巻（原書房、二〇〇九～二〇一〇）……板垣についての浩瀚な伝記。同四巻には、安在邦夫「板垣退助研究覚え書き――研究の現状と『板垣退助君伝記』刊行の意義」・「板垣退助研究参考文献・史料」、安在邦夫・公文豪「板垣退助年譜」が所収されており、研究者のみならず、板垣に関心を持つ一般読者にも極めて有益である。

板垣守正編『板垣退助全集』（春秋社、一九三一。のちに原書房、一九六九年復刻）……板垣退助の孫が板垣の論考をまとめたもの。容易に入手しにくい後半生の論考が多く所収されており、その点において史料的価値は高い。

板垣退助監修、宇田友猪・和田三郎編、遠山茂樹・佐藤誠朗校訂『自由党史』上～下巻（岩波文庫、一九五七～一九五八）……自由党の視点から見た自由民権運動についての古典。後述の中元氏の論文を手元におき、参照しながら読むと、テキストの理解が深まるであろう。

安在邦夫「「受爵」をめぐる板垣退助の言動と華族認識」(安在邦夫・真辺将之・荒船俊太郎編著『明治期の天皇と宮廷』梓出版社、二〇一六)……一次史料を基に一八八七年の板垣受爵問題を再検討し、この問題が三大事件建白運動、のちの板垣の「一代華族論」につながったと展望する。板垣受爵問題については、坂本一登『伊藤博文と明治国家形成――「宮中」の制度化と立憲制の導入』(講談社学術文庫、二〇一二)第三章第四節「明治二〇年の危機と『宮中』」も示唆に富む。

伊藤之雄『立憲国家の確立と伊藤博文――内政と外交　一八八九～一八九八』(吉川弘文館、一九九九)……本書の主人公は伊藤であるが、星、板垣ら自由党の動向についても多く取り上げられている。

佐々木隆『藩閥政府と立憲政治』(吉川弘文館、一九九二)/同「黒田清隆の板垣復権工作」(『日本歴史』六一二、一九九九)……前者はもっとも精緻な初期議会期の政治史研究。後者では、実現に至らなかったものの、黒田首相が功臣網羅策の観点から板垣を復権させようと試みたことを一次史料によって明らかにした。

中元崇智「「土佐派」の「明治維新観」形成と『自由党史』」(『明治維新史研究』六、二〇一〇)、「板垣退助の政界引退と『自由党史』」(『高千穂論叢』四七-三、二〇一二)/同「板垣退助岐阜遭難事件の伝説化――『自由党史』における記述の成立過程を中心に」(『日本史研究』六二九、二〇一五)/同「板垣退助の天皇・華族観と政党指導の展開」(『日本史研究』六四二、二〇一六)/同「板垣退助と戊辰戦争・自由民権運動」(『歴史評論』八一二、二〇一七)……自由党土佐派の通商論・経済政策研究から研究を開始した中元氏は、板垣が監修を務めた『自由党史』の編纂過程や政治家板垣の政治構想や政治指導についての研究を精力的に進めている。

福井淳「板垣退助岐阜遭難事件に対する諸政治勢力の対応――自由党と明治天皇・政府とを主軸として」(『書陵部紀要』四九、一九九七)……板垣遭難事件の政治的位置づけを考えるうえでの必読文献。

真辺将之「老年期の板垣退助と大隈重信――政治姿勢の変化と持続」(『日本歴史』七七六、二〇一三)……研究

がほとんどなされていない板垣の老年期が大隈の老年期とともに分析され、両者の老年期の具体像が明らかにされた。

真辺美佐「大同団結運動末期における愛国公党結成の論理——板垣退助の政党論を通して」（安在邦夫・真辺将之・荒船俊太郎編『近代日本の政党と社会』日本経済評論社、二〇〇九）／同「第一議会期における板垣退助の政党論——立憲自由党体制をめぐって」（『日本歴史』七五八、二〇一一）／同「民権派とヨーロッパの邂逅——自由党総理板垣退助の洋行体験と政党認識」（小風秀雅・季武嘉也編『グローバル化のなかの近代日本——基軸と展開』有志舎、二〇一五）／同「初期議会期における板垣退助の政党論と政党指導」（『日本史研究』六四二、二〇一六）……末広鉄腸の思想研究から研究を開始した真辺氏も、近年は板垣の政党論に関心を寄せ、研究を精力的に進めている。前述の中元氏とともに、板垣に関する研究水準を引き上げ、この分野の研究を牽引している。

第6講

# 伊藤博文——日本型立憲主義の造形者

瀧井一博

## †憲法文化の造形

明治以降の日本は西洋の様々な文物を受容し、それまでの幕藩体制とは異なる中央集権の統一的国民国家として自己変革を遂げた。そのような国家の形態は、今日もなお維持されている。この時に緒に就いた近代的主権国家、天皇制、中央集権体制、国民国家といった国家の制度的枠組みは、いまなお日本の「国のかたち」を規定している。

以上のような明治期に定礎された「国のかたち」の重要なファクターのひとつとして憲法を挙げることに異論はないだろう。立憲国家であるということも、明治期から連続する日本国家の指標である。もちろん、その中身については、大日本帝国憲法（明治憲法）と日本国憲法のもとでは大きな違いがある。何よりも主権者が天皇から国民へと変わった。また民主的で真に立憲主義的な後者に対して、前者は保守反動的な見せかけの立憲主義の憲法と見なされてきた。だがその一方で、二つの憲法の間には無視しえない共通性も指摘できる。まず第一に「欽定」性である。二つの憲法はともに民定憲法として成立したのではない。明治憲法は天皇による欽定によって成立したし、日本国憲法も占領下でアメリカ占領軍の主導のもと作成された。両者はともに「押しつけ」憲法である。

第二に、民主的性格である。押しつけられた憲法ということは、日本国憲法の民主性を損なうものではない。日本国憲法の制定にあたって、民間の学者やジャーナリストのグループが民主的な改正草案を起案し、それが占領軍の改正案にも影響を与えていたことが判明している。また、国民一般は、日本国憲法の民主的な装いに驚嘆したが、同時に歓迎し、新憲法はスムーズに受け入れられていった。

同じことは明治憲法についても言える。憲法の制定に先立って、民間で自由民権運動の盛り上がりがあったのは周知の通りである。民権家による様々な憲法草案の提起が政府を動かし、天皇は憲法の制定と国会の開設を約束せざるを得なかった。その結果として成立した憲法は、天皇主権が規定されていたものの、臣民の権利条項が備えられ、議会の予算審議権も保障されるなど立憲主義の大枠を踏み外すものではなかった。成立当初、それは欧米の専門家から高く評価され、また何よりも民権運動家の歓迎を受けた。帝国議会が開設してからは、一九三〇年代に軍国主義が台頭するまでは議会政治の定着と進展が見られた。明治憲法の非民主性や外見的立憲主義の側面ばかりを強調するのは、歴史の実態には即していない。

「欽定」性、「民主」性に加えて、第三に指摘できるのが、両憲法の伸縮性である。明治憲法の起草者は、簡素な憲法を心がけた。憲法のなかには極めて理念的な条項や統治機構および政治運営上の必要最低限の事柄のみを定め、政治社会の進展にどのようにでも対応できる伸縮自在の憲法が作り出された。そのような構造は日本国憲法についてもあてはまる。日本国憲法のもとでは——特に安全保障法制において——、憲法の解釈によって柔軟に国家体制を変遷させるという「解釈改憲」の問題が指摘されるが、「解釈改憲」という憲法上の技芸のルーツそれ自体は明治憲法に根差していると言うことができる。憲法発布当初には想定されていなかった政党内閣が、後に明治憲法下で慣行化したことは、その最たるものである。

伊藤博文（1841-1909）

このように考えてみると、明治憲法の成立は、今日にまで続く日本の憲法文化を造形したものと言えよう。そして、その造形者こそ明治憲法の起草者・伊藤博文に他ならない。

## †明治「国制」のデザイン

伊藤の憲法や立憲体制への関わりには長い前史があり、限られた紙幅ではその全容を述べることはできない。ここでは、彼が直接憲法制定に携わるようになった明治一四年政変から説き起こそう。一八八一（明治一四）年に勃発したこの政変は、明治政府内でイギリス流の議院内閣制の採用を画策した大隈重信とその一派を政府外に追放したものである。その代価として、国会開設の勅諭が同時に発せられ、一八九〇年までに憲法を制定し議会を開設することが、いわば公約された。藩閥政府のほうも憲法の制定に本腰を入れなければならなくなったのである。来るべき憲法のモデルは、大隈らが掲げたイギリス流ではなく、君主大権を基軸とするプロイセンの欽定憲法とされた。

この時に憲法起草の責任者としてかつがれたのが伊藤だった。だが、伊藤は憲法制定に定見がなく、自信を喪失していた。すでに政府内には井上毅《こわし》という卓越した法制官僚がおり、憲法起草の準備は整っていた。先述のプロイセン憲法のモデル化の意見書をまとめたのも井上である。伊藤はただかつがれていればよかったのだが、憲法の起草は大久保利通や木戸孝允から直々に信託された自分の専管事業であるとのプライドが彼にはあった。伊藤は、一八八二年三月から約一年半、ヨーロッパへと旅立つ。立憲主義の本国で憲法調査を行い、箔づけを図ろうとしたのである。

欧州での調査は紆余曲折を経た。特に当初訪れたベルリンでは、芳しい成果が上がらず、焦慮の念を日本への通信で吐露している。彼が蘇生したのは、ウィーンにおいてであった。

ウィーン大学の国家学教授ローレンツ・フォン・シュタインと面談した伊藤は、憲法制定に関し大確信を得たと日本に向けて書き送るほどに息を吹き返す。ここで伊藤が得たこととは何だったのか。

国家学者シュタインは国家学の見地から憲法の何たるかを教示した。それは、憲法の上位により全体的な国家の制度的構造があり、憲法はその全体構造のなかに位置づけられて初めて機能できるということである。ウィーンを去る前に伊藤は、「どんなに良い憲法を作っても、またどんなに良い議会を開いても、実際の政治がうまく運ばなければ意味がない」と書き留めている。シュタインの講義は、実際の政治がうまく機能するためには、政府の組織を固め、行政を確立することが何よりも重要との確信をもたらした。この時の伊藤のヨーロッパでの調査は、「憲法調査」と呼び慣らされているが、それとは裏腹にその真価は行政の調査、さらに言えば憲法と行政を包摂した国制の調査にあったのである。

実際、帰国後の伊藤は、単に憲法典の制定にとどまらない明治日本の「国のかたち」＝明治国制をデザインしていくことになる。先ず彼が着手したのが、宮中改革である。一八八四年三月に宮内卿に就任した伊藤は、宮内省機構を整備すると同時に、皇室財政の自立化を図る。伊藤はこのようにして宮中府中の別を確立しようとした。これ以前に、天皇親政運動という天皇による直接統治を目指す動きが宮中の侍補グループから持ち上がっていた。伊藤はそれに終始反対していた。その動きを封じ込め、天皇という一個人の不安定な意思によって国政が左右されるのを防ごうとしたのである。立憲君主制への布石である。

翌年には、官制の大改革という大がかりな行政機構の刷新が敢行された。ここで注目すべきは、内閣制度の導入である。これによってそれまでの太政官制度に名実ともに終止符が打たれ、太政大臣および左右両大臣とその下になる参議たちという政府指導部の重層構造が改められた。

次に、新たな行政組織を担う官僚のリクルート・システムとして、一八八六年に帝国大学が創設される。ウィーンでのシュタインの教示はこの点に集中していた。シュタインは、立憲国家となり議会制を導入するには、それに先立ち行政を整備することが肝要と説いていたが、そのためには大学改革が急務であると強調していた。伊藤もまたかねてより政談に傾く私立学校の教育に警戒感を示しており、高等教育を通じての科学の推進を必要視していた(一八七九年の「教育議」)。

こういった重要な国制上の諸々の改革を積み重ねたその果てに、一八八九年二月一一日、明治憲法が発布され、翌年に帝国議会の開設を迎えることになる。つまり、以上のような一連の改革の有機的つながりのなかに明治憲法は位置づけられるのである。そのつながりの全体を指して「国のかたち」=国制と称することもできるだろう。憲法調査から帰国後の一連の改革は、まさに国家の統治システムの総体(国制)を作り変える作業だった。その掉尾を飾るものとして、憲法の制定があったのである。

## †憲法政治の追求

憲法は発布され、議会は開かれたが、それによって立憲国家が完成したと言えるわけではない。新たな国制が立ち上がっても、それが実際に機能しなければ意味をなさない。伊藤はこの点をわきまえていた。彼にとって、憲法の成立は、あるべき国制の完成なのではなく、来たるべき国制へのスタートラインであった。一八八九年の時点で成し遂げられたのは、立憲体制へ向けてのデッサンに過ぎなかった。

それでは、明治憲法の下で、どのような国制が機能すべきと考えられていたのか。一言で言うならば、君民共治の国制である。天皇の権威を確立し、国民の政治的権限を確定した国制を伊藤は志向したが、特に国民の政治参加の推進が憲法成立後の彼の課題となる。

この点を示唆するものとして、憲法発布直後の二月二七日に伊藤が皇族や華族に向けて行った演説がある。そこにおいて伊藤は、これからの政治は文化的に高められた国民を基礎にして行われなければならないと説いている。だが、文化的に高められた国民というのは、支配する側にとっては両刃の剣である。そのような国民は、当然、自分たちの受けている支配の妥当性を推し量るようになる。そのように賢くなった国民に対して、抑圧的な姿勢を取ることはもはやできない。伊藤は、「民は由《よ》らしむべし、知らしむべからず」との格率は文明の政治・憲法政治のもとでは成立し得ないとも語っている。そうではなく、国民に積極的に政治や国の現状について知らしめなければならない。そうやって自分たちの考えをもった国民が政治に参画することが、憲法政治だというのが伊藤の考えであった。

したがって、伊藤にとって議会制度とは決して仮構のものではなかった。議会を中心とした統治へと漸進的に移行していくことが理想とされていたのであり、それが故に、憲法のもとでの政治は必然的に政党政治をもたらすものとされた。この確信に従って、伊藤は一九〇〇年に立憲政友会という政党を結成する。それは決して藩閥政治家からの豹変や変節ではなく、彼においては当初からの一貫した歩みだったと見なし得る。

もっとも、ここでの彼の転身を政党政治家へのそれと即断することもできない。政党の結成に際して伊藤は、政党政治の弊害を説き、その是正を唱えてもいる。政友会結成に先立ち、伊藤は日本各地を遊説して回っているが、そこで彼が訴えていたのは政党の現状を批判し、憲法の理念に基づいた政治=憲法政治を実践することであった。

憲法政治とは何か。伊藤がそれを君民共治の政治と定義していたことは前述の通りだが、ここに来てその力点は明らかに民による政治に置かれる。伊藤は、議会制度や国民の参政権が憲法によって授与されたことは、もはや天皇ですらそれらを妄りに奪ってはならなくなったことだとして、国民自らが政治を担うという気概をもつことが求められていると述べている。

立憲制度とは、このように国民の政治化を前提としている。他方で、その目的はそのように政治的に覚醒した国民の秩序化であり、君民共治という政治様式の実現とされる。「憲法政治の主眼たる目的は……一国を統治遊す所の天皇と国を成す所の元素たるべき人民とが相調和して睦しくしやうと云ふのが目的である」と説かれ、君民の宥和こそ憲法政治の目的であり、精神をなすものに他ならないとされる。

このように、宥和と統合こそ伊藤の立憲国家観が帰着するところであったが、それは何も天皇と国民の間のことに限られない。同様に政府と議会の調和も呼びかけられ、この観点から政党のあり方が批判される。伊藤の見るところ、現下の政党政治は「敵討の政治」に堕している。それはさながら源平合戦を想起させ、国民調和の政治という観点からは大いに問題がある。伊藤にとって憲法政治の真価は、政権獲得のための競争と抗争ではなく、譲歩と調和にあった。国民の政治参加とそれにあたっての責任を憲法政治の核心と見なす伊藤にとって、政党は国民と政治を媒介して国民の諸利害を調整すべき存在として刷新される必要があった。この信念を実行に移すために、伊藤は自ら政党の結成へと乗り出したのである。

## †韓国統治の国制史的意味

伊藤は晩年、韓国統治に手を染めた。韓国を保護国化し、韓国統監となってその地に赴いた。他国による支配は、当然被支配民のナショナリズムを刺激する。韓国のように歴史と伝統のある社会ではなおさらである。抗日運動が叢生し、伊藤は立場上その掃討を命じなければならなくなる。伊藤自身は当時の日本の政治家のなかにあって最後まで韓国併合に反対しており、日本の指導の下で文明化が遂げられたならば、日韓は自然と友好的な提携関係に移れると考えていた節がある。だが、彼はナショナリズムに対してあまりに無頓着であった。伊藤には、宗教や民族といった非合理的なものに対する認識の欠如がある。

ところで、伊藤はなぜ韓国統監を引き受けたのか。そのひとつの理由として、日本国内での国制改革が挙げられる。韓国統監に就任した当時、伊藤は帝室制度調査局という組織で総裁として皇室制度の改革にも従事していた。しかし、この調査局は単なる皇室制度の改革を越えて、国制一般の改革をも目論んでいた。伊藤が特に問題としていたのは政軍関係である。明治憲法以前から日本では軍部の独立の傾向が強かった。それは憲法成立後も変わらず、日清日露戦争を経てむしろ強化されていく。軍が内閣の関与なく専権的に決定できる指揮統制事項（軍令事項）は、拡大の一途をたどっていた。

伊藤はこれを矯正せんとした。皇室制度の改革とあわせて、一九〇七年に公式令の制定と内閣官制の改正が彼の主導で行われるが、これを通じて目指されたのが軍令事項の限定と軍政を内閣の統制下に置くことである。軍部の内閣からの独立傾向に歯止めを打とうとしたのである。伊藤によるこのような改革の試みは、山県有朋を中心とする陸軍の巻き返しに遭い、結局は中途半端に終わった。だが、その後も伊藤は韓国の地で軍の統制を実践しようとした。そもそも、韓国統監への就任ということが、一九〇七年の国制改革と無縁ではなかった。韓国統監には官制上、同地に駐留する日本軍への指揮命令権が認められていた。そのような規定があったが故に、統監には軍人が就くものと陸軍は考えていた。伊藤は陸軍のそのような声を封じるかたちで統監となり、文官でありながら軍を統制する権限を手にしたのである。統帥権の干犯である。

韓国において伊藤は、積極的に軍政に介入した。軍の人事や編制に意見を述べ、抗日運動の鎮圧に軍が派遣されるに際して、過度な軍事行動は控えるよう訓令するなど具体的な指揮命令を行った。伊藤にとって韓国統治は、立憲主義の建て直しを期して進められた国内の改革と連動するものでもあったのである。

だが、韓国でも伊藤の改革は道半ばで終わった。駐韓日本軍との軋轢に加え、政治改革に対する韓国側からの支持も得られず、四面楚歌の伊藤は、ついに韓国併合に同意して一九〇九年六月に統監を辞任する。これに先立ち、日本政府は懸案だった清韓境界の間島地方の権益主張を断念したかたちでの韓国併合方針を固めた。伊藤は、韓国を越えて満州方面へと日本が進出することを防いだことで満足せざるを得なかった。それから四カ月後の一〇月二六日、彼はハルビンにおいて韓国人の独立運動家・安重根によって射殺された。

## †伊藤博文の遺産

伊藤が日本近代史上最大の政治家の一人であることは言うを俟たないが、以上に論述してきた彼の国家構想や政治指導の真意が果たしてどれほど理解されてきただろうか。憲法、政党政治、東アジアとの対外関係はいずれも伊藤の影響を抜きにしては考えられず、その余波は今日にも及んでいると言える。その意味で、伊藤の遺産を再考することは、アクチュアルな意義を有している。

憲法のことについてのみ述べるならば、冒頭で記したように、伊藤は日本人の脳裏に「不磨の大典」ということを刷り込んだ。時勢の変化に合わせて伸縮自在に対応できる簡素な憲法を彼は作った。それは同時に、憲法は不変なものという物神化をもたらしもした。

他方で伊藤は、憲法に肉付けを施し、それにしたがって国制の全体を見直していく不断の営みを政治の課題としていた。憲法とは国民の政治への参画を保障したものと捉え、それを促進するために現実の国制を絶えず見直し、修正していくことにその政治人生は費やされた。

戦後、憲法は改正されたが、日本人の憲法についての意識や姿勢は果たしてどれほど変化したであろうか。伊藤の遺産の何を受け継ぎ、何を克服するかを考えてみることは、近代日本の憲法文化を省察することでもある。

**さらに詳しく知るための参考文献**

伊藤之雄『立憲国家の確立と伊藤博文――内政と外交　一八八九～一八九八』（吉川弘文館、一九九九）……今日の伊藤研究の水準を築いた第一人者による重厚な研究書。立憲制度の定着に奮闘した伊藤の姿を浮かび上がらせた。

伊藤之雄・李盛煥編『伊藤博文と韓国統治――初代韓国統監をめぐる百年目の検証』（ミネルヴァ書房、二〇〇九）……日韓の研究者が伊藤の韓国統治の実態を一次史料に即して考察した共同研究の成果。韓国語版も刊行された。伊藤氏はこの後、このテーマについて単著も著している（『伊藤博文をめぐる日韓関係――韓国統治の夢と挫折、1905～1921』ミネルヴァ書房、二〇一一）。

伊藤之雄『伊藤博文――近代日本を創った男』（講談社、二〇〇九）……伊藤の評伝の決定版。政治家としての伊藤の事績が余すところなく描かれている。後に講談社学術文庫として再刊されている。

小川原宏幸『伊藤博文の韓国併合構想と朝鮮社会――王権論の相克』（岩波書店、二〇一〇）……前掲の伊藤・李の編著とは異なった立場から論述された研究書。民衆史の観点から伊藤の韓国統治にネガティブな評価がなされている。

駒村圭吾・待鳥聡史編『「憲法改正」の比較政治学』（弘文堂、二〇一六）……伊藤が築いた日本型立憲主義の現代的意義について論じた拙稿を含む。

坂本一登『伊藤博文と明治国家形成——「宮中」の制度化と立憲制の導入』(吉川弘文館、一九九一)……今日の伊藤再評価の先鞭をつけた研究書。明治立憲制のデザイナーとしては学界では井上毅に焦点が当てられてきたが、伊藤が井上をも凌駕するような制度構想の持ち主だったことを明らかにした。後に講談社学術文庫として再刊。

瀧井一博『伊藤博文——知の政治家』(中公新書、二〇一〇)……伊藤之雄氏のものと前後して出された伊藤の評伝。政治家としての伊藤よりもその政治思想を取り上げていることに特色がある。英訳もされた(Kazuhiro Takii, *Itō Hirobumi: Japan's first prime minister and father of the Meiji Constitution*, Routledge, 2014)。

瀧井一博編『伊藤博文演説集』(講談社学術文庫、二〇一一)……伊藤は積極的に人々に語りかけ、自らの政治思想や国家構想を説き続けた〝言葉の政治家〟だった。伊藤が演説を通じて訴えた日本の政治状況は今日まで続いている。今なお味読する価値のある文章である。

第7講

# 井上 毅——明治維新を落ち着かせようとした官僚

湯川文彦

## †井上毅の官歴とその特徴

井上毅《こわし》（一八四四～一八九五）は激動の明治前期に要職を歴任した官僚・政治家である。熊本城下に暮らす下級藩士の家に生まれた井上は、細川藩家老米田家家臣のために設けられた塾・必由堂に学び、一四歳にして熊本藩儒木下犀潭《さいたん》の門に入った。まもなく陪臣として異例の抜擢をうけて藩校・時習館の居寮生となり、一八六七年には江戸に遊学してフランス学を学んだ。新政府発足後、一八七〇年に大学南校に入ると、翌年には司法省に移り、一八七五年には法案審査を担当する政府機関・法制局の官員となった。以後、参事院議官、枢密顧問官などを歴任し、一八九三年に文部大臣となったが翌年に病気のため辞職。一八九五年に五三歳にして病没した。井上は変動著しい明治新政府にあって順調に法制官僚としてのキャリアを重ねただけでなく、岩倉具視、伊藤博文ら政府要路の信頼を得て、大日本帝国憲法・教育勅語の起草はもとより、様々な重要法案の作成や意見書案の起草に携わった。

井上の華々しい官歴の半面は、非凡というより平凡である。当時、下級藩士が官僚、政治家へと出世の階段を駆け上がっていく現象は、決して珍しくなかった。階段をつくったのは明治新政府である。政府は全国から人材を求め、政府要路はそうした人材を積極的に要職へと抜擢した。井上はそうした者の一人である。井上は儒学に通じ、フランス学を学び、のちにドイツなど各国法にも通じたが、政府に職を得た数多《あまた》の人材は井上のように儒学や西洋法に造詣の深い者たちであり、知識の面で井上が特異な地位を占めていたわけではない。実際、彼が最初に職を得た大学では、のちに東京大学初代総理となる加藤弘之、フランス学で知られる箕作麟祥、辻新次らがおり、法制局では欧米各国法に精通する細川潤次郎をはじめ、イギリス法に通ずる尾崎三良や、フランス法に通ずる山崎直胤らが同僚であった。しかし、井上ほど政府要路の厚い信頼を得て政治・法制上の重要局面に深く関与した人材は珍しい。では、井上はその多彩な知識のうえにいかなる異彩を放っていたのだろうか。

## †「実学」志向と「人心」への注目

時習館時代の井上の学びは、朱子学への批判的且つ実践的な探究であった。当時井上が認めた感想録『燈下録』には、自己の見解の正統性を朱子の活動、教説——朱子の示す「理」の内に読み込もうとする姿勢が映じている。井上は政治の変転を自然の理と受けとめつつ、朱子学を政治的実践の是非を判定する物差しとして用いる。こうした「実学」志向は当時において独特というよりも素朴である。彼の目の前には非常な変転を遂げる幕末政治の現実と、長年にわたり朱子学が政治的正統性の源泉とされてきた現実が横たわっていたからである。

　幕末における井上の学問的実践は、政治の動態に即応しようとする点で柔軟であり、政治の判断にあくまで朱子学的正統性を追究する点で剛直であった。時習館に学んだ先輩・横井小楠との対話において、井上はその両面の顔をのぞかせる。西洋情報に触発されて自在に議論を展開する横井に対して、井上は様々な角度から疑問を差し挟んだが、疑問群の根底に流れていたのは西洋諸国の政治方法・法制度を日本に取り込むことによって生じ得る混乱への強い危惧であった。井上は西洋法の参照によって得るはずの利益よりも、被るはずの弊害に強い関心を示していた。それは横井が主張する法制の一新に対して、井上が「今日本の法制を一変仕候はゞ人心居合兼ね、現在の長州水戸の如く必内乱を引起すべく候」と反論したことに端的に表れている（「沼山対話」）。井上によれば、法制改革の弊害の発生源は変化に動揺し、あるいは変化に抗う「人心」であった。それ

井上毅（1844-1895）

は彼が学問から得た知識であるとともに、政治の一新をめぐって長州藩・水戸藩の動揺が起きたという現実によって裏づけられていた。かつて曲がりなりにも静穏を維持してきた政治と学問は、幕末の国内外情勢の変化や西洋情報の流入によって大きく揺さぶられていた。こうした状況において、井上は政治体制を積極的に変革していくというよりも、すでに生じている変革を自然のものとして受け入れ、儒教的正義を拠り所に考え得る弊害を除去し、現実政治を安定化させることを志向していた。

一八六七（慶応三）年、井上は藩命により江戸へ遊学し、フランス学を学んだ。その後一度熊本へ戻り、新政府発足後の一八七〇（明治三）年、再び東京に赴いて大学南校に入り、同年中に少舎長、進んで中舎長となった。南校は政府の洋学者人材養成機関であり、井上のように出身藩から東京へやってきた者たちを抱えていた。舎長の業務は彼ら生徒の監督であった。この頃井上は南校の制度改革を求めて意見書を提出し、次のように主張した。南校の現制度では語学習得に支障があるうえ、正則の学科を修めるまで五年の長きを要するため、洋学者人材の即時供給を要する政治状況にそぐわない。そのため、まず生徒を精選し、次に学科を見直し、とくに変則（専門学科のみを修め三年で卒業する）を中心とする速やかな人材養成に切り替えるべきであると（『井上毅伝』史料篇・第一巻）。井上の関心は現実政治への即応と政治の安定化にあり、この意見書も青写真ではなく処方箋であった。

なお、井上は弊害のもう一つの発生源として教員・生徒の「心」の問題、すなわち倫理を挙げる。井上によれば彼らの倫理は組織の実効を左右する根本であり、法制にできることは罰則を厳にすることくらいであった。倫理の養成は、法制の整備と並んで――法制によっては解決できない課題として――彼の主要な関心を占めることとなる。

## †西洋体験から得た知見

幕末維新期に西洋諸国を訪ねた日本人は、イギリスの産業技術の高さに驚き、フランス法の緻密さに感嘆したが、西洋諸国間の多様性に目を見張る者も少なくなかった。その多様性を福沢諭吉は『西洋事情』に、久米邦武は『米欧回覧実記』に映し出したが、井上も多様性に目を向けた一人である。司法省に転じた井上は一八七二(明治五)年、欧州調査団の随員として渡欧した。欧州実見の必要性を感じていた井上にとって、望外の喜びであったという。一年近い滞在期間中、井上は各地を視察し、法学の講義を受け、翻訳に出精したが、それは単なる西洋法の学習というよりも、儒学的正義を西洋世界に確認、拡張する営為であった。井上はベルリン訪問後に司法省の上官、楠田英世に書翰を送り、次のように伝えている(『井上毅伝』史料篇・第四巻)。

フランスとドイツの法制はその大綱を一律に帰す点で共通するが、その改革の速度と法制の細目において大きく異なっている。それは両国の法制がそれぞれ歴史的所産である「民俗」にしたがって設けられたためである。新奇を好むフランスでは、流血革命によって形を顕した衆望とナポレオンの牽引力によって急進的な法制改革がなされたのに対して、新奇を好まないドイツでは、四〇年の歳月をかけて漸進的に法制改革が実施された。フランス裁判法は緻密にして画一の美観を呈するが費用が嵩むという難点を抱えている。これに対してドイツ裁判法はフランスに倣いつつも簡易にして柔軟であり、よく人心に叶っている。民法においても、全国一律のフランス民法に対して、ドイツ民法では「局法」なる仕組みによって各地各様の慣習に配慮した地域的法規定を認めている。これは人心すなわち「人々の好ミ」に合わせて一定の「自由」を容認するものであり、新奇を好まないドイツの国民性に適合している、と。

井上はこのように述べたうえで、裁判法の大綱については一律化すべきだが、人心に関わる民法については旧慣にもとづく多様な便法を認めるべきであると主張した。

井上がドイツの「局法」に共感を示したのは、日本の人心もまた新奇を好まないとみなしていたからに他ならない。井上は国家、地域それぞれに人々が信用をおいてきた慣習が存在することを認め、その慣習を法制によって刷新しようとすれば人心の動揺を引き起こして「実害」を生ずるとする。ゆえに人々に関わる法制の改革にはその「民情」をよく理解したうえで、人々の「敬服」するような法制を打ち立てる必要があるという。もとより「民情」を察し、起こり得る弊害を予防するのは、儒教における「仁政」思想の根本である。これは同じく西洋体験を経た福沢諭吉が、『学問のすゝめ』において「仁政」を実際の人心と乖離した迂遠の政治とこき下ろしたのと対照的である。井上において比較法の観点を得たことは、一西洋国家の法制を絶対的なモデルとする窮屈さを取り払うとともに、自らの追究する儒学的正義の正統性を西洋諸国の多様な実例のなかに自在に再確認することを可能にしていた。

井上の論理の帰結として、日本においてもその歴史と国民性に即した法制を要することとなる。帰国した井上は、欧州の単純な模倣を否定する持論を記して日本での官吏業務を再開し、司法省内で昇任をかさねていった。そして一八七五年、井上は持論をさらに展開できる職を、新たな組織に得ることとなる。政府中枢に設けられた法案審査機関・法制局である。

## †法制局員として

一八七五（明治八）年四月一四日、漸次《ぜんじ》立憲政体樹立の詔《みことのり》が発され、三権分立体制への移行を想定した各種政府機関（元老院、地方官会議、大審院）の設置が行われた。この政治体制の変革について、政府内では立法・司法権の拡張に伴う行政権への影響が懸念された。この詔をめぐる政府要路の意見は四分五裂し、同年六月より開かれた地方官会議の地方民会議案をめぐっては参議の木戸孝允、板垣退助、伊藤博文の意見が分かれた。こうしたなか、同年七月には政府の法案審査機関として法制局が設置され、伊藤博文長官のもと、局員として井上のほか細川潤次郎、尾崎三良、古沢滋、山崎直胤らが名を連ねた。法制局は政治体制の方向性が定まらないなかで、各省が立案した様々な法案を審査し、実用的且つ安定的な政治体制の形成に努めていった。

井上の関心はやはり政治を安定化させることにあった。同年に彼が他の局員と協同で作成した公文類別規則案は、数次の修正を経て一八七七年に決定されたが、その趣旨は欧州諸国の法制同様、各省の立案権限・責任を重くしたうえで、法令類に軽重の区別をつけるというものだった。井上によれば、それはこれまで漫然としていた行政部を規律するとともに、法令の軽重を明確化し、重要法令の頻繁な改廃——朝令暮改を抑止して法令に重みを与えるためであった。

しかし、各省権限の強化は却って朝令暮改を助長した。井上が人心の動揺を理由に朝令暮改に否定的な立場を取ったことは言うまでもない。一八七六年三月に内務省が提出した区画制度改正案に対して、井上は以下のように反論している。従来の区画制度である大区小区制はたしかに煩雑だが、人民はそれに慣れ始めており、一紙の法令によって改めてはもとより新奇を好まない人心に動揺を与え、法令の信用を引き下げることになる、と。同年一二月、井上は留守の伊藤長官に代わり上申書を提出し、法令は人民の「固守確信」すべきものであり、容易に改廃してはならないと提言した。当時は士族反乱や農民一揆が頻発しており、井上の一連の行動は、政府の法制が人心を得ていないという実感にもとづいていた。彼は法制に頼ることの限界を説く法制官僚であった。

井上の持論をより鞏固なものにしたのは財政難である。一八七七年一月、地租軽減の詔にもとづき、政府は各省予算の削減と民費賦課額の抑制を方針とした。これ以降、従来の政府の改革事業については、より簡易な低コストのものに再編する必要が生じた。もとよりこれを持論としてきた井上は、その実践に邁進した。

同年六月、緻密な法規定をもつ内務省の地方制度案に接した井上は、立案者・松田道之に宛てた書翰において、地方行政は法律によって縛らず、地方の慣習に応じて適宜に行う、すなわち「不文ヲ法」とすべきであると説いた（『井上毅伝』史料篇・第四巻）。井上は翌年に内務省が提出した地方制度改革の三法案――いわゆる地方三新法の草案に対しても、その緻密な法規定を批判し、より簡易な規定に改めた。井上によれば、緻密な法規定は繁務と高コストを呼び、人心の動揺をきたすという。そのため、井上は地方分権とともに法制を簡易にして政府・地方の繁務を解消し、各地方の実情に合わせた柔軟な対応を促そうとした。法律の規定は画一化すべき最小限の領域にとどめ、最も多様な慣習が存在する人民の生活圏・町村には「自治」を認めるというのが井上の考えであった。

このとき井上はイギリス法を取り調べたが、地方住民の習俗を尊重して地方自治の精神を有する点においてイギリス法はフランス法を凌ぐと評した。これは先にドイツの「局法」に関心を寄せたのと同様に、旧慣の多様性の尊重が人心の安堵、法的信用、ひいては政治的安定性をもたらすという彼の確信にもとづいていた。

## †国会開設をめぐって

しかし、人心の動揺と政治不信は一層大きくなった。しかも、それらを一原動力として自由民権運動が興隆して、全国各地で代表制議会の開設を要求する声が挙がった。井上はこれまで日本の人心は新奇を好まないものだとしてきたが、現実の人心はすでに政治体制の一新へと驀進しようとしていた。一八八一(明治一四)年以降、井上はたびたび人心と日本・西洋諸国の歴史を関連づける論考を書き、人心の変化を自らの政治論のなかで捉え直そうとしていた。

政府要路もまたこの難局を乗り切る術を探しており、井上の意見を問うた。一八八一年六月、右大臣・岩倉具視の下問を受けた井上は、世論の支持を受けるイギリスの議会政治は、欧州諸国にも適合しない国があるように、日本にも適合しないと斥けた。井上得意の比較法の援用である。そのうえで、井上は政党の未成熟や人材不足を強調し、人心と政党に対する不信感を顕わにした。イギリス政治体制の模倣を国情に合わない「急進」とみなして斥け、国会に対する行政権の自立性を担保したドイツ政治体制を「漸進」と称して採るべきものと説いた。

同時に、井上は「漸進」を強行すれば、人心の動揺、政治的混乱が生ずるだろうと見越し、その予防策として天皇による方針表明と各種の法制・組織の整備を求めた。彼が代草した諸参議建議書では、国会開設を政治の急進的転換ではなく一八七五年の漸次立憲政体樹立の詔以来、天皇が目指してきた「漸進」の既定路線上にあると説く一方、人々の「急変激進ノ弊」を防ぐため、日本の国情に適した憲法の制定、上下両院の備えを求め、皇室・貴族（華士族）を中心とする体制護持を志向した。そして、翌年に井上が代草した三条実美建議書では「世道ノ変」は常に人心によってもたらされるとして「人心ヲ制スル」こと、具体的には人々の「教育」を急務と認めた（『井上毅伝』史料篇・第六巻）。さらにこの年、井上は伊藤博文に小篇「世変論」を送り、以下のように述べる（同第三巻）。今日の人心の激勢は政府の改革事業がもたらした自然の反動であるが、政治を混乱させるものであれば法制を以て厳格に取り締まる必要がある、と。

井上は激する人心を自然の現象（反動）として受け入れつつ、政治的危機を招くものと捉え、その政治的危機を回避しようとした。そのため、井上の献策は同じく危機感を募らせていた政府要路に注目されるところとなり、井上は重要な法案の取り調べや政府要路の意見書の代草を頻繁に任せられるようになった。もっとも井上の人心に対する警戒心は時に政府要路をも凌いでいた。一八八七（明治二〇）年の憲法草案（いわゆる夏島草案）作成時にはその執拗な批判により、作成責任者の伊藤博文や同僚の伊東巳代治《みよじ》らを困惑させた。伊藤は内閣を独立した機関ととらえて大臣輔弼《ほひつ》の原則を立て、あるいは法律起案権を内閣に認めたが、井上は天皇大権と内閣の分離を阻止し、議会多数党による行政への介入を未然に防ごうと躍起になっていた。翌年、井上は伊藤に宛てた意見書のなかで、国会が開かれてもそこに法律を作るための学識——現実政治に適合するような立法の知見を有する者は少ないだろうと述べた（伊藤博文文書研究会監修、檜山幸夫総編集『伊藤博文文書』第四三巻、ゆまに書房、二〇一二）。これは自分たち官僚が経験してきた明治前期の立法・行政に対する自負を示しているとともに、井上自身の政治論の正統性を再確認するものであった。

この年、井上は佐野常民邸で演説した際、ドイツ行政学の講究の末に「行政学の根本は仁の一字にある」ことを発見し、大いに喜んだと語った（『井上毅伝』史料篇・第五巻）。井上は具体的次元において自身と政府が追い求めてきた西洋式「行政」administration の実践的有用性を肯定し、抽象的次元においてその正統性を日本の歴史、日本の歴史的政治観である「仁政」のなかに見いだそうとしていた。

このように、井上は激する人心を行政から遠ざけ、天皇大権によって内閣を保護し、内閣主導の行政運営を正統化しようとした。しかし、井上にとって最も重要だったのは、この問題の根源である行政の体質改善であった。井上はこれまで法制官僚として政府が人心の収攬に失敗してきた過程を観察しており、現実政治を安定化させるには、内閣が人心を得られるような行政改革を断行する必要があると痛感していた。

井上はこの課題に取り組むための方法として立憲制を積極的に解釈している。夏島草案に対する意見書（「逐条意見」）では内閣による権限集中と私意専断を回避するため、議会に政府への質問権、請願を受ける権限、建議上奏権などの権限を認める必要があるとする（『井上毅伝』史料篇・第一巻）。井上は議会に人心の動向を表示させることによって間接的に内閣の行政改革方針に取り込もうとしていた。一八八七（明治二〇）年の伊藤博文首相宛意見書では、政府の人民に対する威信は地に落ちているため、天皇による政治方針の公告を「非常手段」として用いつつ、内閣が「徳義」を以て迅速に人民の信頼を得られるような行政改革を「雄断」するよう求めた（『伊藤博文関係文書』第一巻）。井上において立憲制の実践は人心を収攬する政治、すなわち「仁政」への漸進であった。

そして、この志向は一八九〇（明治二三）の教育勅語の起草においても貫かれる。井上は立憲制を支える国民倫理の形成に関心を示しつつも、教育勅語によってそれを実現できるとは考えていなかった。同年の山県有朋首相宛意見書では、勅語によって激する人心を「矯正」しようとすれば「良心ノ自由」を認めた立憲制の趣旨に反し、却って天皇自らの意思によるものか疑われ、勅語の内容によっては学理上、宗教上の物議をも引き起こすと警鐘を鳴らした（『井上毅伝』史料篇・第二巻）。かつて「局法」に注目したように、多様性を含む人心への政治的介入は却って政治的混乱を招く恐れがあると井上は認識していた。そのため、勅語起草責任者・元田永孚との意見交換を通じて、予想される一連の弊害を回避しようとした。井上によれば、人心に落ち着きを与え倫理の形成を促すことは、内閣の行政改革断行による感化と教育制度の構築を通じた間接的な働きかけによるべきものであった。

### †文部大臣として

人心を行政から遠ざけようとする行動は、政治の安定化よりも不安定化を招いた。一八九〇年に第一回帝国議会が開会されて以降、政府は議会との意見対立に苦慮した。第四回帝国議会において井上は伊藤内閣総理大臣に詔勅を以て事態を収拾することを提案し、伊藤はこれを容れて、実際に和協の詔勅が発された。ただ、井上もそれが根本的な解決になるとは考えていなかった。一八九三年三月に伊藤へ送った書翰では、すでに離れた人心を政府に引きつけるために「今日は実行を以て公衆の良心に訴ふるに在り」として政府が自らの政策を強力に推進し、その実効によって信用を得ることを主張している（『伊藤博文関係文書』第一巻）。

この月、井上は伊藤内閣の改造に伴って文部大臣に就任していた。井上文相がとくに推進したのが教育事業の地方分権と、高等教育・実業教育に関する法制改革であった。井上は教育法制の諸規程を見直して地方教育行政の裁量を増やし、教育会による議論に期待した。また、高等教育においてその専門人材養成方式を合理化しつつ、産業化と国際競争という政治課題に即応するため、実業教育の振興に取り組んだ。実業教育に関しては農工商業学校の法制を整備し、実業教育費国庫補助法を立案して国会を通過させた。井上によれば、日本の国民性には実業に疎いという欠点があるが、それは教育によって補うことができるという（一八九四年の高等師範学校卒業生への演説、『井上毅伝』史料篇・第五巻）。

ゆえに、井上が重視したのは簡易にして実用的な実業諸学校の法的・財政的環境整備と、農工商業に従事するという国民の意識づけ、すなわち職業倫理の養成であった。先述の通り、井上は教育勅語の起草に携わったが、抽象的な国家イデオロギーの注入は——幕末に抽象論に終始する既存の学問を批判したように——井上の望むところではなかった。井上は国民教育における道徳の重要性を強調しつつも、それは日本の歴史・地理の学習を通じて自然に身につくものと説き、実業教育にもあくまで人民の社会生活を支える知識と倫理を求めた。

以上のように、井上は儒教的正義を自己の実践的政治論の根拠に据え、多彩な日本・西洋の知見を吸収するとともに、その比較参照を通じて変動著しい明治前期の政治に落ち着きを与えようとした。政府は西洋法を日本の改革事業の活力源としてきたが、それゆえに政府内外に多様な見解が乱立し、政治的混乱のもとともなった。これを思想上も職責上も自らの課題と捉えて活動したのが井上毅であった。井上は政治的混乱の根源を人心に求め、限られた財源と抑制された法制によって政治の実効性と安定性を追究しようとしたが、それはまさに政府の求めるものであった。井上は法制の限界を知るが故に、その限界に直面した政府において活躍の機会を与えられた。そして、政府内においてすでに多くの官僚たちが政治改革を牽引していたためにその現実化、合理化を図るという持ち味を発揮することができた。しかも、人心の変化と政治的危機の到来はその持ち味を一層効果的なものにした。その意味で、明治前期における井上の活躍は明治維新に内在する問題の大きさを物語っているのである。

**さらに詳しく知るための参考文献**

**個人史料・伝記**

國學院大學図書館所蔵「梧陰文庫」……井上毅旧蔵の一大史料群。内容は井上の発受信書翰、自筆意見書、外国人顧問の答議、講演録など多岐にわたる。詳細は『梧陰文庫総目録』(國學院大學日本文化研究所編、東京大学出版会、二〇〇五)を参照されたい。

國學院大學図書館編『井上毅伝』史料篇・第一〜六巻、補遺第一〜二巻(一九六六〜二〇〇八)……「梧陰文庫」所収史料の一部を翻刻、収録した史料集。井上の意見書類や発受信書翰をはじめ、講演録や論考などを含む。

國學院大學日本文化研究所編『近代日本法制史料集』第一〜二〇巻(一九七九〜一九九九)…同じく「梧陰文庫」所収史料の一部を翻刻、収録した史料集。『井上毅伝』史料篇の外篇として編纂された。外国人顧問の答議を多数収録している。

伊藤博文関係文書研究会編『伊藤博文関係文書』第一巻（塙書房、一九七三）……伊藤博文のもとに送られた井上毅の書翰を収録している。

梧陰文庫研究会編『古城貞吉稿　井上毅先生伝』（木鐸社、一九九六）……井上に関する網羅的な伝記。井上家の依頼によって古城貞吉が執筆していた伝記原稿を梧陰文庫研究会が校訂した。

**研究書**

坂井雄吉『井上毅と明治国家』（東京大学出版会、一九八三）……井上の政治思想に焦点をあてた、思想史研究の好著。幕末から晩年に至るまでの井上の政治思想の特質を捉えている。

海後宗臣編『井上毅の教育政策』（東京大学出版会、一九六八）……井上の文部大臣時代の教育政策を多面的に考察した共同研究。「梧陰文庫」所収史料をはじめ、教育制度・政策関係史料を用いている。

坂本一登『伊藤博文と明治国家形成――「宮中」の制度化と立憲制の導入』（吉川弘文館、一九九一）……伊藤博文の視点から明治前期の政治体制の構築過程を捉えた研究書。井上の認識と活動についても、伊藤との関係を念頭に詳述している。なお、同書は二〇一二年に講談社学術文庫の一冊として再刊された。

木野主計『井上毅研究』（続群書類従完成会、一九九五）……長年にわたり『井上毅伝』史料篇、『近代日本法制史料集』の編纂に携わってこられた木野氏による、井上の政治思想・国家構想に関する包括的研究。巻末に井上の事績をまとめた「井上毅年譜」が付されている。

梧陰文庫研究会編『明治国家形成と井上毅』（木鐸社、一九九二）／同編『井上毅とその周辺』（木鐸社、二〇〇〇）……梧陰文庫研究会による井上毅に関する研究論文集。

國學院大學日本文化研究所編『井上毅と梧陰文庫』（汲古書院、二〇〇六）……『近代日本法制史料集』完結記念講演会の記録、「梧陰文庫」と梧陰文庫研究会に関する座談会の記録、研究余滴を収録。

齊藤智朗『井上毅と宗教――明治国家形成と世俗主義』（弘文堂、二〇〇六）……井上の宗教観・神道政策を中心に多面的な分析を行っている。

湯川文彦『立法と事務の明治維新』(東京大学出版会、二〇一七)……明治初期の立法・行政の相互関係とその運営について中央・地方の事務担当者の視点から分析した一書。井上の所属していた法制局の基本的な役割や、三新法案立案・審査の実相などを明らかにしている。

第8講

# 大隈重信――政治対立の演出者

五百旗頭　薫

## †揺れる明治史

明治、大正、昭和、平成のうち、日本人が最も明確なイメージを抱いているのは明治である。西洋文明を旺盛に摂取し、日頃は争っていてもいざとなれば一致団結して国家建設に邁進した、というイメージである。明治がお好きでない方は、そのまま価値判断をひっくり返せばよい。

ところが、大隈重信のことを考え始めると、イメージの輪郭がぼやけてくる。大隈について、ほら吹きで挫折ばかりの政治家という理解が一方ではある。この理解に従えば、大隈は歴史の片隅に追いやっておけばよい。

他方で、元老たちを束にした明治政府の好敵手であった、という理解もある。これもほらだと思われる方は、明治期の最も謹厳なジャーナリスト・思想家であった陸羯南《くがかつなん》の文章を読んで頂きたい。

其胆略よりするも識見よりするも天下晴れての大政治家。藩閥の総勢を駆りても、目指す当の敵は唯此〔大隈〕伯一人。十数年来官民の軋轢も原《もとづ》く所は、亦唯此伯の一身に帰せすと云ふことなし（新聞『日本』社説、一八九二年八月三一日、適宜句読点を補った）

大隈がどこまで「天下晴れての大政治家」であったかは、今から慎重に考えなければならない。この三年前、大隈に最も批判的な論説を書いたのも、陸その人であったのだから。大隈の意義と限界を見定めなければ、明治史は完結しないのである。

### †母の教え

一八三八年三月一一日（天保九年二月一六日）、肥前・佐賀城下で大隈八太郎は生まれた。後の重信である。父信保は佐賀藩の石火矢頭人（砲術長）を務め、一二〇石の収入がある上級武士であった。だが信保は八太郎が一三歳の時に、借金を残して急死した。

もともと八太郎は甘えん坊であったが、母・三井子《みいこ》は大隈家の先祖とされる菅原道真について語り、軍記物を読み聞かせた。父が亡くなる頃には、八太郎は評判の暴れん坊になっていた。

今度は三井子は、腹が立ったら「南無阿弥陀仏」を一〇回唱えよ、それでも怒りがおさまらなければ好きにせよ、と教えたという。この教えにより、八太郎はほとんど喧嘩をせずに済むようになったらしい。

八太郎が南無阿弥陀仏の真義を会得したというよりは、立ち止まって唱えている間に、己に打ち勝ったということなのであろう。相手が怒りを抑えるかどうかについての楽観と、活発有為な気性とが残った。

三井子の教育熱心は学問にも向けられ、八太郎もそれに応えた。一六歳の時には、同期で最も早く藩校弘道館の寮生となることが許された。もっとも、その勉強のスタイルは、古典をじっくり学ぶというよりは、コンパクトな良書や耳学問で得た知識によって議論をリードするというものであった。

大隈重信（1838-1922）

三井子は家計をやりくりして息子の来客を手厚くもてなし、家は友人たちのたまり場となった。八太郎（以下、大隈と記す）が座談の名手となり、後年、大隈邸が社交場となったのは、三井子の教育方針の賜物であろう。

## †義祭同盟と蘭学寮

　ここまでは、概ね順調な秀才コースといえた。だが一八五五年（安政二）年、弘道館で南北騒動と呼ばれる事件が起こり、大隈の人生は大きく変わった。

　弘道館は寄宿舎（内生寮）を南北に分けていた。大隈は南に寄宿していたが、南北双方の先輩に人気があり、北から招かれて談論することがよくあった。ある晩、大隈の帰りが遅かったのをきっかけに、南北の寮が大隈を取り合う事態となり、ついには乱闘騒ぎとなった。大隈はこの騒動に責任があるとして、退学となったのである。

　これが大隈の前途を変えた。大隈は、楠木正成の木像を祀る義祭同盟に参加するようになった。中心人物の枝吉杢助（神陽）は古代律令制に通じており、大隈たちに武家政権とは異なる政治体制への関心と知識を植えつけた。大隈はここで、枝吉の弟の副島種臣、そして江藤新平、楠田英世、大木喬任らの知遇を得る。この集団は、日本固有の歴史への関心が強いというだけでなく、弘道館の朱子学にあきたらぬ広い視野を有する点に特徴があった。藤田東湖や佐久間象山の影響を受け、国際情勢にも強い関心を抱いた。

　この点で、佐賀という立地は幸運であった。佐賀藩は福岡藩と交代で長崎の警護にあたっており、海外の情報が入りやすかったのである。藩主鍋島直正《なおまさ》も蘭学に力を入れた。世子淳一郎

（直大《なおひろ》）に種痘を受けさせ、藩内に普及させたことは有名である。一八四四（弘化元）年には蘭学寮を開いた。この蘭学寮に大隈は入り、オランダ語、物理、政治、歴史等を学んだ。

## †幕末の風雲と鍋島閑叟

佐賀藩の藩政改革の一つの特徴は、直正が一八三〇（天保元）年に藩主となって以来、一貫して改革の中心であり続けた点にある。一八六一（文久元）年に直大に藩主の地位を譲り、閑《かん》叟《そう》と号するが、自由な立場から洋式工業の導入や軍事の近代化を加速させた。

閑叟は大隈の才幹を評価し、蘭学寮の教官に任命した。大隈もこれに応え、富国策のため積極的な献策を行った。特に釧路で昆布を買い入れ、箱館で佐賀の国産品を販売するという事業は大きな収益を収めた。

英学の必要性に気づいた大隈は、事業で利益を上げた商人に出資させ、一八六七（慶応三）年、オランダ系アメリカ人宣教師フルベッキを招聘し、長崎に蕃学稽古所（後の致遠館）を開いた。ここで副島や大隈は、フルベッキから憲法やキリスト教を学ぶと共に、自らも教鞭をとったのである。

他方で、大隈ら義祭同盟の流れを汲むグループは尊王攘夷運動に邁進した。ところが、こちらには閑叟は極めて冷淡であった。閑叟が公武合体を標榜していたからである。より詳しくは、公武合体を標榜しつつも幕閣の時局収拾能力にも朝廷の統治能力にも極めて懐疑的であり、いわば悲観的な消極主義に基づいて幕末に割拠したからである。大隈、副島や江藤新平らは、しびれを切らして脱藩しては、連れ戻されて謹慎させられた。

一八六八年一月三日、京都では薩長を中心に王政復古のクーデタが断行され、総裁・議定・参与から成る新政府が発足した。閑叟は新政府を支持したものの、例によってその動きは鈍く、薩摩の一部から佐賀征伐論が飛び出す有様であった。閑叟・直大が兵を率いて上京した時には、新政府軍は東海・東山・北陸三道に進撃を開始していた。

ところが、閑叟・直大は直ちに議定に、大隈や副島・大木も参与に取り立てられた。佐賀の軍事力への期待からであった。現に江戸開城後、旧幕臣や諸藩脱走兵から成る彰義隊が上野に立てこもると、佐賀藩のアームストロング砲が猛威を振るい、一日で彰義隊を壊滅させた。

佐賀藩という出自は、大隈に何を与えたか。

閑叟による藩政改革は、佐賀藩の存在感を高め、大隈ら有為の人材を育てた。それにもかかわらず閑叟は彼らを薩摩・長州、あるいは土佐のようには活躍させず、さりとて粛清もせず、新知識とフラストレーションをひたすら蓄えさせた。結果、彼らは明治政府の実務家層に進出し、奮闘することになったのである。

さらに想像を逞しくすれば、義祭同盟が伝統と洋化の双方を志向したことは、明治期における大隈・江藤のような西洋化路線と、副島のような国士肌との分岐を準備したように思われる。それぞれがその政策分野に適応する必要性もあり、肥前の人材は個人プレーの傾向が強く、各々《おのおの》が薩長土との合従連衡の中で立身を図るしかなかった。大隈とて例外ではない。

### †明治政府における立身

王政復古の直後、奉行が逃走した長崎において大隈は外国人との応接にあたり、手腕を発揮した。さらに浦上で見つかったキリシタンが弾圧され、外交問題化すると、京都に赴いてイギリス公使パークスと激論を闘わせた。西洋に対して自己主張できる稀有な外交官として、新政府に認知されたのである。一八六八（明治元）年末には外国官副知事に起用された。

明治維新期の重要な外交懸案の一つは、旧幕府や諸藩、及び新政府が発行していた悪質な貨幣の処分であった。つまり、外交と財政が密接不可分であった。そして、財政と地方統治も密接不可分であった。戊辰戦争と米の不作が重なる中、米価の制御が民政の重要課題であったし、政府直轄の諸県と諸藩領が錯綜する中でいかに税収を確保するかが、財政の重要課題であったのである。

このように政策領域が相互浸透している国家草創期に、領域横断的な政策構想力によって立身した代表格が、大隈であった。大隈は贋札処分をめぐって欧米と応酬する中で会計官副知事に起用され、貨幣の信用を回復させるとともに、貨幣の単位を十進法に統一することを提案し、認められた。後の「円」である。

一八六九（明治二）年八月、官制改革によって大蔵省が発足すると、現在の次官にあたる大蔵大輔《たゆう》となった。直後に、民部大輔を兼任した。地方統治を司る民部省を、大蔵省が事実上傘下におさめたといえる。大隈率いる大蔵省は、統一国家作りを推進する尖兵となった。

その政治的な庇護者は、長州の実力者、木戸孝允であった。長州若手の伊藤博文、井上馨らは大隈の部下でもあり、友人でもあった。大隈・伊藤は大胆に外債を募ることで鉄道の敷設を推進した。諸藩に家禄の削減を迫り、財源を収奪した。薩摩など有力藩の反発は強く、政府内でも薩摩の大久保利通や長州の広沢真臣、そして肥前の副島らが大蔵省を民部省から切り離して（一八七〇年八月）、その抑制を図った。

だが大蔵省の勢いはおさまらなかった。大隈の剛毅さもさることながら、万国対峙に堪える統一国家を作ることが、当時の政治的要請であったからであろう。大隈は築地本願寺の脇に五〇〇〇坪の土地と宏大な邸宅（旧旗本戸川安宅《やすいえ》邸）を与えられた。志を同じくする開明官僚や洋学者が毎日のように大隈邸に集まり、議論を闘わせ、それが政策に反映された。築地梁山泊と呼ばれ、明治政府の青春を象徴した。

一八七一年八月二九日には廃藩置県が実現した。大蔵省と薩摩の板挟みとなり、疲労困憊した西郷隆盛や大久保らが、一挙に藩を無くすという賭けを受け入れた結果であった。

## †大隈財政

廃藩置県の後、明治政府の政策基調となったのは、殖産興業である。その中心となったのは、大久保である。西郷の唱える征韓論を、明治六年の政変（一八七三年）で退け、内務省を創設して自ら内務卿となり、民政と殖産興業を管轄した。以後、不平士族による反乱が相次ぐが、次々と鎮圧される。一八七四年の佐賀の乱では大隈の制止にもかかわらず江藤新平が首謀者となり、捕縛、処刑された。

大隈は大蔵卿として、伊藤は工部卿として、大久保政権の両翼を担った。これは木戸との訣別を意味した。木戸は大久保政権による財政支出や旧慣の破壊を批判し、憲法に基づく秩序ある統治を要求した。

より急進的に立憲主義を唱えたのは、土佐の板垣退助であった。板垣は西郷と共に下野したが、その後、自由民権運動の指導者となり、大久保・大隈らを有司専制と批判した。

実は大隈の財政運営は、論敵の批判をある程度吸収するものであった。

殖産興業は、海外からの大量の物品・技術・人材の導入を伴った。それは金銀正貨の流出を招き、兌換紙幣の基礎を危うくしかねなかった。処方箋として大隈が期待したのは、不平等条約の改正による関税の引き上げであったが、なかなか実現しなかった。次善策として大隈は海外からの購入を慎むよう政府内に呼びかけ、お雇い外国人の新規採用や契約更新に原則として反対した。

産業の発達と貿易収支の改善に向けては、官営事業を拡大するのではなく、輸送・金融の整備が効果を発揮していくことを期待した。輸送手段としての鉄道の威力を大隈は熟知していたが、海外からの多額の購入を必要とすることも知っていた。そこで、大久保と大隈は、海運と道路を中心とした輸送網の整備を構想する。岩崎家(三菱)の海運業を保護し、密接な関係を築いたことは、後々まで大隈の政治的力となり、疑惑の対象ともなった。このようにして、経済自立と両立する範囲での殖産興業を模索したのである。

### †西南戦争後の危機

一八七七年、最後にして最大の士族反乱、西南戦争が勃発し、激戦の末に鎮圧された。西郷は自刃した。戦争中に木戸は病死し、翌年には大久保が暗殺された。

大久保没後政権の中心となったのは、大隈・伊藤・井上馨であった。だが度々の士族反乱や台湾出兵(一八七四年)による軍事支出は、大隈財政を圧迫した。不換紙幣が増刷されてインフレとなり、貿易収支が悪化して正貨が流出した。正貨の減少がさらに不換紙幣への依存を促すという、悪循環であった。政府内外で、大隈財政に対する批判が高まる。

だが大隈の弁明にも耳を傾けておこう。一八七九年六月に提出した「財政四件ヲ挙行セン事ヲ請フノ議」によれば、当時、日本社会に流通する紙幣は一億五〇〇〇万円であり、国民一人当たり四・四円ほどである。維新前より少なく、英米仏の僅か二割弱であるという。紙幣が多すぎるわけではなく、正貨が仮に欠乏していても、信任される水準であると主張する。

問題は、産業が発展途上であることによる輸入超過であり、しかも居留地貿易における輸入超過であった点にある。居留地という局限された地点において、貿易決済のために正貨が流出するので、正貨の暴騰、紙幣の暴落という相場になる。その結果、国内市場においても紙幣価値が低いと憶測され、インフレになる。紙幣流通量は適正であるのに、人々は居留地の貨幣相場にさえぎられて、真実を見ることができないでいるのだ。

問題は紙幣が多いことではなく、およそ紙幣が存在し、正貨との間で相場が成立することであった。故に大隈は、なんと紙幣そのものの原則廃止を提案する。一八八〇年五月の「通貨制度改定ノ議」は、外債を五〇〇〇万円募集し、これを中心とする正貨六七五〇万円と、二七〇〇万円にまで圧縮した紙幣とを流通させるというものであった。そうなれば、物価と輸出入の調整も確実に行われる。すなわち、正貨が流出すれば貨幣量が減り、デフレによって貿易収支が改善し正貨が流入、インフレとなる。インフレは輸入超過と正貨の流出を招き、経済の自然調節のサイクルが一巡する。もちろん、通貨収縮期の不景気にはたえるべきであるという。

以上のようなごく荒削りのスケッチからも、大隈の政策構想の豊かさは明らかとなろう。政治や経済の状況に応じて、経済自立から外債募集までの選択肢があり、保護主義（条約改正）からレッセフェール（正貨の流出入による自動調節）までのヴィジョンがある。

これを無原則と呼ぶのはやや抵抗がある。兌換《だかん》紙幣制度による自然調節メカニズムは、一九世紀先進国の経済運営の常道とみなされていた。正貨をそのまま流通させるという大隈の切り札は、常道をさらに純化したものといえる。そのためには不景気を甘受させる覚悟もあった。大隈は一九世紀文明の子であり、その大風呂敷には、原理主義の短刀がくるまれていた。明治政府は、このような人物を野に放つのである。

## †明治一四年の政変

外債は、経済自立を重視する明治天皇やその周辺、そして薩派の松方正義の強い反対を受けた。他方、すでに大隈は不換紙幣の消却や官業払下げに着手しており、積極財政路線の継続を望む黒田清隆ら薩派主流の不平を招いていた。

大隈の頼みは、伊藤・井上馨との協調であった。彼らは、福沢諭吉とも協議しながら、立憲政体の導入を模索していた。伊藤は外債にも理解を示した。

だが大隈の機敏さが仇となった。一八八一年三月、左大臣有栖川宮熾仁親王《ありすがわのみやたるひと》へ密かに提出した意見書において、一年後の議員選挙、二年後の議会開設という急激なスケジュールを提示したのである。このスケジュールであれば、自由民権運動の機先を制し、福沢門下を中心とする与党で議会を押さえることができよう。この意見書はイギリス型の議院内閣制をモデルとしており、かねて福沢が提唱していたように、議会で多数を得ることで行政府と立法府を掌握する強力な政権が樹立できる。やはり福沢が示唆していたように、財政立て直しのための増税も可能であろう。

この意見書は漏洩されたが、閣議に出される前の私案に過ぎず、当初は大きな問題にはならなかった。だが法制官僚の井上毅が強い危機感を持ち、大隈陰謀論と、プロイセン型の憲法構想とを政府内で流布させた。

そして七月になると、新聞が北海道官有物払下げをめぐるスキャンダルを報道し始めた。自由民権運動は、払下げの中止と国会開設を要求して勢いづいた。北海道開拓使は長官の黒田以下、薩派の牙城とみなされていたので、薩派の憤慨と危機感は頂点に達した。

伊藤はついに大隈の排除を決意した。一〇月一一日、御前会議で大隈の免官と官有物払下げの中止が決定された。翌一二日、一八九〇年を期して国会を開設する旨の詔勅が発せられた。二一日に松方が大蔵卿に就任し、数年かけて銀本位制に基づく兌換紙幣制度を確立していく。

これら一連の決定が、明治一四年の政変と呼ばれる。

伊藤にとってみれば、大隈を犠牲にすることで天皇周辺と薩派と自由民権運動からの圧力をかわす意義があった。さらに、以後の憲法制定過程も自らが主導して、政府内での中心的な地位を確立することが、容易ではないが目に見える目標として展望されたであろう。

かねてより自由民権運動は政党結成を模索しており、一〇月に板垣を中心に自由党が結成された。翌年四月、大隈を中心に、都市民権結社を母体とする立憲改進党が結成された。両党が、戦前の二大政党の源流となる。

## †政党の時間、大隈の時間

これから述べようとする大隈の後半生は、現在につながる多事の世紀に属する。一八八五年一二月に内閣制度が樹立され、首相の交代が政治的時間を区切るようになった。一八九〇年の国会開設が年々近づき、この年から毎年議会が開かれ、少なくとも四年に一度は衆議院議員総選挙が行われるようになる。しかし大隈の人生を知る上では、こうした小刻みな日程から距離を置くことで見えて来るものがある。

政党は自由民権運動を母体としていたので、政府の放漫財政を攻撃する。国会開設後も同様に政府を追及する。だが大隈の意図は、こうした政党によって藩閥政府に圧力をかけつつ、政権復帰を模索することにあった。政党による財政批判を鼓舞しつつ、位相の異なる政策アイディアを繰り出し、政党には約束できないことを人々に約束したり、政策能力が健在であることを藩閥政府に証明したりする。詳細は拙著『大隈重信と政党政治』で論じているので、ここではコンパクトな見取り図を示しておきたい。

## †銀本位制下の政党指導

大隈の政党指導の大きな功績は、改進党を通じて民力休養論を体系化した、という点にある。民力休養とは、もっぱら地租の減税である。政策としての信用を左右するのが、財源の具体性であった。松方デフレが深刻化しつつあった一八八三年、改進党機関紙の郵便報知新聞は、行財政整理による捻出という民権派的な議論だけでなく、条約改正による関税増収構想を詳説して、大規模減税を主張した。

一八八七年、条約改正交渉が挫折し、井上馨は外務大臣辞任に追い込まれた。井上の提示した二大譲歩――外国人法律家を日本の裁判所に任用することと西洋型法典を編纂し通知すること――が、日本政府内で受け入れられなかったのである。これが民間に知れると、自由民権運動は条約改正と民力休養、そして言論・集会の自由を要求して高揚した。

井上と伊藤の要望により、一八八八年二月一日、大隈は外相として政権に復帰した。だが大隈案も国内で強い反発を浴びた。この時、陸羯南は大隈案批判の急先鋒であった。一八八九年一〇月一八日、大隈は玄洋社系の青年、来島恒喜《くるしまつねき》が投げつけた手榴弾で片足を失った。交渉はまたしても中断され、大隈は外相を辞任した。

一八八九年には憲法発布に続いて衆議院の第一回総選挙が行われたが、改進党は六分の一に満たない議席しか取れず、自由党は三分の一を超える議席を得た。

翌年、国会が開設されると、自由党と改進党は政府に対する歳出削減闘争で協力した。富国強兵や地方利益のために政府に協力した方が得策ではないか、という意見もあったが、大隈は折に触れて外債募集の可能性に言及することで、減税と予算獲得とが両立しうることを示唆した。

ちなみに、大隈が関税や外債による歳入補充を主張できた背景には、銀本位制があった。文明国では金本位制が主流であるとみなされており（例外は少なからずあったが）、銀の相場は金に対して低下する傾向にあった。いわば継続的な円安と同様の効果があったため、関税や外債で通貨を膨張させても貿易収支への悪影響は限定的であると考えることができたのである。

一八九三年に入ると、自由党は第二次伊藤内閣への接近を明確にした。これに対して改進党は、歳出削減にこだわって孤立した。そこで改進党は、条約改正をめぐる強硬論を唱えることで、対外硬派を糾合し、衆議院の過半数を再び影響下に置いた。陸羯南は、今度は大隈らと対外硬派との和解を仲立ちした。冒頭の論説にあるように、藩閥への敵役を大隈に演じさせようとしたのである。

一八九四〜九五年の日清戦争をはさんで、一八九六年三月一日、改進党は対外硬派を糾合して進歩党を結成した。自由党と同様、約三分の一の議席を衆議院に確保した。

## †金本位制下の政党指導

九月に第二次伊藤内閣が退陣すると、伊藤に批判的であった薩派の松方が第二次内閣を組織した。進歩党が与党に迎えられ、大隈は外務大臣に就任し、後に農商務大臣も兼任して閣内で重きをなした。

この内閣の下で、日本は金本位制に移行した（一八九七年）。これは、銀本位制下の円安的な効果がなくなることを意味する。一九世紀文明の子として大隈は、金本位制の自動調節メカニズムに経済を委ねることを基本路線とした。正貨が欠乏しても、人為的に外部から補充したりしないということである。下手に補充すると物価が高止まりし、貿易収支が改善せず、またしても正貨が欠乏することになる。そこでまた外部から補充すれば、悪循環である。それよりは通貨収縮と不景気の局面に耐えるべきである。

財政は倹約し、それでも足りなければやはり国外から補充するのではなく、潔く増税すべきであるとした。大隈は、かつて駆使していた歳入増加構想を放棄することになったのである。これは政党としては不人気な政策であった。これまで政党からのフリーハンドを享受していた大隈は、自分に従えと政党に強制する術に乏しかった。

松方が地租を増税しようとすると進歩党は反対し、提携断絶を決めた。大隈も下野せざるを得なかった。進歩党と自由党は増税反対の立場で接近し、一八九八年六月、合同して憲政党となり、衆議院で圧倒的多数を占めた。伊藤の推薦で大隈を首相、板垣を内務大臣とする第一次大隈内閣（隈板《わいはん》内閣）が成立した。だが政権をとっても、大隈は増税容認へと舵を切ることができず、増税回避に努めた。人事をめぐる内紛によって憲政党は分裂し、内閣は退陣に追い込まれた。

年末、第二次山県内閣が地租増税を議会で可決させた。大隈の憲政本党がこれに反対して敗れたのに対し、自由党系（引き続き憲政党と名乗っていた）は増税に協力して統治政党の道を歩みだした。一九〇〇年には伊藤を総裁に迎えて立憲政友会を組織する。

一九〇四～〇五年の日露戦争の後、陸軍長州閥の桂太郎と第二代政友会総裁の西園寺《さいおんじ》公望《きんもち》とは交互に政権を授受し、桂園時代と呼ばれる安定期を現出した。

大隈が政権を取る可能性は低かった。憲政本党内では路線転換を求める改革派が台頭し、一九〇七年に大隈は党総理を辞任した。その後も党内は、大石正巳ら改革派と、これに抵抗する犬養毅ら非改革派の内紛が続いた。大隈から見て、改革派は大隈に忠実ではなかった。非改革派は忠実ではあるが、それは民権派のエートスからであり、そのエートス故に減税や増税反対にこだわるので、金本位制下の大隈の基本路線には非協力的であった。大隈は長い年月、犬養を苛立たせつつも非改革派と改革派の双方と交際し、時には両派を調停し、党への影響力を保持した。

やはり長い年月をかけて、劇的な政権復帰の遠因が積みあがっていった。政治家として不遇で、教育者として明朗かつ精力的な大隈は、国民の同情と人気を博するようになった。他方で桂や、桂に重用された大蔵官僚（若槻礼次郎・浜口雄幸ら）は、日露戦争で膨張した軍事費や外債、そして政友会の地方利益要求の始末に苦労し続けたので、大隈の警告や提言と立場が接近するようになっていた。

一九一三（大正二）年初頭、桂は第一次護憲運動に対抗して、新党結成を呼びかける。大石ら改革派が馳せ参じ、大隈もこれを祝福した。第三次桂内閣が退陣し、ほどなくして桂が病死すると、大隈が新党（立憲同志会）の象徴的な存在となった。

## †第二次大隈内閣

政友会が第一次護憲運動に参画したことは、井上馨ら元老の強い憤慨を招いた。そのことが、大隈を首班候補に急浮上させた。一九一四年四月一六日、大隈は第二次内閣を組織した。立憲同志会や、尾崎行雄率いる中正会などが与党となった。

大隈内閣は、いよいよ金本位制のドクトリンに従った経済運営を行おうとした。非募債主義を掲げ、減税は後回しにしつつ鉄道の新規敷設を厳しく絞り込んだ。だが七月には第一次世界大戦が始まる。他の交戦国と同様、金本位制から離脱し、しかも大幅な輸出拡大と好景気に見舞われた結果、宿願の経済改革は未発に終わったのである。

第二次大隈内閣の施政には弊害が多かった。特に、第一次世界大戦に参戦し、欧米の影響力が減退しているうちに中国との懸案を一掃しようとして、対華二一箇条要求を突きつけたことは、中国の敵意とアメリカの警戒とを招いた。

政友会打破への期待には応えた。一九一五年三月二五日の総選挙で、与党は圧勝した。大隈による全国遊説やレコードに吹き込まれた演説は、大隈人気をかき立て、勝利に貢献した。一九一六年一〇月、内閣総辞職と同じ月に、与党は合同して憲政会を結成する。一九二〇年代、憲政会（後に立憲民政党）は政友会と並ぶ、むしろ政友会よりも優位に立つ政党として、政党内閣期を担うことになる。

大隈は退陣後も精力的に来客と談話し、口述筆記による啓蒙を続けた。一九二二年一月一〇日、死去した。八五歳であった。一七日に国民葬が営まれ、公式発表では三〇万人が日比谷公園に集まった。

## †希望と教訓

冒頭の問いにもどろう。大隈はほら吹きか、と問えばその側面は否定できない。だがそれは、薩長藩閥の背景がない大隈が重ねた、工夫と実績とに基づいてはいた。故にそのほらは豊富な歳入増加構想の形を取り、藩閥政府に対する政治対立を演出したのである。

この演出の下で発展した政党政治はしかし、人気という新しい要素を浮上させた。一九世紀末から大隈の政党指導が混迷したのは、本人の欠点というよりも、金本位制という世界的な通貨システムに合わせた経済運営と、政党政治という、得票のためには人々になるべく痛みを意識させまいとするメカニズムが、矛盾していたからであろう。財政と民主主義との矛盾には、今の日本も苦しんでいる。戦前、この矛盾に直面したのが大隈であり、ついに乗り越えたのが第二次大隈内閣成立の瞬間だったのであるとすれば、今日、大隈から希望と教訓を読み取ることの方が、生産的なのではないか。

### さらに詳しく知るための参考文献

五百旗頭薫「大隈重信」(御厨貴編『宰相たちのデッサン――幻の伝記で読む日本のリーダー』ゆまに書房、二〇〇七）……渡辺幾治郎を中心とした、大隈の伝記的研究のレビュー。

大石嘉一郎『自由民権と大隈・松方財政』（東京大学出版会、一九八九）……松方財政の観点に立つ史料・研究が多い中、大隈財政を再評価した。

中村尚美『大隈財政の研究』（校倉書房、一九六八）……大隈財政についての実証的研究。

大日方純夫『自由民権運動と立憲改進党』（早稲田大学出版部、一九九一）……立憲改進党についての実証的研究。

五百旗頭薫『大隈重信と政党政治——複数政党制の起源　明治十四年－大正三年』（東京大学出版会、二〇〇三）……戦前日本でいかに複数政党制が形成されたか、という問題意識に基づいて、経済政策を中心に大隈系政党の主張と活動を分析した。

早稲田大学大学史資料センター編『大隈重信関係文書』1～11（早稲田大学出版部、二〇〇五～二〇一五）……大隈に寄せられた大量の書簡を、挨拶状や礼状の類を除いて翻刻した。大隈研究第一級の史料。

五百旗頭薫「大隈重信の政党指導——大隈宛書翰の翻刻を受けて」（『早稲田大学史紀要』第四八巻、二〇一七年二月）……右『大隈重信関係文書』を活用して、大隈の政党指導の特徴を再検討した。

真辺将之『大隈重信——民意と統治の相克』（中公叢書、二〇一七）……最新の評伝。過去の伝記は在官期の大隈の財政指導に比重を置いていたのに対し、政党指導や言論活動に紙幅を割いている。叙述は平明で、大作ながら読むのに苦しまない。

# 第9講 金玉均——近代朝鮮における「志士」たちの時代

永島広紀

## 魔都・上海での凶変

一八九四（明治二七）年三月二八日、上海共同租界内で日本人が経営する東和洋行において一人の朝鮮人政客が射殺される事件が発生した。被害者は金玉均《きんぎょくきん》〔キムオッキュン〕、行年にして四三歳。下手人は同行者の洪鍾宇《こうしょうう》〔ホンジョンウ〕。政敵である閔氏一門が刺客として、金玉均のもとに素性を隠して送り込んだとされる。そして金の亡骸《なきがら》は清国の軍艦によって本国に送還され、頭部四肢を切断するという凌遅《りょうち》刑を加えられた上で、王都を横切る大河である漢江の渡し口たる麻浦《マポ》（楊花津）の河原に「大逆不道玉均」と大書された幟《のぼり》とともに梟首《きょうしゅ》された。

日清がまさに干戈《かんか》を交えんとするこの時期、この金玉均遭難の報は日本全国に拡散し、清国と朝鮮の「非文明」を膺懲《ようちょう》せんとする機運が官民をあげて澎湃《ほうはい》として沸き起こっていくことになる。日清開戦の詔勅に謳われるように「二十有余年、文明ノ化ヲ平和ノ治ニ求メ、事ヲ外国ニ構フルノ極メテ不可ナルヲ信シ、有司ヲシテ常ニ友邦ノ誼ヲ篤クスルニ努力」してきたという日本政府は、明治維新以来、朝鮮半島をめぐる東アジア情勢の不安定さを招く根本原因を除去すべく、ついに清国との戦端を開くことになる。そして、この「二十有余年」の道程には、常に金玉均をはじめとする朝鮮出身の「志士」たちの苦難の軌跡がそのまま重なりをもつものであった。

### †閔氏と大院君の確執

日本の明治維新を前後する時期、朝鮮の政界は、幼時に即位した第二六代の李熈《イヒ》（薨去後に「高宗」と諡号《しごう》される、一八五二～一九一九、在位・一八六三～一九〇七）の実父である興宣大院君・李昰《りか》応《おう》〔イハウン〕（一八二〇～一八九八）が権力を握っていた時期から、王の成長とともに、外戚たる閔氏一族に実権が移行していく過渡期にあった。折しも、明治維新の直後に日本の太政官政府は対馬の宗氏を通じて「王政復古」の通告を行う国書をおくったところ、朝鮮側の受け取り拒否に遭い、日朝の外交交渉が初っ端から暗礁に乗り上げていた時期にあたる。そして、日本国内では士族反乱の続発とともに、様々に湧き上がる「征韓」の議が朝野を駆け巡っていた。ただし、朝鮮側の頑なとも言える態度の背景には、朱子学的な「衛正斥邪《えいせいせきじゃ》」思想をもってする大院君一流の攘夷策があった。

一方、国王妃である閔妃《びんぴ》《〔ミンビ〕》（一八五一～一八九五、後年に明成皇后と追諡）の出身母体である閔氏一門は戚族として王朝政府の枢要を占めるとともに、大院君の追い落としを常に画策していた。その閔氏政権にとって一八七五（明治八）年九月に発生した「江華島事件」、さらにはその翌年二月における「日朝修好条規（江華島条約）」の締結は、大院君が毛嫌いする日本への接近を奇貨として、軍備をはじめとする西洋的な近代化の道を模索するとともに、仇敵を牽制する好機でもあった。

同年の五月、閔氏政権は条約締結の答礼として金綺秀《キムギス》を代表とする「修信使」を東京に派遣した。さらに一八八〇（明治一三）年の第二次修信使を経て、一八八一年五月には魚允中を団長とする「朝士視察団（紳士遊覧団とも）」を差遣した。この一行は日本各地の「殖産興業」ぶりを視察するとともに、随員の中から選んで兪吉濬《ユギルチュン》と柳定秀《ユジョンス》の両名を福沢諭吉の慶応義塾に入学させた。兪吉濬（一八五六～一九一四）は、朝鮮における開化派の領袖と目された瓛斎・朴珪寿《パクキュス》（一八〇七～一八七七）の門弟であり、彼の膝下にて多数の若手開化派官僚が育っていた。そして、金玉均もまたその一人であった。

金玉均（1851-1894）

## †金玉均と福沢諭吉の邂逅

金玉均は朝鮮王朝の第二五代国王・哲宗の在世である一八五一年の二月二三日に朝鮮半島の南中部に位置する忠清道の公州にて、名だたる門閥である安東金《アンドンキム》氏の末流の家に生まれた。字は伯温、古筠《こいん》あるいは古愚を号した。ただし生家は資に乏しく、幼時にあって権勢を誇る叔父・金炳基の家に入養したとされる。長じて養父の任地である江原道の江陵において漢学を修め、数え二二歳となった一八七二（明治五／高宗九）年の科挙・文科に「状元及第」、すなわち最高位での合格を果たした。その後は少壮のキャリア官僚として、成均館典籍の初職を皮切りに、戸曹参判（財務次官相当）に至るまで順調に官歴を重ねた。

さて、金玉均は幕下の僧侶・李東仁《イドンイン》を密かに日本へ渡航させ、李を介して日本側の有力者とのコネクション形成を企図するが、とりわけ自らがかつて身をもって体験した「幕末回天」の記憶を呼び起こすかの如き朝鮮の若き「志士」たちを、福沢諭吉は格別の思い入れでもって遇することになる。金玉均の初来日は一八八二（明治一五）年の三月、数えで三二の年である。長崎に上陸し、東京に向かったが、その五カ月ほどの滞在中、金玉均は福沢邸に起居し、福沢の紹介により井上馨・渋沢栄一・後藤象二郎らの知遇を得たとされる。

ところが、その滞在中である七月に「壬午軍乱」が発生している。閔氏政権は、軍備の近代化を図るために旧式の軍（将官の任免は科挙〔武科〕による登用、一般兵卒は軍役による労務動員）とは一線を画し、新式の武装と制服を支給し、日本陸軍から教官を招聘しての訓練を行う「別技軍」を編成していたが、その厚遇ぶりから、旧来の軍夫らにとっては怨嗟の的となっていた。そこに兵士への給与遅配が常態化する中、ようやく支給された現物支給のコメが腐敗していたという事件が起こっていた。

かくして旧式軍による暴動がきっかけとなって、やがて王都・漢城では官民を巻き込む大騒乱に発展し、閔氏一族の高官が襲撃され、閔妃も変装して脱出を図った。一方、日本人教官（土佐人の堀本礼造少尉）が殺害されるとともに、日本公使館や日本人居留地も焼き討ちの対象となった。そして王都には群衆の歓呼に包まれて意気揚々と乗り込んでくる大院君の姿があった。日本公使の花房義質はほうほうの体で仁川に脱出し、英国軍艦に保護されて長崎までの退避を余儀なくされた。花房は長崎到着後に東京へ向けて変乱の顚末を打電するが、事件発生からすでに一週間が過ぎており、あまりにも遅きに失していた。

そして、日朝外交の帰趨をしばし傍観していた清国の最高実力者（直隷総督・北洋通商大臣）である李鴻章はこれを好機と捉えた。麾下の馬建忠を朝鮮へ急行させて暴動を即時に鎮定するとともに、事変の黒幕と目された大院君を逮捕し、軍艦・威遠に乗せて清国へ連行して保定に軟禁するなど矢継ぎ早に事態の収拾に動いていた。さらには、下僚である若き日の袁世凱（一八五九～一九一六）を漢城に常駐させるなど、朝鮮に対する宗主権の再強化を図っていった。そして、閔氏政権も早々に日本に見切りをつけ、軍事を司る「統理軍国事務衙門」や外交通商を担当する「統理交渉通商事務衙門」を新設するなど、洋務運動に範をとる清国直伝の「開化」に舵を切っていったのである。ここに至り、金玉均らの急進的な開化派は「独立党」、一方で清国流の漸進的近代化を目指す集団は「事大党」として並び称されることとなる。

なお、金玉均は同年八月の段階で、任地に戻る花房公使に同道する形で朝鮮に一時的に戻っていた。そして、壬午軍乱の幕引きとして調印された「日朝修好条規続約（通称「済物浦条約」）」の締結にまつわる答礼（謝罪）として再び差遣された修信使の朴泳孝に随行して再渡日を果たしていた。時に一八八二年一〇月のことであった。

## 貴公子・朴泳孝と新聞事業

金玉均と同様に朴珪寿から開化思想の薫陶を受けた朴泳孝《ぼくえいこう》〔パクヨンヒョ〕（一八六一～一九三九）は、開化派官僚の中では抜群の出自の良さを誇っていた。なんとなれば、彼の父親は工曹判書（建設相に相当）まで務めた朴元陽であり、また国王・哲宗（位・一八四九～一八六四）の娘である永恵翁主と婚姻し駙馬（女婿）となり、「錦陵尉」というある種の爵位に封じられた人物であった。

さて、朴泳孝一行の帰国は翌一八八三（明治一六）年一月となったが、金玉均はさらに滞在を続け、横浜港を発って仁川に到着したのは三月であった。この間、金玉均は井上馨を仲介とする横浜正金銀行からの借款を持ち帰り、また、朴泳孝は新規に首都・漢城府の判尹（府長官）に任ぜられた。そして同じく三月には、同府において「新聞紙発刊頒布規則」が公布された。これに先立つ同年一月、福沢諭吉の舎弟たる牛場卓蔵・井上角五郎らが朝鮮に渡航し、『時事新報』の経営を範とする新聞の発行事業に着手していたことに伴う行政的措置に他ならなかった。

しかし、閔氏一門に疎まれた朴泳孝が左遷され、広州留守なる地方の閑職に追いやられると、後ろ盾を失った福沢の門弟たちは井上角五郎を残し、あたふたと日本に帰国してしまう。朝鮮の地に踏みとどまった井上は、やがて漢城府判尹に就任した金晩植《キムマンシク》（彼は壬午軍乱後の修信使で副使を務めていた）の斡旋によりその従兄弟にあたり、政官界の大立者にして漢学にも深い造詣があった金允植《キムユンシク》の後方支援を受けた。次いで、日本より印刷器材一式を調達することによって、また同年七月には統理交渉通商事務衙門内に新聞発行を担当する「博文局」が新設されたことにより何とか一〇月に朝鮮初（とはいえ、実は一八八一年一二月に釜山で『朝鮮新報』なる在留日本人向けの小新聞が短期間ながら発行されている）の新聞発刊に漕ぎつけた。ちなみに、博文局そのものは、朴泳孝らからあてがわれた井上の仮寓に同居していた。『漢城旬報』と名付けられた同紙は、官報の役割を果たすとともに、当代権勢をふるっていた清国人に手厳しい筆誅を加えたことから、彼らの目の敵にされたが、翌年末までは辛うじてその命脈を保っていた。

なお、後述する甲申政変（一八八四年一二月）の際に新聞を発行していた博文局も焼失し、いったんこの新聞事業は頓挫、漢城旬報は廃刊の憂き目を見ることになる。ただし、井上角五郎の尽力により、一八八六（明治一九）年一月には『漢城周報』として事実上の復刊を果たした。特筆すべきは、この漢城周報は「国漢文併用」、つまり漢文とハングルが混用される文体が史上初めて導入されたことである。かつて福沢は、漢城旬報の発行に先駆けて東京・築地活版所に「諺文」、すなわち朝鮮の表音文字たるハングルの字母製作を依頼していた。公的な文書は漢文一辺倒（ただし、朝鮮語固有の接続詞や接尾辞を漢字で音写する、言わば朝鮮版・万葉仮名としての「吐」「吏読」が公私文書で使用されることも多かった）であった朝鮮社会に一種の「言文一致」体を持ち込み、大衆に対する啓蒙ツールとして普及させることを目論んでいたのである。ただし、漢文体を「真文」とする守旧派をおもんばかって、漢城旬報では国漢文の混用は見送られていたが、あらためて漢城周報でそれがようやく陽の目を見ることになった。のちに、日本統治期の朝鮮における希代の碩学にして書誌学の泰斗でもあった崔南善《さいなんぜん》〔チェナムソン〕（一八九〇～一九五七）をして「これ我が新文体の濫觴なり」と言わしめたほどである。

## †甲申政変と金玉均の亡命

閑話休題。その間、一八八三年六月末から金玉均は三度の訪日を果たしていた。当面の使命はさらなる巨額の対日借款の申し込みであった。ところが花房の後任として竹添進一郎が弁理公使として着任した。学者肌であり、実際、後年には東京帝大教授として漢文学を講じる竹添は、清国側の要人との交歓を好む一方、金玉均や朴泳孝らには冷淡な態度を見せたという。また税関監督として清国より来任した独人顧問メレンドルフ（穆麟徳）とも、貨幣の改鋳問題をめぐって激しく対立していた。それゆえに、メレンドルフと懇意にしていた竹添の報告を受けた日本政府、とりわけ井上馨外務卿の心証を著しく害していた。そこで金玉均は「南東諸島開拓使兼管捕鯨事」なる官職を国王に懇願して与えてもらった。これをもって鬱陵島の伐採権と捕鯨権を担保としての国債募集の委任状を受けたが、結局のところ不調のままに終わることになった。

進退窮まった金玉均は、駐日米公使を通じて横浜のモールス商会とコンタクトをとり、借款を申し込むに至る。あるいは仏公使とも接触し、かつて大院君に進出の野望をくじかれた苦い経験をもつフランスの目論見とも相まって、金玉均は対仏借款すらあわや導入の手前まで進めていた。しかし、この借款話も日本政府の介入により沙汰已みとなり、失意の中で金玉均は日本をあとにし、帰国の途に就いた。一八八四（明治一七）年五月初のことである。

一八八四年六月にはフランスと清国がベトナムをめぐって開戦（清仏戦争）するなど、国際情勢が急変する中で、日本政府は清国寄りの竹添を一時帰国させ、事態の推移を静観していた。他方、日本公使館の書記官（代理公使）である島村久や井上角五郎と昵懇《じっこん》の仲であった金玉均は、年末にかけての「計画」を密かに実行に移すべく準備を始めていく。同年一〇月末には竹添も帰任し、彼を表敬した金玉均に対してその改革路線を日本政府が支援するとのサジェスチョンを行い、国王も親しく金玉均らを支持する言質を与えたとされる。

そして一八八四年の歳も押し詰まった一二月四日、折しも開催されていた郵征総局の落成パーティーにおいて、列国の外交団をはじめとする多数の列席者が集まる中、王宮にもほど近い会場にダイナマイトを仕掛け、爆発させようとするも不発に終わった。そこで窮余の策として隣家に火を放ち、一場を大混乱に陥れるとともに、この機に乗じて、配下の者を使嗾して閔氏一族の要人を王宮内に誘い込み、閔泳穆・閔台鎬をはじめとする少なからぬ命を奪った。閔台鎬の息であり、金玉均とは激しく対立していた閔泳翊《ミンヨンイク》は米人医師の治療により一命をとりとめたが、閔氏政権はここに瓦解し、翌五日には王族（国王の従兄弟）の李載元を首班に戴く新政府の発足が宣言され、さっそく新閣僚の姓名が発表された。

しかし、またしてもここで清国軍が介入し、王宮が奪還されるとともに、同士たる洪英植は清国兵によって殺害されてしまった。逆に金玉均・朴泳孝・徐載弼《じょさいひつ》《ソジェピル》らは日本公使館に逃げ込み、さらには追っ手を振り切って仁川港に到った。そして、日本郵船所有の千歳丸に救助されて金玉均らは長い日本亡命の途に就くことになった。

　間もなく、事件の幕引きを図るべく翌年一月九日には特派全権大使として派遣された井上馨と次代の政権運営を担っていく金宏集《きんこうしゅう》《〔キムホンジプ〕》との間で「漢城条約」が調印され、朝鮮側は賠償に応じるとともに、竹添の行動を不問に付すことで妥結した。

　とはいえ、朝鮮半島をめぐる日清の関係は、その後も混迷の度合いを増していくことになる。その頃、無署名の記事ながらも一八八五（明治一八）年三月一六日付の『時事新報』には「脱亜論」なる社説が掲載され、その末尾は「我れは心に於て亜細亜東方の悪友を謝絶するものなり」という不気味かつ不敵な文言でもって締めくくられた。これが福沢諭吉による本心の吐露であったのか否かについては、学術研究上での解釈が分かれている。

　同年四月一八日には、伊藤博文と李鴻章による直接談判の結果、日清両国間おける朝鮮半島有事の発生を想定した取り決め条項も盛り込んだ「天津条約」が結ばれ、朝鮮をめぐる日清関係は、新たな段階に入っていくことになった。

### †日本亡命後の日々

　長崎に到着した金玉均はすぐさま東上する。しかし、福沢の庇護の下とはいえ、無聊をかこつ日々を余儀なくされた。故国からは金玉均の身柄引き渡し要求が相次ぐとともに、常に暗殺者の影が付きまとう毎日であった。しかも、ともに日本に到来した盟友の朴泳孝・徐光範・徐載弼は同年五月の段階で揃って米国に去っていた(朴泳孝のみは一年後に日本にもどっている)。

さらには、これに追い打ちをかけるが如く、日本政府は朝鮮政府からの身柄受け渡し要求をかわすために、金玉均を小笠原諸島の父島に移送している。誰がどう見ても体のいい「所払い」である。その後、母島への移動(一八八八年一月)を経て、札幌に転居(同年八月)を余儀なくされた。ただし、持病のリウマチを患っていた金玉均はしばしば転地療養を願い出ており、これが容れられた結果、最終的には東京に戻っている。「岩田周作」なる偽名を使いながらの不遇の毎日に、自然、体調を崩しがちであり、一方で酒色に溺れていく日々であったともいう。なお、本国の家族とは別に、大阪と札幌で知り合ったそれぞれ内縁の日本人女性との間に一男と一女を儲けたともいう。

一方、金玉均は学識に富み、書画にも秀でていたとの評は、彼の為人を知る者たちがおしなべて口を揃えるところである。知己・来客との詩文の応酬もしきりであり、今でも各地に金玉均の揮毫による端麗な書が残っている。

### †見果てぬ夢のあとさき

金玉均にとって故国の改革は何としてでも成し遂げなければならない至上命題であり続けた。

しかし、国事犯として追われる身でもあった。約一〇年にも及ぶ滞日の末、ついに、意を決した金玉均は、周囲の反対を押し切って上海に渡航し、元駐日公使であり旧知の清国有力者であった李経方（李鴻章の甥、かつ養子）を通じた李鴻章との会見実現による事態挽回に一縷の望みをかけた。この清国行に関しては、閔氏勢力と清朝側の策謀によって誘い込まれた、否、日本政府による冷遇によって起こるべくして起こった不慮の事故である、などと諸説が入り乱れて、いまだ結論を見ていない。ただし、冒頭に見たように、日清開戦における大きな変数となったことは疑うべくもない。

＊

金玉均の没後、彼の生前を知る関係者たちは年忌ごとの法要を営んで長らく故人を偲んでいた。そして、福沢諭吉の依頼により真浄寺住職によって「古筠院釈温香」との法名がつけられた。福沢は自宅でも法事を行い、また遺家族の救済にもあたっていた。また、一九三四（昭和九）年三月には金玉均の遭難から四〇年の節目を迎えたことから東京で追悼会が開催された。生前の金玉均と親交が深かった井上角五郎が講演を行い、また須永元も栃木県佐野からはるばる駆け付ける盛況ぶりであったと伝えられる。やがて同年一一月には「古筠会」と名付けられた顕彰団体が設立され、翌年三月からは『古筠』なる会報も発行された。

なお、金玉均の墓所としては一九〇〇（明治三三）年三月に東京都文京区の真浄寺に、遺髪を持ち帰った写真師の甲斐軍治によって建てられたものがあり、あるいは一九〇四（明治三七）年三月に犬養毅・柴四郎・頭山満らを発起人として建立された墓碑が東京・青山霊園内の外国人墓地にある。碑銘文の撰は、かつて苦楽を共にした朴泳孝、書は高宗の兄である李載冕《イジェミョン》（李《り》熹《き》公）の子である李埈鎔《イジュニョン》（李埈《りしゅん》公）によるものであった。さらには、金玉均の養嗣子である金英鎮が一九一四年に忠清南道牙山の故地に建てた墓碑もあり、朴泳孝はかの地で慰霊祭を取り仕切ったという。

　朴泳孝は日清戦争後の甲午改革期には、政府の要職を歴任するも、再び失脚し、日本への逃亡を余儀なくされるなど、政治家としては浮き沈みが激しかった。そして韓国併合後、朝鮮貴族（侯爵）に列せられ、一九三二（昭和七）年一二月には貴族院議員に「外地」出身者としては初めて勅選されている。また、孫娘の賛珠は、李埈鎔を襲って公家を継いだ李鍝《りぐう》公に嫁している。もし、金玉均が生き長らえていたとすれば、朴泳孝のように日韓合邦の「功労者」として厚く遇されていた可能性も高い。また、朴泳孝の去就や行動こそは、あたかも志半ばで早世した坂本龍馬への追憶を語ってやまない晩年の田中光顕伯の如き姿を彷彿とさせるのである。

## さらに詳しく知るための参考文献

高松丑蔵編『金玉均氏暗殺の始末』（一八九四）……金玉均の暗殺事件から時を措かずして刊行。国立国会図書館のデジタルコレクションで閲覧可能。

葛生玄晫『金玉均』（民友社、一九一六）……金玉均と親交のあった黒龍会の葛生修吉（東介・修亮・能久とも、一八七四〜一九五八）が、徳富蘇峰の民友社から刊行。「附録」として関係者の貴重な証言を多数収録している。

井上角五郎述『金玉均君に就て』（中央朝鮮協会、一九三七）……金玉均の盟友であり、福沢諭吉門下の実業家・政治家であった井上角五郎（一八六〇〜一九三八）による講演記。国立国会図書館のデジタルコレクションで閲覧可能。

近藤吉雄編『井上角五郎先生伝』（一九四三。大空社より「伝記叢書」四三〈一九八八〉として影印復刻）……井上の没後に編まれた伝記。他所では見難い史料が多く引用され、金玉均に関する記載も多い。なお、生前の出版として『井上角五郎君畧傳』（一九一九）も刊行されている。また甲申政変に関しては本人著の『漢城廼残夢』（一八九一）もある。

古筠記念会編『金玉均傳　上巻』（慶応出版会、一九四四）……日清戦争以降、太平洋戦争終期まで朝鮮半島にあったフリーランスの操觚者である菊池謙譲（一八七〇〜一九五三）に執筆が委託された金玉均の伝記としては最も浩瀚なもの。上巻はおおむね甲申政変までが描かれた。日本亡命時代が描かれる予定であった下巻は執筆予定者であった川崎三郎（一八六四〜一九四三）の急逝により未刊のまま。

原田環『朝鮮の開国と近代化』（溪水社、一九九七）……金玉均の師にあたる朴珪寿ら、朝鮮の開化派知識人に関する詳細な研究。

月脚達彦訳注『朝鮮開化派選集――金玉均・朴泳孝・兪吉濬・徐載弼』（平凡社東洋文庫、二〇一四）……金玉均の『甲申日録』をはじめとして、朴泳考・兪吉濬・徐載弼ら「開化派」が残した記録・論文を読み下した上で、詳細な註を施し、周到な解題および年表を付した一篇。

月脚達彦『福沢諭吉と朝鮮問題――「朝鮮改造論」の展開と蹉跌』（東京大学出版会、二〇一四）……金玉均らの政権奪取クーデター失敗から当時の情勢に悲憤して「脱亜論」をものしたとされる福沢諭吉の「朝鮮問題」へのコミットの様相を、綿密なテキストの精読によって跡付けた一書。なお、同右書を元に一般向けに書き下ろしたものとして『福沢諭吉の朝鮮――日朝清関係のなかの「脱亜」』（講談社選書メチエ、二〇一五）も上梓されている。

岡本隆司『袁世凱――現代中国の出発』（岩波新書、二〇一五）……著名な割にはその出自や経歴はあまり知られていない袁世凱の生涯を活写した味読すべき一書。

第10講

# 陸奥宗光——『蹇蹇録』で読む日清戦争と朝鮮

永島広紀

## 陸奥宗光と『蹇蹇録』

第二次伊藤内閣（一八九二～一八九六）の外務大臣を務めた陸奥宗光《むつむねみつ》（一八四四～一八九七）には「東学党の乱」にて起筆され、「三国干渉」で締め括られる『蹇蹇録《けんけんろく》』と題された一八九五（明治二八）年末までに脱稿、そして一八九六（明治二九）年に印刷に付された著作がある。ここに言う「蹇蹇」とは、中国古代の経典『易経』にある「王臣蹇蹇たるは、躬（身）の故に匪（非）らず」、つまり臣下として苦労して忠義を尽くすのは、自分のためではない、という一節から成語された「蹇蹇匪躬《ひきゆう》」から採られたものである。

まさに日清戦争と、それをめぐる国際情勢への対応こそが明治帝への「蹇蹇匪躬」であったとの自負から書かれた一書ということになろう。そして、日清戦争とは、まさにその在任中に起こった日本の近代史上では初の本格的な対外戦争であるとともに、中華帝国による伝統的な冊封体制を突き崩し、東アジアに新たな国際秩序をもたらしたことでも、文字通り「画期」の出来事であった。

ところで、なぜ陸奥が『蹇蹇録』を執筆したか、その真意については諸説ある。例えば、国辱にして、朝鮮の離反をも招いた「三国干渉」に対する弁明の書であると。確かに執筆後は、すぐには公刊されず、一部の関係者の間でのみ回覧されたともいう『蹇蹇録』であり、一般に公開されたのは一九二九（昭和四）年である。無論、弁明の意味合いがあったことも想像に難くない。だとしても、そもそもは国際法に通暁《つうぎょう》した陸奥による外務省員に向けた「外交儀典（プロトコール）」の指針書であると言えるとも考えられる。

というのも、『蹇蹇録』の中には、しばしば国際法や国際条約の運用に関する記述が散りばめられており、また自ら同書の緒言でも、多くを外交文書に依拠しながらも、記録の字面だけでは「真意を皮相に露出」することができないとも言っているのである。後年、彼の外相としての手腕は「陸奥外交」として高く評価されていく。まさにその陸奥外交のテキストなのであると言えよう。

その一方、相当の比重を占めているのが、明治維新以来の日本外交における桎梏とも言える朝鮮、そしてその「内政改革」に関する一連の記述である。陸奥は「事端甚だ滋く、記事また長く」として、とうてい一節に収めることが困難であるゆえ、当該の記述を時期毎に区分しつつ、章を跨いでの記述を試みている。すなわち、①「日清両国による共同改革案と、その挫折」、②「緒戦での勝利から井上馨公使の赴任」、③「日清講和条約締結まで」の三期に分かっての構成であるとしていた。後述するように、日清戦争下で、日本の外務省にとっての主たる関心は、やはり「朝鮮」に向かわざるを得なかった。

## †海援隊士から外相までの道

ここで改めて陸奥宗光の履歴事項をおさらいしておきたい。陸奥は一八四四（天保一五）年八月二〇日に、紀州和歌山藩士である伊達宗広の第六子として和歌山城下に出生した。勘定奉行などの藩の顕職を務めた父が藩内の政争に巻き込まれて失脚し、一転して一家は窮乏を余儀なくされた。長じて、まず江戸に遊学し、さらに京都にて勝海舟・坂本龍馬の知遇を得たことにより、一八六三（文久三）年幕府が神戸に設置した海軍操練所に入所することになった。翌年には操練所が閉鎖の憂き目に遭うものの、以降は坂本龍馬の下で行動し、一八六六（慶応二）年の亀山社中、そして翌年の海援隊の結成にも参画する。

陸奥宗光（1844-1897）

明治維新後は、まず岩倉具視の推輓によって伊藤博文・井上馨らとともに「外国事務局御用掛」に登用され、太政官政府での官歴をスタートさせる。以降、短期間ながら兵庫県知事を務め、欧州出張ののち、廃藩置県直前に和歌山藩権大参事に就任、さらに神奈川県令に転じ、大蔵省租税権頭を兼ねるとともに地租改正という難事業の重責を担った。しかし、ここでいったん官途を辞し、一八七四（明治七）年には和歌山へ隠遁する。さらに、翌年には元老院議官として官に復したものの、西南戦争中に土佐立志社の決起に同調したとの廉《かど》で獄に下ることになった。

一八八三（明治一六）年一月に特赦によって出獄したのちは、伊藤博文・井上馨の斡旋によって欧州留学へと旅立つことになった。この間、イギリス・オーストリアを歴訪し、特にウィーンでは高名な法哲学者であるローレンツ・フォン・シュタイン（一八一五〜一八九〇）に師事し、国家学に関する薫陶を受けたという。

そして、一八八六（明治一九）年一〇月には三たび官に復帰して外務省に出仕するとともに、一八八八（明治二一）年二月には公使として米国駐箚を命じられた。任地ではまずメキシコとの間で修好通商条約を締結した。かつ、日米修好通商条約の改定交渉を担当し、締結には漕ぎつけたものの、条約改正反対を唱える筑前玄洋社の来島恒喜による爆弾投擲によって大隈首相が負傷する事件の余波で帝国議会での批准を得ることができなかった。

一八九〇（明治二三）年一月に在外任務を解かれ帰朝した陸奥は、第一次山県内閣の農商務大臣として列閣し、次の第一次松方内閣でも農商務相に留任した。しかし、陸奥らが主導した内閣に政務部を置いて政策の立案と運用を一元化すべきとの動きが閣内の不一致を招き、一八九二年三月に陸奥は大臣の職を辞すが、枢密顧問官として廟議の一角には留まった。

やがて、同年八月に盟友たる伊藤博文が二度目の組閣をなすと、外務大臣として入閣を果たした。在任中、条約改正反対を掲げる対外硬派との軋轢から議会運営は難航するが、一八九四（明治二七）年七月には日英通商航海条約の締結に導き、悲願の治外法権撤廃を成し遂げ、この功により子爵（のち伯爵に陞叙）に叙せられた。

まさしく、この外務大臣就任直前に勃発したのが、他ならぬ日清間の戦役であった。

### †日清開戦

さて、少しだけ時間の針を戻そう。東学農民軍の鎮圧に手を焼く朝鮮政府は、六月一日、ついに漢城駐在の袁世凱を通じて李鴻章に兵力の支援を求め、間もなく忠清道の牙山湾に清国軍艦が到着し、兵士が上陸した。ただし、朝鮮の政府軍は六月中旬の段階で東学から全州を奪還したことから、農民軍は遁走を始めており、日清両国ともに、天津条約に依拠した出兵の大義は失われつつあった。一方、日清同盟による朝鮮の「中立化」を構想する日本公使の大鳥圭介は、すぐさま袁世凱に対して日清両国の共同による「乱民の鎮定」と、朝鮮の内政改革案を提起するも、清国側は「乱は平定された」「内政改革は朝鮮自らが行うこと」との、にべなき回答でもって拒絶した。その後も七月中旬まで交渉は断続的に行われたものの、同一九日には服喪を理由に李鴻章から許可を得た袁世凱が朝鮮を脱出した。すでに日本側は陸戦隊を載せた軍艦を朝鮮西岸の黄海に展開させており、ついに七月二五日の豊島沖海戦をもって戦争の火蓋は切って落とされた。

他方、日清開戦に先んじて、大島圭介公使をはじめとする日本外交団側は大院君の担ぎ出しに奔走しており、七月二三日には宮闕たる景福宮に大島旅団所属の歩兵連隊を進入させ、王宮を占領した。

さらに戦場は陸上に移り、牙山からほど近い成歓《せいかん》(ソンファン)において日清両軍が衝突した。大島義昌少将麾下の混成旅団による攻撃によって清国軍は北方に敗走し、漢城を避けるルートをとって平壌の城内に立て籠もるも、九月一五日の総攻撃によってあえなく陥落してしまう。翌々日である一七日には黄海海戦も行われ、切り札の大型戦艦が、日本海軍の速射戦術による集中砲火によって戦闘能力を喪失し、虎の子の北洋艦隊は遼東半島の旅順口に退避し、やがてここも追われて山東半島の威海衛《いかいえい》に逼塞《ひっそく》する事態となった。

なお、この間における外交の責任者たる陸奥の『蹇蹇録』には、豊島沖海戦に先駆けて発生した英国籍商船・高陞号の臨検とその撃沈によって、イギリスの世論が一斉に日本を批判する中、その英国の国際法学者が、「問題なし」との見解を示して場が収まったことに相当の頁を割いている。あるいは、遼東半島に進撃した日本陸軍が旅順においてなしたとされる「不法行為」、すなわち住民虐殺について国際的な非難をかわすため、苦心を重ねたことが、縷々述べられている。まさに、日清戦争とは、清国や、あるいは戦場となった朝鮮のみならず、多層かつ多面的な外交と軍事の手腕が試される、近代の日本が本格的に直面した「多国間の国際紛争」とも呼ぶべき空前の出来事であったのである。

## †東学党の乱と甲午農民戦争

さて、陸奥が『蹇蹇録』に「他日もし日清両国における当時の外交歴史」を書こうとする者がいれば、必ずまずその冒頭には一章を割いて書かないわけにはいかないと書き記す「東学党の乱」について、ここであらためて述べることにしたい。

朝鮮の東学党なる者に対しては内外国人、種々の解釈を下せり。あるいは儒教、道学を混合したる一種の宗教的団結なりといい、あるいは朝鮮国内における一派政治改革希望者の団体なりといい、あるいは単に好乱的兇徒の嘯集《しょうしゅう》する者なりといえり。

右はまさに『蹇蹇録』本文の書きだし部分である。ここに言う「東学党」という呼称は、主として日本で呼びならわされたものであり、かつて歴史教科書では頻繁に「東学党の乱」なるフレーズが使用されていたが、最近では「甲午農民戦争」の語を採用する教科書会社が多く、あるとしても甲午農民戦争のあとにカッコ書きで併記されるだけである。いずれにしても、学童・生徒は「東学」が宗教である、少なくとも特定の教義を持つ信仰集団であることを読み取ることは難しい。

一方、今日の韓国では「東学農民革命」「東学運動」といった宗教団体であることを表に出した教科書の記述であることは、きわめて対照的である。これには様々な理由があるが、韓国には（実は北朝鮮にも）東学を継承しているとされる「天道教」なる宗教団体が存在していることが大きいと言わざるを得ない。

ちなみに、北朝鮮では「甲午農民戦争」が使われているのも興味深い。やはり「宗教はアヘン」と喝破したマルクス、あるいは彼の思想を主柱にする（していた？）共産主義体制下では、東学なる宗教がメインではなく、あくまでも「ブルジョア革命」の主体である人民・農民が主役なのである。評価が日韓で「裏返り」、はたまた南北で「表返った」ということか。

こうした、東学の評価をめぐる南北朝鮮における一種の「逆転」現象は、実は前講に登場した金玉均《きんぎょくきん》［キムオッキュン］においても似たものが確認されるのである。すなわち、韓国では不倶戴天の「背信者」「親日走狗」であるのに対して、ある時期までの北朝鮮においては、封建勢力打倒に立ち上がったブルジョア革命の闘士であるという評価がなされており（今でもそうなのか否かについて、筆者は情報を持ち合わせていない）、結果的に日本において金玉均に対して肯定的な評価を行う立場と、なぜか近似してくる不可思議なのである。

## †東学農民軍との攻防

話が大きく逸れてしまって恐縮である。ともあれ、「東学」は一八六〇年頃に朝鮮半島南東部の慶尚北道出身の崔済愚《さいさいう》［チェジェウ］が創始した民間宗教であり、陸奥の書にも書かれる通り、儒・仏・道の三教を混交したような「民衆の救済」を一つの売りとする教義を有していた。そして、西洋の思想＝「西学」に対抗せんとするそのネーミングぶりからも、ある程度はキリスト教すらも意識していたのかも知れない。当時の朝鮮王朝は、民を誑《たぶら》かす邪教として東学を取り締まり、ついには教主・崔済愚を捕縛の上で処刑してしまう。以降、信徒たちはたびたび集会を開き、教祖に対する冤罪を解くべく、王朝政府に陳情を繰り返していくことになった。

一方、半島の南部の三道（忠清・慶尚・全羅）は古くより「三南」と呼び習わされ、国家の穀倉地帯であった。そして、中央から派遣されてくる地方官吏にとっては私腹を肥やすには絶好の土地でもあった。ただでさえ長らく続く天候不順によって農業生産量は落ち込んでおり、そこに貪官汚吏が蔓延《はびこ》るという悪循環が、半ば構造化していた。

そして、日清戦争の契機の一つとなった農民軍の決起は、主に全羅道にて群発しており、その中心舞台となったのが全羅北道の道都たる全州であった。当初、全州にほど近い古阜なる地方邑において、古阜郡守が農民たちによって共同で管理されている水利施設の使用税（これは「無名雑税」と呼ばれた非合法な私税であった）を課したことに対する農民の一揆から、燎原の火のように拡がっていったものであった。

ただし、古来、慶尚道と全羅道の住民たちの間には厳しい対立感情があったこともあり、当初、東学の教団主流派は全州に立て籠もった農民の蜂起に対しては、冷淡な態度をとり続けていた。

ただし、農民軍のリーダー格の人物として全琫準《ぜんほうじゅん》（チヨンボンジュン）なる東学信徒が含まれており、農民軍側はしきりに東学の同調を促していた。やがて、東学の本流も農民軍への協力に踏み切っていくことになる。その背景には、近代の朝鮮史上、いたるところで黒幕説が囁かれる大院君、およびその孫である李埈鎔《イジユニヨン》の使嗾もあったとされるが、詳細ははっきりしない。

やがて、日清戦争勃発直前に王朝側と和睦していた農民軍が、一八九四年一〇月に再蜂起するにいたる。陸路にて漢城から急行した後備歩兵独立第一九連隊が「掃討戦」に従事した。最終的に翌年一月には全琫準ら農民軍指導部が逮捕され、間もなく全琫準は漢城に移送された。そして朝鮮側に引き渡された上で、尋問を受けたのちに極刑にて処断されてしまった。

## †日清戦争の終結と講和

朝鮮半島においては後備役召集の一連隊が農民軍を追い回していた一方、黄海海戦後に新たに編成された大山巌率いる第二軍は一八九四年一〇月二四日に遼東半島の金州（大連）への上陸を敢行し、一一月末までに旅順要塞を攻め落とした。さらに威海衛に閉じ込められた形の北洋艦隊に対して、日本海軍は水雷艇を港内に潜入させての波状攻撃を仕掛け、ついに艦隊を壊滅に追いやった。艦隊責任者の丁汝昌《ていじょしょう》提督は自決を余儀なくされ、北洋艦隊は翌一八九五年二月一四日に降伏した。

威海衛の戦いから時を措かず、清朝政府は講和に向けて動き出すことになった。当初、皇帝の全権委任状を具有しないまま談判に訪れた使節が追い返される一幕もあったが、ついに李鴻章自らが日本の下関に到来し、日本側の全権代表である伊藤博文と春帆楼にて累次の会談を持った。途中、凶漢によって李鴻章が銃で狙撃され、顔面に大怪我を負うというハプニングもあったが、四月一七日に日本側は伊藤博文と陸奥宗光、清国側は李鴻章と李経方による連署によって「日清媾和条約」が調印され、五月八日に批准書を交換した上で、同月一三日の公布に至った。

同条約においては、まず第一条にて「清国は朝鮮国の完全無欠なる独立自主の国たることを確認す」という文言から書き出され、長年にわたって燻り続けた朝鮮の「独立」問題が国際的に決着するとともに、見方を変えれば、冊封と朝貢によって裏打ちされてきた中華帝国による華夷《かい》秩序（宗属関係）がその終焉期を迎えたことを意味したのであった。この後、清国は「戊戌の政変」や「義和団の乱」を経て、やがて「革命」の時代に突入していった。

なお、続く第二条と第三条においては、遼東半島（およびその付属島嶼）と、台湾、そして澎湖諸島の割譲が明記された。ここにおいて、日本近代史上では初となる海外領土の獲得が達成されるとともに、台湾の領有化に伴い、これまた長年の懸案であった「琉球」の帰属問題も決着することになった。

**†朝鮮の「内政改革」**

この間、朝鮮は戦争の帰趨を見守りつつも、不離不即（どっちつかず）の立場を強いられていた。しかし、王都に兵力を常置させ、主導権を握っていた日本側は、一八九四年八月二〇日にはまず「日韓暫定合同條款」を結んで先手を打ち、さらに、すかさず大鳥公使は陸奥からの訓令に基づき、同二六日には「両国盟約」を締結することにより、対清戦の遂行において朝鮮が日本に協力すべきことを約した。

そして、井上馨が新たな公使として漢城に乗り込むとともに、日本側の主導により朝鮮政府には「軍国機務処」と命名された統括的な組織が置かれ、旧来の「六曹」体制（すなわち吏・戸・礼・兵・刑・工の各曹からなる律令制的な官庁）を改め、「八衙門《はちがもん》」（内務・外務・学務・軍務・法務・農商務・工務・度支）への再編、続いて内閣を設置し、各衙門を「部（省に相当）」制へ変更、そして「宮内府」と「議政府」の設置による宮中と府中の分離などが矢継ぎ早に進められていくことになった。また、清朝に先駆けて科挙も廃止し、こうした一連の動きはのちのち「甲午改革」と呼ばれていく。

しかし、いわゆる「三国干渉」と呼ばれる露・仏・独からの圧力に屈して遼東半島を還付せざるを得なくなった日本政府に対して、朝鮮の王宮、とりわけ閔妃《びんぴ》はロシアへの接近を隠さず、政府にも親露派の官僚が増加していくことになった。このような時に発生したのが、井上馨の後任として赴任した三浦梧楼、あるいは対外硬派運動に連累する熊本国権党（外務省・公使館の資金援助により「漢城新報」という日韓両語を用いたユニークな紙面構成の新聞を発行していた）や、福岡玄洋社出身の「壮士」連が大院君を担ぎ出して未明の王宮に「討ち入り」したのが、一八九五（明治二八）年一〇月八日に発生した「閔后殂落《びんこうそらく》事件（閔妃事件）」である。

この後、愛妃を喪った国王・高宗がロシア公使館に退避するという前代未聞の事態に発展し

（「俄《が》館《かん》播《は》遷《せん》」）、朝鮮半島をめぐる国際環境は、それまでの日清間の問題から、にわかに日露間の問題に変質していくことになった。また、高宗は独自の元号を用いるとともに、国号を「大韓」と定めることを宣する。そして高宗は一八九七年、自ら「皇帝」に即位する。世にいうところの「大韓帝国」の誕生である。ただし、高宗は皇帝としての権限強化に腐心するとともに、議会開設や憲法の発布にはそれほど興味を示さない、まさに「小中華」の専制君主たらんとしたのであった。

## 未完の『蹇蹇録』

もともと肺に持病を抱えていた陸奥宗光は、一八九五年六月頃にはその病状が悪化し、外相在任のまま休職し、神奈川の大磯で療養生活に入っていた。そして、ハワイでの転地療養の甲斐なく一八九七（明治三〇）年八月二四日に東京の邸宅で息を引き取った。

さて、病気療養中から書き始められた『蹇蹇録』であるが、先に述べたように、朝鮮の内政改革に関しては三期に分けて記述すると明言したにもかかわらず、「種々外来の事情のために阻障」されたために、執筆時期においても進行中であった「第三期」はついに書かれることなく省略されている。この「外来の事情」なるものは、右で述べた閔妃事件、あるいは俄館播遷を意味するのか、いささか判然としない。

それ以降、北清事変、日英同盟、日露戦争と時局は大きく推移していったことは言うまでもない。対韓外交も、日露戦中における「議定書」調印から、三次にわたる「協約」によって保護国化と内政への本格的な介入がなされ、そして一九一〇（明治四三）年八月の「併合」に至ったのも周知のことである。

もとより言っても詮《せん》無きことであるが、陸奥が長命を得て、『蹇蹇録』の続編を書いていてくれたとしたら、桂太郎・寺内正毅ら長州人とはまた異なる立場や視点で、どのような近代日本外交上の「朝鮮／韓国」を描いてくれたであろうか。

**さらに詳しく知るための参考文献**

陸奥宗光（中塚明校注）『新訂　蹇蹇録』（岩波文庫、一九八三）……陸奥の『蹇蹇録』を翻刻するとともに、校注部分にて『蹇蹇録』の草稿や、第一次刊本との対合を行った貴重な業績。

中塚明『「蹇蹇録」の世界』（みすず書房、一九九二／新装版二〇〇六）……右掲の『新訂　蹇蹇録』と合わせ読みたい書。

田保橋潔『日清戦役外交史の研究』（刀江書院〈東洋文庫論叢〉、一九五一）……近代外交史研究の泰斗である田保橋の遺稿を編集したもので、以後の研究者たちとっては「種本」ともなっている。いわゆる「陸奥外交」の展開に関してはもとより、随所に委細を凝らした内容の古典的な業績。

陳舜臣『江は流れず　小説日清戦争』上・中・下（中央公論社、一九八一／中公文庫、一九八四）……小説ではあるが、綿密な取材と史料の読み込みで書かれた名作。特に伊藤博文・陸奥宗光のカウンターパートたる清国側首脳部の動向は作者ならではの視点で綿密に描かれており圧巻である。

高橋秀直『日清戦争への道』（東京創元社、一九九五）……惜しまれつつも早逝した筆者による、日清戦争に至るまでの明治日本の内政と外交を活写した画期的な仕事。やや入手困難ではあるが、復刊が望まれる名著の誉高い一書。

岡本柳之助（平井晩村編）『風雲回顧録』（武俠世界社、一九一二／中公文庫、一九九〇）……朝鮮王宮に外国人顧問として出入りを許され、日清戦争開始の前においては、大院君ら反閔氏勢力の取り込みなどの宮中工作を行った元紀州藩士による回顧談をまとめたもの。

三浦梧楼『観樹将軍回顧録』（政教社、一九二五／中公文庫、一九八八）……長州藩の奇兵隊出身にして、井上馨の更迭後に公使となり、閔妃暗殺事件の首謀者と目された予備役陸軍中将である三浦梧楼の回顧録。

杉村濬『明治廿七八年　在韓苦心録』（一九三二／原書房〔明治百年史叢書〕一九八一／、龍渓書舎〔韓国併合史研究資料〕二〇〇三）……大鳥圭介の賜暇帰国中、臨時代理公使も務めた生え抜きの日本公使館書記官であり、陸奥宗光の信任も厚く、日清戦争期の対朝鮮外交を実際に取り仕切った外交官の回顧録。

呉知泳『東学史』（京城、永昌書館、一九四〇／梶村秀樹訳注『東学史』平凡社東洋文庫、一九七〇）……原著の内表紙には「歴史小説」と銘打たれ、必ずしも史実に忠実とは言えない部分もあるが、東学改め「天道教」の主流派たる「新派」とも、その反対勢力である「旧派」にも与しなかった中道派に属した筆者による冷静な筆致で書かれたもの。

# 第11講 李鴻章――東洋のビスマルク？

川島 真

## †李鴻章という人

李鴻章《りこうしょう》（一八二三～一九〇一）は、安徽省合肥出身の著名な漢人官僚、外交家として日本の歴史教科書でも多出する人物である。官僚の一家に生まれ、阿片戦争のころに科挙にのぞみ、一八四四年に地方での最終試験に合格して挙人となったが、中央での試験である会試には落第した。だが、一八四七年の会試に合格して官途に着くことになった。基本的にその若い時期は曾《そう》国藩《こくはん》の幕下にあったと言っていいだろう。李鴻章が出世の路を摑むのは、太平天国の乱の平定に際してである。はじめ曾国藩の湘軍《しょうぐん》の一員として頭角を現し、やがて淮軍《わいぐん》を組織して、江蘇巡撫《じゅんぶ》にも任じられて、太平天国の平定に功をあげたのだった。

太平天国の平定に際しては、常勝軍と言われた外国軍とも交流があり、また武器調達などの面でも外国との関わりが多かったこともあって、李鴻章は対西洋諸国業務である洋務にも深く関わった。また、李鴻章は曾国藩のあとを襲って直隷総督《ちょくれい》になり、また北洋大臣も兼任することになり、清の対外関係や開港場管理にも深く関わることになった。

李鴻章は総じて清朝への反対勢力に対する軍事鎮圧に長《た》け、また洋務に通じ、対外交渉を行う、漢人の地方大官だと見ていいだろう。特に西洋人のあしらいの上手さはしばしば指摘されるところである。「洋務」を体現した人物であったと言ってもいい。

### †李鴻章とその日本観

その李鴻章が一八七一年の日清修好条規に関わったのは直隷総督、北洋大臣として任にあたっていた時であった。日本にとってみれば、江戸末の千歳丸の時代から対清交渉には江蘇巡撫の李鴻章が関わっており、また明治期に入ると今度は北洋大臣の李が立ち現れたのであった。日清修好条規をめぐる交渉では、日本側の意向は必ずしも通らず、清の側の原案を基礎に条約草案が作られたことは周知の通りである。

当時の李鴻章の日本観はどのようなものであったのか。当時の清の日本観の根本にあったのは、倭寇、あるいは豊臣秀吉の朝鮮侵攻に関する記憶であった。害をもたらす存在として意識されていたと言っていい。冊封朝貢関係をもたなかったのも、そうした日本と距離を取るためであったろう。この点は李鴻章も同様だった。だが李鴻章に特徴的なことがあるとすれば、自ら西洋の武器に注目していたこともあってか、日本が英仏などからの支援の下に軍事の西洋化を進めていることに注目していた点であろう。李鴻章は幕末から明治維新期の日本の状況を一定程度把握していた。だが、軍事面での西洋化、それによる軍事強国に至る可能性を認識すると、李鴻章は日本が再び倭寇となって中国に害を及ぼすことを懸念し、逆に西洋諸国と同様に中国を侵略することを危惧した。

**†日清戦争・義和団戦争と李鴻章**

李鴻章（1823-1901）

直隷総督・北洋大臣としての李鴻章は、洋務に深く関わりながら、淮軍を基礎に北洋軍の創設を行い、軍事産業や産業の育成も行った。対外交渉の面では、朝鮮をめぐる諸交渉を幕下の馬建忠らを用いながら行っていた。一八八五年の朝鮮をめぐる日清天津条約が伊藤博文と李鴻章との間で締結されたことは日本の歴史教科書でも記されている。この伊藤博文と李鴻章という組み合わせは、一八九五年の下関条約締結交渉にも見られる。この交渉の時、李鴻章は宿泊地と交渉地点の春帆楼とを結ぶ路上で凶弾を受けながらも交渉を継続して日本側とともに条約をまとめあげたのだった。

無論、この条約に対する不満の声が清朝内部であがったし、そもそも北洋軍が日本軍に敗北したのであるから、李鴻章は直隷総督、北洋大臣の職から離れた。一八九六年、李鴻章はニコライ二世の戴冠式に参加するために中国を離れ、ロシアにていわゆる露清密約を締結してから、ドイツ、フランス、イギリスなどを旅し、さらにアメリカを訪れた。さらにカナダのバンクーバーから Empress of China 号に乗り、横浜を経由して帰国した。事実上の世界一周旅行であった。この旅は単なる物見遊山ではない。実際には条約改正交渉や華人の地位改善などを目指した面もあった。だが、こうした外交交渉面での成果はなく、各地で歓待されたことにまつわるエピソードのほうが知られるようになっている。

李鴻章の最後の仕事は義和団戦争の事後処理だった。一九〇一年九月に北京議定書（辛丑和約）を締結し、間も無く死亡した。亡骸は故郷の合肥に葬られた。正岡子規は「墨汁一滴」に李鴻章の死を書き留めた（「二月三日」の項）。辛亥革命直後の一九一一年一一月に上海を訪れた与謝野鉄幹・晶子夫妻もまた、李鴻章の廟を訪れようとした。だが革命軍に阻止されて入れず、覗いてみると李鴻章の銅像が白い革命旗を握らされたとしている（「巴里より」）。李鴻章という人物に対する当時の文化人たちの関心がうかがえるだろう。

### †二つの李鴻章評価

李鴻章に対する評価は、同時代にも、そして歴史学的にも多様だった。内藤湖南は、一九二八年の講演で、官僚としての李鴻章について曾国藩の評を紹介している。

近来でもたまには特別の性質を持つて居つて、官吏で仕事をすることが面白くて死に物狂ひで官吏をする人がある。李鴻章などはさういふ人でありました。李鴻章の先輩曾国藩は、死に物狂ひで官吏をやつて居るものは李鴻章だといつて居ります。(内藤湖南「近代支那の文化生活」、内藤湖南『東洋文化史研究』弘文堂、一九三六)

これは李鴻章を肯定的に評価しようとするものだ。曾国藩はまさに李鴻章を引き上げた人物であり、その李への期待もうかがえる。

だが、曾国藩や李鴻章よりも一、二世代下の梁啓超《りょうけいちょう》は、李鴻章について批判的である。梁は、「李鴻章は洋務の存在を知るだけで、国務の存在を知らない。兵事があるのは知りながら、民政があるのを知らない。外交は知っていても、内治を知らない。朝廷の存在は知るが、国民がいるのを知らない」という(梁啓超「李鴻章伝」、日本語訳は岡本隆司『李鴻章』岩波新書、二〇一一年、二〇五〜二〇六頁による)。これは、「中国」という近代国家建設、あるいは中国の国民の養成を考えていた梁啓超にとって、李鴻章がやはり王朝時代の洋務官僚だというのだろう。

李鴻章が死んだ一九〇一年というのは確かに中国近現代史の大きな分岐点であった。この年から光緒新政が始まり、中央官庁制度改革、法政整備、学制整備、科挙の廃止と新たな管理登用制度の開始、留学生派遣など、一連の近代国家の建設が進められた。新たな国家、近代国家の国民としてのアイデンティティが想定されていったのもこの時期である。それを担った知識人や官僚からすれば、李鴻章はやはり一九世紀の王朝の時代の大官に映ったのかもしれない。

## †日本と東洋のビスマルク

では明治期の日本での李鴻章への評価はどのようなものだったのだろうか。実のところ、李鴻章は当時の日本で東洋のビスマルクなどと称されていた。

この時期の日本では政治家に対する比較的肯定的な評価をこめ、皇帝制度の下での強いリーダーシップを発揮した人物の象徴として「ビスマルク」が用いられた。明治期の日本にも、「日本のビスマルク」とされた政治家がいた。それは、伊藤博文である。

久米正雄は、伊藤の伝記の中で、次のように伊藤とビスマルクについて紹介している。「博文はよく、プロシャの鉄血宰相ビスマークに擬され、彼自身も、幾らかビスマークを気取つたところがあつた。実際、彼はビスマークを崇拝してゐたらしいが、ビスマークも亦、彼を愛してゐたところがあつた。彼が憲法研究のためベルリンに滞在中など、ビスマークはしばしば彼を家庭に招いて、何かと注意を與へて呉れたさうである」（久米正雄『伊藤博文伝』改造社、一九三一、四一五頁）。

また、瀧井一博は伊藤がビスマルクと形容されていく過程を説明しつつ、「ドイツの知日派教養人にとって、伊藤をビスマルクと比肩することは、広く流布していたものだったと考えられる」ともしている（瀧井一博「伊藤博文は日本のビスマルクか？」『ヨーロッパ研究』九号、東京大学大学院総合文化研究科・教養学部ドイツ・ヨーロッパ研究センター、二〇一〇年三月）。

李鴻章についてもまた、前述のように明治期の日本で「東洋のビスマルク」と称された。以下は明治期の偉人伝の一つであるが、ここでも李鴻章を「ビスマーク」だとしている。

一咤の下に清国を左右し、英仏魯独の間に屹立して、自国の国体を維持す、氏にして一朝万年の途に上らば、独り清国の不幸のみならず、亦実に東洋の不幸と謂ふ可し、噫明悟識量闊達義勇、商を営めば、則ち能く利し、兵を用ゆれば則ち能く勝ち、政を執れば則ち能く治む、大を統べ、小を制し、左を弁じ、右を理し、大難の中に在りて、敢て窮せず、眇乎たる一身を以て其存亡の盛衰に関す、世人称して東洋のビスマークと謂ふ、蓋し過言に非るなり。

（「李鴻章幼伝」、吉村弁次郎『活気之焔――立志亀鑑』吉岡書籍店、一八九一、五〇頁）。

明治期の李鴻章をめぐる叙述は果たして李鴻章のどのような点にビスマルク的な要素を見出したのか。それは単に改革を行い、対外交渉に尽力をして国難を救おうとしているだけではない。同じく李鴻章を「東洋のビスマーク」というある伝記では次のように記されている。

泰然として其国古来の体を守り止だ実用の事を他に模するのみ嗚呼氏の眼光卓然なりと謂ふへし。(「李鴻章氏」、原田真一編『万国政治家列伝』飯塚八太郎、一八八九、九九頁)

これはいわば中体西用論である。中体西用とは、体すなわち理念や根幹部分では「中」、すなわち在来のものを重んじるのに対して、「用」すなわち技術的な側面では、「西」、すなわち西洋のものを使うということである。ここでは、このようなあり方を、肯定的に評価している点が興味深い。国体をいかに維持しながら、近代化も模索し、さらに国難に対応するか、そうした難題にいかに応えるのかという点で、李鴻章に共感を覚える向きが明治期の日本にあったものとも思われる。単純な近代主義でもなく、西洋を理解していたことを単に評価するわけではない李鴻章への目線、これは前述の梁啓超の視線とも異なっている。一九世紀末という同時代的な価値観では、そうした単純な見方ではなく、むしろ既存の国体を維持しつつも軍事や工業面での改革を進める李鴻章の姿が評価されたのであろう。

## †ビスマルク「たち」の出会い

伊藤や李鴻章をビスマルクになぞらえることの是非については議論があるところだろう。ビスマルクと李鴻章との間にもかなりの距離がある。だが、そうした歴史学的な見地とは別に、当時の人々が同じビスマルクを以て彼らを形容し、また彼らも時にそれを意識していたということには同時代的な現象として留意しておいていいだろう。

そして、この三人はそれぞれ出会っている。ビスマルクと、そしてビスマルクと形容された李鴻章と伊藤博文たちの邂逅があったのである。伊藤博文と李鴻章は天津条約、そして下関条約などの場でそれぞれの国を代表して交渉に臨んでいる。伊藤とビスマルクの出会いも久米正雄の著作に依拠して紹介した通りである。

李鴻章とビスマルクの出会いは、先に述べた世界一周の時に行われた。すでに七〇を超えた李鴻章は、すでに引退し八〇を超えていたビスマルクをハンブルクに訪れた。ここでの対話は岡本前掲書に挙げられている（一八八～一八九頁）。五万程度の精兵から成る強力な軍隊の必要性であるとか、総じて李鴻章の「洋務」の人生を象徴するような会話が行われたとされている。李鴻章は、指導者と軍制の欠如が中国の問題としていた。

この李鴻章とビスマルクの会談の際に生じたこととして、中国では「ビスマルクの礼節（俾斯麦的敬礼)」という話が知られている。これは、ビスマルクとの会食の際に、李鴻章がフィンガーボウルの水を飲んでしまい、それを見たビスマルクが李を辱めないために、自らもそのフィンガーボウルに手をつけてその水を飲んだという話だ。これはビスマルクの李鴻章への敬意を示しているようでありながら、背後には「文明－野蛮」の構造とともに、その「文明」の側が「野蛮」の側に対して寛容さを示すという構造が見て取れる。

このフィンガーボウルにまつわる逸話は、いろいろな主体と客体の組み合わせが知られている。ビクトリア女王が主体のこともある。果たして本当にビスマルクと李鴻章との間でこのようなことがあったかと問われれば、その答えは恐らく否である。この点は遊佐徹の研究で明らかにされている。遊佐は、この逸話の多様性(フィンガーボウルの水を飲まないヴァージョンなど)を解明した上で、実際に李鴻章の外遊中に生じた儀礼上の問題として、一八九六年七月にベルギーのレオポルド二世との会食の場で李が喫煙してしまった際に、同国王が皆に喫煙を勧めたというエピソードがあり、それが英字紙などでも広められたことを紹介している(遊佐徹「フィンガーボウルと李鴻章(1)(2)(3)」『岡山大学文学部紀要』五九、六二、六八号、二〇一三年七月、二〇一四年一二月、二〇一七年一二月)。李鴻章が煙管でタバコを吸う風景はしばしば引用されるが、この世界一周旅行中にその習慣をやめて西洋のマナーに合わせる気は李鴻章にはまったくなかっただろう。そこに李の世界観が現れているといってもいいだろう。

## †李鴻章評価の変容

李鴻章の世界一周と時間が相前後するが、一八九四年から九五年にかけて日清戦争が生じ、いわば李鴻章の下で要請されてきた北洋軍を主力とする清軍は日本軍に敗北を喫し、下関条約が締結された。その清側の全権代表は李鴻章であった。陸奥宗光の『蹇々録《けんけんろく》』では、李鴻章が談判の冒頭から伊藤博文を持ち上げ、「今日に於て東洋諸国が西洋諸国に対する位置如何を洞知し得るは天下誰か伊藤伯の右に在るものあらむや」などと述べたということが紹介されている（岩波文庫、一九三三初版、二一一頁）。

日清戦争で日本が勝利したことにより、日本の対清認識はある程度変化し、また清の内部では李鴻章の責任を問う声があがった。また、義和団戦争以後に北京議定書が締結され、その直後に李が死亡し、さらに中国が新たな政治課題に直面するようになると、李鴻章評価は変容していった。たとえば、鎌田天外『世界百傑伝』（健捷社、一九一四）は李鴻章を百傑のうちの一人に挙げ、その功績を称えながら、「然るに我明治廿七八年我を威圧せんとして、戦いを開いたが、却て我に撃破せられたのは、李の失策であった」としている（一七九頁）。日清戦争については李を否定的に描く、ということが日本の李鴻章評価になっていったものと思われる。ただ、戦時中になると、かなり厳しい評価が見られる。たとえば外交官であった本多熊太郎は蔣介石について、「敗戦に敗戦を重ねながら、なほ且つ最期の勝利を信じて、長期抵抗を叫んでゐるやうだ」などと批判しつつ、その様子について蔣介石が「恰度往年の李鴻章の過ちを繰り返しつつある」と指摘していた（本多熊太郎『人物と問題』千倉書房、一九三九、一〇五頁）。

二〇世紀初頭の中国でも、上に挙げた梁啓超の評価のように、ある意味で日本よりも厳しい視線が李鴻章に向けられるようになったようである。一九二〇年代になると、かつて張之洞の幕下にいて外務部にも勤務したことがある辜《こ》鴻銘《こうめい》は中国政治を、「古き支那」、「新しき支那」、そして「真の支那」という三つの側面から分析しているが、李鴻章は袁世凱とともにまさに「古き支那」のシンボルとして扱われている。

曾国藩侯の死後新政府の首領となったのが例の李鴻章氏である、李鴻章氏は単なる官僚的循吏で決して真の政治家ではなかった、彼は利己的にして尊大なる専制的官吏の一団即ち北洋党を率いていた　不幸なる日清戦争は日清両国の戦争ではなく日本と北洋党との戦争であったのである、李鴻章氏の失脚後彼に代って政権を執ったのは袁世凱氏であるが……之が今日北京政府の実権を握る所謂「古き支那派」の起源と歴史とである（「文化とはなんぞや」、『大阪毎日新聞』一九二四年一〇月一五日〜一八日）。

幸は、「李鴻章が支那を沈滞の位置に導きその結果は現前の革命と無政府状態を誘致した」などとしている。

### †外交家と外交官

中国での李鴻章評価は中国でのイデオロギーの変容に応じてさらに変化していった。社会主義が強まれば、李鴻章は買弁的性格を有した資本家階級の代表とされ、改革開放政策が始められれば、工業化を推進した存在として肯定的な評価がなされ、中国が大国になれば、清代に大国外交を展開しようとした者として、その大国的振る舞いが注目される。

もう一つ注目される側面として外交家としての評価がある。官僚としての外交に関わる者は職業外交官、あるいは外交官と呼ばれるのに対して、外交家は、政治家であったり、必ずしも職業外交官とは言えない者が外交で業績をあげるとそう称されることが多い。外交官が官職であるのに対して、外交家はひとつの評価を示す言葉だと言えるだろう。李鴻章は一九世紀後半の清の対外交渉に数多く関わったが、そこでの姿は近代外交的な意味での条約改正とか、民国期の職業外交官たちが目指した国権回収だけを目標にしたものではなかった。前述のように、李鴻章にも国権回収とか華僑保護といった意識もあったであろうが、それは近代国家の外交としてのあるべき姿を追求したものではないと思われる。

李鴻章が「天朝」、あるいは「国体」を維持しようとしつつ、またその世界観を保ちながら、国難に対処していった外交家であったこと、またその手段として、また現実的な業務として洋務の担当者であったことは、明治期の日本には一定の共感を与えた。しかし、その評価は二〇世紀に入ると、日中両国の置かれている状況や、それぞれの向いている方向に応じて変容、多様化していき、戦後には外交交渉の場に現れる清の代表として教科書に載る程度になっていったのである。

**さらに詳しく知るための参考文献**

岡本隆司『李鴻章――東アジアの近代』（岩波新書、二〇一一）……李鴻章への評価が多様であることを前提にして、いかなる評価をするにしてもまずは李鴻章のことを「くわしく、正確に」知らねばならないだろう、として叙述された一書。東アジアの歴史的な背景からこの人物の事績を位置づける点も特徴である。

吉澤誠一郎『清朝と近代世界――19世紀』（岩波新書、二〇一〇）……李鴻章の生きた時代の清朝の歴史について包括的に理解しつつ、歴史の中で李鴻章の位置づけを理解することに適した一書。

川島真・毛里和子『グローバル中国への道程――外交一五〇年』（岩波書店、二〇〇九）……外交家とされる李鴻章は近現代中国の対外関係の中で、李鴻章の時代をいかに位置づけるのか、またなぜ二〇世紀の外交官のスタイルと李鴻章の対外政策が重なりを持ちつつも異なっていたのか。こうした論点を理解する上で参考となろう。

第12講
# 山県有朋——出ては将軍、入ては首相

清水唯一朗

## †定まらない評価——軍国主義の先駆者?

千代田区三番町、皇居千鳥ヶ淵に面した地に政府の共用会議所がある。一八八五（明治一八）年一〇月一九日、ここで明治天皇を迎えて招待会が開かれた。有栖川宮熾仁《ありすがわのみやたるひと》親王をはじめとする皇族、西郷従道、山田顕義、井上馨、松方正義ら参議に加え、鳥尾小弥太、山尾庸三ら政府要人が会同した。

昼には、陸軍戸山学校の学生による銃剣、宮内省官吏による刀槍の演舞があり、夕には陸軍軍楽隊の演奏が晩餐に花を添え、夜になると球灯と花火が夜空を飾り、天皇は満足の表情で皇居に帰って行った。宴の主人は人生の幸いを感じ、これを石碑に刻んで庭に遺した。

主人の名は山県有朋。このとき、参議兼内務卿として明治政府の中枢にあった。饗宴に集まった人々はいずれも戊辰戦争以来の功労者であり、内閣制度の発足を二ヵ月後に控え、憲法発布も視野に入ってきたなかで、明治維新の完成を祝うかのような宴であった。これまでの歩みを振り返った宴主の想いは、いかばかりだったろうか。

かつて、岡義武は山県を論じるにあたって「彼の一生を語ることは、明治・大正史を語ることである」と述べた（岡一九五八）。軍事においては陸軍大将、参謀総長、陸軍元帥となり、内政にあっては内務大臣、総理大臣、枢密院議長を務めた。活動の幅の広さには驚きを禁じ得ない。その存在感は唯一無二といってよいだろう。

それにもかかわらず、山県をめぐる世評は一致しない。いや、正直に言って不人気である。それは没後に正伝を纏《まと》めた徳富蘇峰でさえ認めざるを得ないほどであった（徳富一九三三）。とりわけ戦後においては、しばしば、大日本帝国の版図拡大を企て、民主主義を抑圧し、軍国主義へと向かうシナリオの中心人物として捉えられてきた。

もっとも、こうした評価は近年にいたって変化しつつある。岡は「彼の生涯を辿ることは、それ故に、わが国近代史の過程と構造とに特殊の視角から照明を与えることに役立つと思われる」とした。戦後七〇年を過ぎた現在、山県はどう映るのだろうか。



†幕末政局の脇役——青年期の不完全燃焼

明治維新からおよそ三〇年前、一八三八（天保九）年閏四月二二日、山県は長州藩の藩庁がある萩に生まれた。萩の西南には平家山があり、その脇を抜けて流れ出た阿武川《あぶがわ》は日本海に注ぐ手前で二手に分かれ三角州を形成している。この三角州が萩の旧市街である。

萩城は三角州から日本海に突きだした指月山《しづきやま》にあり、その手前に城下町が広がっていた。一方、山県の生家は阿武川の分かれ目のあたり、川島庄にあった。城からは三キロほど下った、萩旧市街の端である。他の志士たちと同じように、山県も雄藩の下級武士の子であった。

このため、山県は藩校明倫館に学ぶことができず、学問ではなく武芸で身を立てることを夢見て槍術に励んだ。その精勤が認められたのか、一八五八（安政五）年には藩命で京都に派遣される。ここで伊藤博文と同道し、久坂玄瑞と会い、帰藩すると松下村塾に入門して吉田松陰の門下生となった。

山県有朋（1838-1922）

松陰は翌月に野山獄に収監されるが、山県の人生はここで大きく変わる。松陰門下生に名を連ねた山県は、一八六三（文久三）年に士分に取り立てられ、高杉晋作が組織した奇兵隊の軍監に任じられた。

奇兵隊軍監というと、今日からするとなんとも華々しく感じられるだろう。しかし、そうした現代におけるイメージとは裏腹に、幕末・維新初期における山県は、ことごとく表舞台を外している。四国連合艦隊を迎えた馬関戦争や幕府軍と対峙した第二次長州征伐といった防衛の場面では活躍したものの、禁門の変にも、鳥羽伏見の戦いにも留守居を命じられ参戦できなかった。それには、生来、頑健でなかったこともあるのだろう。そのため、山県は早くから健康に気を遣い、長州人でありながら河豚は食べないなど、養生に努めていた。

いよいよ功をあげる機であった戊辰戦争では、北陸道鎮撫《ちんぶ》総督の参謀となり、薩摩の黒田清隆とともに公家総督のもと、実質的に部隊の指揮を執った。しかし、一度落とした長岡城を河井継之助らの奮戦によって奪い返され、親友を失うなど痛手を負い、続く会津戦争でも越後口の参謀を任じられたが苦戦し、若松城陥落に間に合わなかった。黒田と異なり、箱館戦争には参加していない。

一八六九(明治二)年六月、箱館戦争の終結を受けて新政府は個人への恩賞として賞典禄を与え、山県は六〇〇石を受け取った。長州藩士では木戸孝允と広沢実臣(一〇〇〇石)、大村益次郎(一五〇〇石)に次ぎ、前原一誠、山田顕義と並ぶ評価であった。しかし、それは彼自身の功績というより奇兵隊という組織が評価されたものであったことは、本人が最もよく知るところであっただろう。

## †士族との戦い――近代陸軍の父として

明治初期の青年らしく、山県は洋行に自らの活路を見出す。賞典禄が給された翌日、山県は馬関を発し、西郷従道と共にヨーロッパに渡る。フランス、イギリス、ベルギー、ドイツ、オーストリア、ロシア、オランダを巡り、アメリカを経て翌一八七〇（明治三）年八月に帰国した。

本人は見物旅行のようなものだったと嘯く。しかし、この一年あまりの外遊により山県は徴兵制の利点を理解し、軍政改革の推進者としての地位を獲得することとなる。前年冬には大村が凶刃に斃れ、前原が後を継いでいたが、前原は木戸と対立した末に兵部大輔を辞した。こうして、山県は奇兵隊レガシーの継承者として軍政改革に当たることとなった。

軍政改革において、最大の障壁となるのは藩の存在であった。すなわち、版籍奉還に続く廃藩置県を断行して、政府が兵権を掌握することが不可欠であった。山県はこれを実現するため、鹿児島に退隠していた西郷の引き出しに奔走し、一八七一年七月、薩摩、長州、土佐から集められた御親兵を背景に廃藩置県が断行される。同日、山県は兵部少輔から大輔に昇格し、翌年には兵部省の分割に伴い陸軍大輔となり、在職のまま陸軍中将・近衛都督に任じられた。軍政改革の牽引者にして実戦部隊の指揮官となったのである。

この山県体制のもと、同年一一月に徴兵告諭が出され、翌年一月には徴兵制がはじまる。これには士族層を中心に強い反発が予想されたが、第一の反発は陸軍部内から起こった。元奇兵隊士の山城屋和助が陸軍の公金を借り入れて事業を行っていることを取り上げて、山県の改革に批判的な将校たちによる排斥運動が惹起された。彼らの多くは薩摩系であったため、山県が近衛都督を辞して西郷がこれに代わることで事態の収拾が図られた。さらに山県は陸軍大輔も辞したが、これはかえって政府内の動揺を招き、山県はほどなく陸軍卿代理に任じられた。

こうした士族の不満は、西郷によって征韓論という解法に至る。軍政の当事者であるはずの山県は、代理から進んで陸軍卿になっていたにもかかわらず参議ではなかったため、いわゆる征韓論争には加わらなかった。それどころか、八月に西郷が本格的に征韓論を主張し始めると、山県は鎮台巡視のために東京を離れ、一〇月に議論が紛糾した際には不在であった。帰京したのは西郷が辞表を提出したあとだった。この一件で山県は恩義ある西郷を失っただけでなく木戸からも不信感を買い、一度は陸軍卿を辞することになるが、台湾出兵で西郷従道が暴走したことをきっかけに大久保に用いられるようになり、木戸の参議辞任を受けた補充でついに参議となった（伊藤二〇〇九）。

一八七六年になると、山県が自ら建議した廃刀令をめぐって、各地で士族反乱が続発した。かつて同志であった前原を中心とする萩の乱、先達であった西郷を敵とした西南戦争において、倒幕維新を実現した長州や薩摩の士族兵を、徴兵令によって編成された新制兵が物量において圧倒していった。軍政改革という士族との戦いを通じて、山県はようやく自らの歩みに自信を持つことができた。

## †政治家への道——軍事から内政へ

一八七七、七八（明治一〇、一一）年は世代交代の時でもあった。木戸が病没し、西郷が城山の露と消え、大久保利通も凶刃に斃れ、政府は山県たちの世代に託されることとなった。それにもかかわらず、山県の迷走は続いた。西南戦争後の待遇への不満は陸軍内に渦巻いており、よりによって近衛砲兵隊の一部が天皇に直接訴えるべく反乱を起こしたのである（竹橋事件）。多額の戦費を要したあとという止むを得ない状況ではあったが、天皇を危険に晒しては、陸軍卿の責任は覆うべくもない。さりとて、山県を新政府から除くわけにもいかない。こうして、政府が新設したのが参謀本部であった。近衛砲兵暴発の責任を取って陸軍卿は辞する。その代わりに参謀本部長となり、参議として意思決定にも関わり続ける。山県の地位は伊藤をはじめとする仲間たちによって保たれた。

軍政改革と西南戦争を経て、山県は陸軍だけでなく長州系を代表する政治家として明治政府に欠かせない存在となっていた。明治十四年の政変では、山県は間接選挙による議会の開設の方針を時宜に応じて進めるべきと慎重論を崩さず、大隈の追放、内閣の一致を重視した。その結果、翌年には伊藤が憲法調査のために渡欧するにあたり、参事院議長を委ねられる。

参事院は憲法政治の樹立に向けた制度設計を担う機関であり、法制の府であった。各省の総合調整を行うこの地位に就くことは、陸軍軍人としてキャリアを重ねてきた山県にとって、大きな変化であり、挑戦である。

山県は伊藤の負託に応えて知見を広げ、一八八三年に伊藤が帰朝すると、それに伴う内閣人事で内務卿に転じた。いうまでもなく、内務省は「省庁のなかの省庁」として警察から土木、衛生、地方自治まで、群を抜いた広い政策領域を扱う。初代内務卿は大久保が務め、その没後は伊藤が継いだ。参事院議長から、再び総合調整機能を担うこととなった山県は、調査洋行を挟んで、議会開設直前まで足かけ六年半にわたって内務卿、内務大臣を務めた。

議会準備期において内相を務め続けたことは、山県の政治的位置を明確なものにした。まずは政党、民党との関係である。山県は自由民権運動期の民党を破壊的なものと見なし、自由党などが各地で起こした事件には厳正な姿勢で臨み、大同団結運動に際しては、清浦奎吾や三島通庸ら警察官僚の懸念を押し切るかたちで保安条例を適用して、運動家の首都追放を進めた。

もうひとつが地方制度の整備である。一八八八年一二月、市町村制が公布され、府県制と衆議院議員選挙法の枢密院審議が起草の目処が就いた段階で山県は渡欧した。伊藤が大隈を内閣に入れ、黒田に首相を譲ったことで、伊藤との関係もかつてのように蜜月ではなくなっていた。黒田とは北越戦争以来、折り合いが悪い。伊藤が憲法制度全般を扱うのであれば、山県が内務行政の基礎となる地方制度の充実に自らの道を定めたことは自然であろう。彼の考える地方制度は、健全な地方議会を育成し、それが国政を支えるというものであった。

学びは一〇カ月にわたった。ベルリンでグナイストから地方制度の講義を受け、ウィーンでシュタインから利益線論を聞き、ドイツ、イギリス、イタリアで議会を見聞した（瀧井二〇〇三）。もっとも、この議会体験は、山県をして政党への態度をより頑なにさせるものとなった。整然とした議論を行うヨーロッパの議会を見た山県は、日本の民党ではこのような秩序だった議会運営は難しいと悲観する一方、オーストリア議会副議長のクルメッキから議会運営の実務的手法を学び、実践に備えた。

## †首相として、司令官として――内政と外交の先頭に立つ

一八八九（明治二二）年一〇月、帰国した山県を待っていたのは、帝国議会の開設を目前にしながら、大隈外相を軸とする条約改正問題で内閣が機能停止した危機的な政治状況であった。首相に就任して事態を打開するよう求める仲間たちに対して、山県は拙速を避け、三条実美内大臣の首相臨時兼任を経て、一二月二四日、黒田の推薦を受けるかたちで首相就任を受けた。

組閣に先立って、山県は三条臨時内閣の内相となり、三条のもと、西郷海相、大山陸相ら在京閣僚とともに内閣官制の制定を上奏した。黒田内閣の混乱に鑑みて、伊藤が定めた内閣職権が規定する大宰相制では首相の権限が大き過ぎたとの反省から、首相が内閣の首班であることは維持しながらその権限を緩めるものであった。これは外相に就任する青木周蔵ら、山県に近いドイツ派がまとめたものとされる（坂本一登「伊藤博文と山県有朋」伊藤編二〇〇八所収）。

しかし、山県は慎重を期して、自らではなく、事態収拾の役割を担った三条に上奏を行わせた。閣僚も原則として留任させた。もはや、かつて陸軍部内のガバナンスに汲々としていた「一介の武弁」の姿はない。立派な「政治家」が生まれていた。

年が明ければ帝国議会が開かれる。組閣から半年を経た五月、山県は内務、海軍、司法、文部、農商務の五閣僚を元勲級から一世代若手に入れ替えた。議会対応に適した人材に入れ替えると同時に、閣内一致の完遂を目指した人事であった。

一二月からの議会において、山県はよく耐えぬいたと評される。民党に対する悪感情を押し殺しつつ、立法権と行政権の別、予算と官制の別を盾に制度と予算を守り、最後は先の内閣改造で登用した陸奥宗光農商務相を通じて自由党土佐派との妥協に成功し、世界が注目した東洋初の国会を乗り切った。クルメッキの知恵が活かされている。

参事院議長として法制を整備し、内務大臣として地方制度を構築した山県は、持ち前の勤勉さから憲法を熱心に学んでその忠実な読者となり、制度を十全に防衛する司令官となっていた。出身地で分かれていた藩閥勢力が、議会という新しい相手を前にして官僚閥として再編されるその最初の場面に山県が首相として政府を率いたことは、官僚をして山県を自らの庇護者と捉える機会となった。

第一議会を終えて総辞職すると、後継となった第一次松方内閣の閣僚たちさえ、山県を後ろ盾と頼った。同内閣が選挙干渉問題から倒れると、続く元勲総出の第二次伊藤内閣で法相を務め、伊藤を支えると同時に、自らの守備範囲を司法行政にまで広げた。

一八九四年八月、政府は清国に対して宣戦布告する。山県は第一軍司令官に任じられ、平壌から義州を経て鴨緑江を渡り、九連城に達する好成績を挙げた。自ら作り上げた近代的国軍が遂に本格的な外征を遂げ、連勝を重ねている。山県はこれを「生涯中において最も愉快を感じたこと」とし、「地下の先輩に対していささか面目あるを覚えた」と述懐している。山県の長い苦闘が実った瞬間であった。

## †憲法起草者、伊藤の変化――翻弄される忠実な読者

この直後、山県は体調を崩し、勅命により帰国する。いよいよというところで前線を離れることは、回復後に陸相として後方から戦線を支え続けたことを加味しても無念であっただろう。

それにもかかわらず彼が日清戦争を自らの絶頂期と捉えるのは、その後の人生が決して思い描いていたものとならなかったことを示唆している。

問題は伊藤との確執にあった。戦争後、三国干渉を端緒としてロシアとの対立が深まり、伊藤内閣は国内の疲弊と国外の脅威に晒された。さらに帝国議会では対外強硬策を主張する勢力が勢いをつけてきた。この状況を前に、伊藤は自由党と提携し、一八九六（明治二九）年四月、板垣退助総裁を内相に迎えた。

これは二つの意味において山県に衝撃を与えた。一部の政党と提携することは憲法が掲げる不偏不党の精神に反する。超然主義の放棄は党派政治の採用であると捉えた山県は、自らが欧州で見聞したベルギーやギリシャの例を挙げて、政党との提携を拒絶し、伊藤を批判した。

加えて、板垣が内相となったことは、民党と対立しながら地方制度を作り上げてきた山県とそれに連なる内務官僚にとって脅威であった。とりわけ、地方官を取りまとめる地方局長に自由党の三崎亀之助が就いたことは許容できるものではなかった。明治憲法の起草者である伊藤が必要に応じてその解釈を変えていくのに対して、その忠実な学習者であった山県は、改変を受け容れることができなかったのである。

二年後の一八九八年、両者の考える憲政像が全く異なるものとなった。日清戦後経営は完全な財源不足に陥っており、伊藤は第三次内閣を組織するにあたって板垣の自由党に加えて、大

伊藤博文（左）と山県有朋（1896年）

隈の進歩党とも提携する挙国一致内閣を模索し、これに失敗すると自ら新党を立ち上げると意気込んだものの、再び挫折した。

この伊藤の憲政改変に山県は不偏不党の立場から終始批判的であったが、対立を決定的なものとしたのは、伊藤が大隈、板垣による政党内閣の発足を提案したときであった。伊藤の洋行に際して参事院議長を引き継いでから一五年あまり、山県は伊藤とともに政府部内の総合調整に腐心し、この安定に努めてきた。陸軍や内務省の利益代表ではなく、むしろその要求を政府全体の構造のなかに落とし込むべく努力を払ってきた。それを政党に明け渡しては、党派政治に陥って、この国は持たないと山県は見た。

しかし、山県自身、事態を打開する策は持っていなかった。六月、大隈・板垣を首班とする政党内閣が誕生する（隈板内閣）。山県はこれを明治政府の「落城」とし、「隠退のほかこれなく」と慨嘆した。

## †明治憲法体制の完成――政府、軍部、議会の総合調整者として

このことは、明治政府におけるゲームのルールが変わることを意味した。元勲筆頭である伊藤が自らの調整の範囲を政党にまで広げ、政府、軍部、議会を包括した政治空間が高等政治の領域に入ったのである。伊藤と山県のもと、このルールのプレーヤーとして活動を始めたのが、桂太郎であり、西園寺公望であり、原敬であった。

隈板内閣がわずか四カ月で自壊すると、山県は自ら二度目の内閣首班に立ち、この新しいルールのなかでの安定を模索した。その作戦は、税財政においては議会と提携し、それ以外においては政府が必要な策を進めるという、行政と立法の区別を重視した第一次山県内閣による議会対策の応用編であった。

陸軍次官、軍務局長、陸相として議会対策に精通した桂が山県のもとにあったことは、この応用を円滑なものとした。山県は伊藤が果たせなかった地租増徴を実現して戦後経営の財源を獲得しただけでなく、軍部大臣現役武官制、文官任用令の改正によって、行政と立法の区別を

明確にすることにも成功した（清水『政党と官僚の近代』藤原書店、二〇〇七）。貴族院には自らに近い官僚政治家を送り込み、勢力の扶植に努めた。

一九〇〇年九月、伊藤が自由党を譲り受けて立憲政友会を発足させると、山県はこれに内閣を譲った。伊藤が政府外組織である政党を率いることは、山県が参謀総長のまま首相となるようなものである。部分利益に密着すれば総合調整は行えない。陸軍内の調整に長く苦しめられてきた山県は身をもってその原理を理解していた。

もっとも、山県も政府与党を育成することに反対していたわけではない。明治期には品川弥二郎に国民協会を発足させ、大正期には大浦兼武らに桂の与党を作ることを託している。しかし、それは総合調整をする元老自らがすることでないというのが山県の見解であった。第四次伊藤内閣が総辞職したのち、山県は伊藤を立憲政友会から引き離そうと務め、ついに伊藤を枢密院議長とすることで、政友会の総裁職を引かせた。

桂と西園寺というそれぞれの後継者が政権に立ち、政府、軍部、議会を包括した政治空間を伊藤、山県を軸とする元老が調整していく。これは、立憲主義国家としての明治憲法体制の完成とも言えるものであった。

## †大正新時代の到来——孤高の元老

それだけに、日露戦争という困難を乗り越えたあとに訪れた伊藤の死（一九〇九〔明治四二年〕一〇月）は、山県を悲嘆させただけでなく、あまりに重い責任をその痩軀《そうく》に負わせることとなった。その三年後には、両者の最終調整弁であった明治天皇が伊藤のあとを追うようにして崩御した。ゲームのルールは再び変わり、山県は議会政治の敵、民衆の敵と見做されるようになっていった。

幕末に多くの仲間を失った山県は、明治のはじめに「有朋」と名乗った。頑健ではなかった分、養生に気を配って勤め上げた結果、木戸も、西郷も、大久保も、伊藤も、天皇にも先立たれ、最後には自分だけが残った。

山県が最後に原敬を首班とする政党内閣を認めたことは、ついに山県が政治的現実の前に節を曲げたと評されるが、いや、それは山県が原のなかに伊藤を見出したと見るべきだろう。山県は原が首相を引退したあと、後事を託せる相手と考えていた。

しかし、その原にも先立たれ、山県も後を追うように生涯を閉じた。政府、軍部、政党を横断した総合調整は不安定さを増すなか、山県はどのような想いで瞼を閉じたのだろうか。あの宴のことを、どう思い出していたのだろうか。

## さらに詳しく知るための参考文献

徳富蘇峰編述『公爵山県有朋伝』上・中・下（原書房、一九六九）……底本は一九三三（昭和八）年刊。戦前に編纂された「正伝」であり、史料的な価値も持つ。国立国会図書館憲政資料室に同書の編纂資料（写本）が所蔵されている。

尚友倶楽部編『山県有朋関係文書』一～三（山川出版社、二〇〇五～二〇〇八）……山県家に残る来翰、発翰を翻刻したもの。第三巻の巻末に編集代表のジョージ・アキタ氏による「近代日本政治史研究と山県有朋」が収録されている。

山県有朋／入江貫一『大正初期山県有朋談話筆記／政変思出草』（山川出版社、一九八一）……伊藤隆編。枢密院書記官長として山県議長に仕えた二上兵治が所蔵していた記録。大正期における山県の憲政観が記されている。未収録分は尚友倶楽部編『大正初期山県有朋談話筆記　続』（芙蓉書房出版〔尚友ブックレット〕、二〇一一）として刊行された。

入江貫一『山県公のおもかげ』（偕行社、一九二二）……山県の側近として仕えた入江貫一（野村靖の次男。入江九一の家督を継ぐ）が、山県の没後すぐにまとめた回顧録。個人としての山県を知る好材料。

岡義武『山県有朋――明治日本の象徴』（岩波新書、一九五八）……戦後、山県が批判的に論じられるなか、その政治的人格としてのありようを体系的に論じたもの。山県伝の傑作、定番として今日でも高い評価を受け続けている。

瀧井一博『文明史のなかの明治憲法――この国のかたちと西洋体験』（講談社選書メチエ、二〇〇三）……豊富なドイツ語史料を用いて、第一章で岩倉遣外使節団、第二章で伊藤の憲法調査行を扱い、第三章で山県にとって二度目の欧州渡航を「もうひとつの憲法調査」として論じる。

五百旗頭薫「山県有朋」(御厨貴編『宰相たちのデッサン』ゆまに書房、二〇〇七)…………杉山茂丸による伝記『山県元帥』(博文館、一九二五)を題材に、山県と杉山の対話を、老人(かつての志士)と志士と捉えることで、明治期と大正期の山県の連続性を活写する。

伊藤隆編『山県有朋と近代日本』(吉川弘文館、二〇〇八)……『山県有朋関係文書』の参加者を中心にまとめられた論文集。本書で取り上げた坂本論文のほか、十編の論文が収録され、山県の全体像が描き出されている。

G. Akita, *Evaluating Evidence: A Positivist Approach to Reading Sources on Modern Japan* (University of Hawai'i Press, 2008)……『山県有朋関係文書』の編集代表であるジョージ・アキタによる史料論。山県文書に多くの紙幅を割き、海外の日本研究に種々の提言を行っている。

伊藤之雄『山県有朋——愚直な権力者の生涯』(文春新書、二〇〇九)……現在参照可能な一次史料を網羅的に用いて著された山県論。高杉、木戸、伊藤、明治天皇それぞれとの関係が丹念に織り込まれている。

# 第13講 谷 干城——国民本位、立憲政治の確立を目指して

小林和幸

谷干城《かんじょう》〔たてき〕は、大隈重信や板垣退助とならぶ憲法政治の擁護者であった。と言ったら、明治史を愛好する方は驚かれるであろうか。もしそうだとしても、当然かもしれない。谷と言えば、今日では、西南戦争で熊本鎮台に籠城して西郷軍をくい止めた勇猛な軍人として、あるいは思想的には西洋化に反対する「保守主義者」、「国家主義者」として知られているのだから。

しかし、明治における同時代の評価は、異なっている。たとえば、一九〇九（明治四二）年、憲法起草者の一人であった伊東巳代治《みよじ》が、明治憲法発布二〇周年を記念した取材にこたえ、「憲法運用の功労者」と題して、以下のように述べている。

憲法制定に就ての功労者は言ふ迄もなく伊藤公なるも、憲政の下に欠くべからざる地方自治制度を完備し初期の議会に総理大臣として憲法の運用に任じたりし山県公や、民間に在っ

て常に憲法政治に尽くされたる大隈、板垣の両卿の如き、又は初期の議会以来尚今日に至る迄議会に在って憲法擁護に尽されつつある谷老将軍の如き、其功決して没すべからざるなり。

（『東京朝日新聞』一九〇九年二月一二日号）

伊東巳代治は、憲法運用の功労者として伊藤博文、山県有朋、大隈重信、板垣退助とならび、憲法擁護者として谷干城を挙げている。伊東がそのように評するには、理由がある。以下、その理由をうかがい知ることができる谷の政治活動とその思想を見ていきたい。それは、明治という時代の多様性を考える上でも重要な材料を提供すると思われる。

谷は、一八三七（天保八）年二月、谷景井《かげい》（通称、萬七）の長男として生まれた。景井は、土佐藩士谷好井《よしい》（通称、萬六）の第四子であった。景井は家督を継ぐことなく城下を去り高岡郡窪川で、学問のかたわら医業により生計を立てていた。しかし、景井は、学者としての勤功を認められ、土佐藩教授館句読役となり、さらに士格として取り立てられる。ここに景井を初代、干城を二代とする谷分家が成立した。干城という名は、元服にあたって、実名を改めたものであるが、『詩経』「兔罝《としゃ》篇」にある「赳赳武夫　公侯干城」から取られている。その意は、「いさましい武夫《もののふ》は、諸侯の干《たて》や城になる」というものである（なお、その読みは履歴書等の公式な書類には「たてき」とするが、谷自身も認め、一般にも親しまれたのは「かんじょう」の読みである）。確かに谷は、明治の軍人として令名を馳せることになる。しかし、谷が明治国家を守るために最も力を尽くして活躍したのは、軍事よりも政治であった。

## 谷家の教えと明治維新

　そもそも谷家は、長宗我部《ちょうそかべ》元親《もとちか》に仕え、長宗我部氏の居城であった岡豊《おこう》城の鎮守八幡宮の神官であった谷左近を始祖とするが、谷家が世に現れるのは、南学（南村梅軒を祖とし谷時中によって発展した土佐に栄えた朱子学派の通称）中興の祖といわれる谷秦山《じんざん》（重遠、通称丹三郎、秦山は号）の代である。秦山の学問は、強い尊王観念を基礎とするものであった。谷は、この谷家伝来の尊皇思想を受け継いで幕末を迎える。儒学の師安井息軒《そっけん》からは、合理的な政治道徳を学び、土佐勤王党の盟主となる武市《たけち》瑞山《ずいざん》からは尊王攘夷実行の誘いを受け共鳴した。その後、上海への渡航などによって列強の力を知り、また後藤象二郎《しょうじろう》、坂本龍馬との接触によって、日本の現状では攘夷は実現不可能であり、先ずは日本を強国化するため、倒幕と王政復古による政治体制の一新が必要であることを覚った。

谷干城（1837-1911）

　王政復古後の戊辰戦争では、大軍監として東征軍に加わり、板垣退助のもとで会津との戦いに関わった。維新後は、土佐藩政にあたるが、高知藩の財政の緊縮を主張し、板垣退助や後藤象二郎と対立し、失脚することになる。しかし、藩兵からの信頼が篤かった谷はまもなく復帰し、廃藩置県の際、政府直轄軍としての御親兵創設にあたり高知藩兵の精選を行い、一八七一（明治四）年四月兵部権大丞に任ぜられ（「辞令」、「谷家文書」）、以後、陸軍軍人としての活躍が始まる。

陸軍軍人としては、徴兵令発布に際し、山県有朋を支持してその執行にあたる。谷は、徴兵制度をそれまでの身分制度を改める「四民平等」の実体化として捉え、良民に自主自由を得させる契機となると、国民本位の意義を見出して積極的に支持している。また、台湾出兵においては西郷従道台湾蕃地事務都督のもと、参軍として陸軍兵を率いて出征し、西南戦争時では熊本鎮台司令長官として籠城、奮戦した。特に西南戦争での活躍は、谷を最も著名な軍人の一人とする。

### †西南戦争での活躍

谷が指揮する熊本鎮台に数倍の兵力を有する屈強な西郷軍が押し寄せた。西郷軍は、熊本鎮台へ向かうに際して、陸軍大将西郷隆盛の名によって「〔熊本鎮台の〕台下通行の節は、兵隊整列指揮を可被受《うけらるべし》」という通牒を発していた。熊本鎮台は、陸軍大将である西郷の指揮に従えと言うのである。しかし、この通牒に対し、谷は「陛下の軍隊に対して、如何《いか》にも傲慢不遜の言辞」とうけとった。鎮台幹部は、西郷軍の言葉にも、動ぜず、自らが「陛下の軍隊」であるという結束を維持する。

官軍の一大拠点である熊本城の攻防を、谷自身、「実に熊本城の安危否、全官軍の勝敗を決すべき重大事件」と回顧する（山田北洲『老雄懐旧談』）。熊本城が落城したなら、西郷軍に呼応して反政府の軍事行動が起こる恐れがあることを谷はよく理解していた。内乱が全国に及ぶことを予防するためには、政府軍の砦として反政府軍に対する象徴的な意味を持つ熊本城を、死守する必要があった。

西南戦争時の錦絵「谷干城君熊本城ニ防戦之図」
（部分、中央が谷干城。小西四郎『錦絵　幕末明治の歴史８　西南戦争』講談社、1977）

谷は、西郷軍迎撃や決戦の戦略を採らず、籠城を選択した。わずか数カ月前の神風連の乱以後、低下した鎮台兵の士気や、熊本県下の士族が西郷に荷担する恐れを考慮すれば、籠城して、味方の増援を待つ戦略が最善の策であった。

この戦いでは、士族軍でない徴兵軍の強みが発揮された。彼らは統制され訓練された兵であった。谷の司令長官としての仕事は、鎮台から旧士族兵の支配を排除して、統率が容易で訓練された兵に替えることであった。鎮台の装備面でも近代化が施され、鎮台兵には新しい兵器を駆使できる訓練がなされていたのであった。

五〇余日に及ぶ籠城に耐えた功績は甚大なものがあった。明治天皇の信任は高まり、以後、谷は名将軍と謳われ、国民的な人気を得る。谷を題材にする多くの錦絵も描かれた。

西南戦争における谷の功績について、後に谷の政治的な同志ともなる曾我祐準《そがすけのり》は、「谷将軍が、熊本に籠城し、薩軍の前進を食い止め得ざりしとせば、〔中略〕再び士族の跋扈を招致し、平民は依然として奴隷の境遇を脱する能はずして、今日の如き憲法政治は、到底之を見る事、能はざりしならん」（「嗚呼谷将軍」『谷干城遺稿』下）と述べている。ここでも憲法政治への貢献が謳われる。曾我は、封建士族の時代を終わらせ、平民が主役の憲法政治を開いたという象徴的な意義を見いだしている。

確かに士族反乱の時代は終わり、言論による民権運動の時代となる。このことは、谷にとっても同様であった。谷の軍人としての活躍は終わりに向かい、議会政治を目指し言論で支持を得る政治家としての活躍が始まろうとしていたのである。

## †立憲政治を目指して——専制的政治批判

西南戦争の終盤、谷の盟友であった佐佐木高行が、谷に宛てた書翰がある（一八七七年一〇月二〇日付、「谷家文書」）。この書翰は当時、元老院議官であった佐佐木が、西南戦争に呼応するかたちで立志社が挙兵する懸念があるなどの不穏な情勢にあった高知県へ、民心を鎮撫する目的で派遣された時のものである。その書翰では、高知の立志社が唱える「権利を得ずんば義務なし」との主張を、国民を煽動して現政府に取って代わろうとするものとして批判する一方、谷に「如貴命《きめいのごとく》真民権は勿論、議事も今日之《の》世界之光景にては御国迚《とて》も早晩被相行可申《あいおこなわれもうすべく》、亦被行《おこなわれ》候事可然《しかるべし》と存候」（あなたが言うように真民権はもちろん議事〔議会〕も今日の世界の光景を見れば、日本にも早晩行われるでしょうし、行われることは当然と思います）と述べている。国民を重視する政治（「真民権」）の施行も議会政治も当然視していることがわかる。また、そのために積極的に活動することを二人は申し合わせた。

谷は、その頃、政府打倒を意図するかのような民権派の動向を危惧しながら、その民権派が勢力を伸ばす背景にある藩閥政府自体の問題を見ていた。政府の薩長優遇に見える人事、あるいは国民の実情を無視した強引で急進的な改革こそが、民権派が勢力を得る原因と考え、政府の打倒ではなく「匡正《きょうせい》（誤りを正す）」を図ろうと厳しい政府批判を展開する。

そうした中でも、長崎梅ヶ崎招魂社に埋葬されていた台湾出兵の戦病死者の遺骨を、長崎病院の拡張事業に伴い転葬する際、粗末に扱ったとされる事件で、谷は、一八八一（明治一四）年、徹底的な調査と当事者の責任の追及を求めた。しかし、軍首脳は事件を重視せず、政府も長州出身の県知事の実績を考慮して法律上罪無しとして行政処分に止めた。谷は、この政府の処分を藩閥優遇の不公平な処置と考え、また国民感情を軽視するものと、強く抗議し、二度にわたって辞表を提出した。明治天皇の意向もあって辞表は認められなかったが、非職となる。谷は、この時に提出した意見書で、「国会を開き民と公道に本《もと》づき民と苦楽を共にする立憲政体を履行するに如《し》かず」と主張した。国民を基盤とする議会による政府の監督が必要と考えたのである。

明治一四年政変に際しては、谷は佐佐木高行らと「中正党」をつくって藩閥政府批判を展開する。藩閥の利益優遇と批判されていた官有物払い下げ事件では政府の処置を批判して、払い下げ中止を求め、さらに鳥尾《とりお》小弥太《こやた》、三浦《みうら》梧楼《ごろう》、曾我祐準とともに、立法府の確立・憲法制定を主張する意見書を提出した。

その後、谷は第一次伊藤博文内閣の成立に伴い、明治天皇の希望もあって初代の農商務大臣に就任する。就任直後、欧米視察に向かうが、この欧米視察は、谷にとって極めて重要なものとなる。洋行体験を通じて、民権派を再評価し、それまで培ってきた儒教的素養や政治経験に引きつけて、西洋の慣習や立憲政治を深くかつ具体的に理解したのであった。

谷の「洋行日記」(『谷干城遺稿』上)には、西洋社会の現状から学んだ教訓が記されている。スイスを「開化世界の桃源」と述べ、日本とは異なる共和政治をとる国であっても、「自主自由の実」ある国として高い評価を与える（一八八六年六月一五日条）。一方、ドイツ連邦のバアリヤ国（バイエルン王国）に対して「人民のさびたると宮殿の美なるとを比すれは奢侈の民を害する事推知すへく民権の論起るも偶然ならさるなり政治家の王、帝の政体を悪み共和を欲するも亦巳むを得ざるものあるか如し」（同年六月二三日条）と記している。専制的政府による圧制が王政への反逆をもたらす要因となることを確信した。

谷は、帰国に際し、盟友の曾我に書翰を送っている（一八八七年一月二三日付、『谷干城遺稿』下）。その中で、「真正の開化を望まは真正の立憲政体に基かざるべからす。言論の自由著述の自由を与へ人々自治の心を起さ令めされは到底何事を為《な》すも徒労徒費に属すべく頑夫も此度は大いに旧見を一新いたし候」と述べている。本当の開化は、本物の立憲政体に基づかなければ達成できない。そのためには言論出版の自由が必要で、国民に政治意識を持たせなければならないという。そのような考えから、当時推進されていた井上馨外相によるいわゆる「欧化主義」に対しては、その表面的な西洋模倣を厳しく批判し、西洋立憲国の本質である政治的自由の確立や立憲政体樹立こそを求めることになる。

欧米巡視から帰国した谷は、井上外相の条約改正交渉に反対する。谷の活動は、条約改正反対、欧化主義反対にのみ注目が集まっているが、谷が主眼とするところは、来るべき立憲国家としての日本のあり方を問うものであって、藩閥主導の政治を批判するものであった。すなわち、この時の谷の主張は、条約改正は、秘密主義を廃し議会開設をまち、議会の議決によって行うこと、新聞雑誌等の規則を緩め、言論自由を実現すること、郡区長等の民選化、官吏の減少と租税の軽減などであった。また、谷が提出した意見書「国家の大要」の中では、天皇は政府の独占物ではないこと、天皇と政論は全く異なるものとすべきこと、内閣制は天皇と立法官（議会）に連帯責任を負うべきことなど、議会主義的内容を含んでいた。

谷の行動は、一時、沈滞していた民権運動を活気づかせることになる。谷の政府批判による農商務大臣辞職は、民権派からの強い支持を得た。自由党系の民権派が中心となって「三大事件建白書」（外交刷新、地租軽減、言論自由を求めた）が提出されるが、先に述べた谷の意見書は秘密出版され、その運動を鼓舞することになる。

政府批判の高まりの中、井上の条約改正は、挫折するが、その後継となった黒田清隆内閣の大隈重信外相による条約改正も、内容が日本国内に知られると、日本にとって不利益であるとともに、新たに発布された大日本帝国憲法に抵触する（外国人判事の任用が問題となった）と目され反対運動が起こった。谷は、この頃、予備役に編入されたこともあって、「日本倶楽部」を拠点に反対運動の前面に立った。

## †貴族院議員として――政治的自由の確保

そのような谷に対し明治天皇は、その行動を理解しつつ、深い配慮を示し、文部大臣、枢密顧問官、宮中顧問官などへの就任を望む。しかし、谷はいずれも堅く拝辞するのであった。近づく立憲政治の施行に向け、子爵という爵位を与えられていた谷は、貴族院議員として議会政治に参与しようとする強い志望があったからである。

谷は、明治天皇の要請に対し、「一身の希望を顧慮なく申し上げ候はば、貴族院に席を占め、時に行政官の不都合を匡正し、時に衆議院の狂暴を匡正し、上は皇室と、下は多数人民との間を、親密協和なるの手段を取り申度《たし》」（一八九〇年七月一四日付元田永孚宛谷干城書翰）と、述べている。皇室と国民を擁護する目的のため、行政府を監督し、衆議院の行き過ぎを抑える役割を貴族院議員として担う覚悟であった。

実際に、貴族院議員となった谷は、貴族院を舞台に藩閥政府批判を展開した。谷は、「政府は国家の一部である、決して政府が国家ではない。国家……即ち四千万の人民国土を挙けて是が国家である、然らば国家の一部たる政府の為めに国家の大計を誤まられては困る」（「華族の議会に対する意見」）と述べる。谷は「国家主義」者とされることが多いが、谷がいう「国家」は即ち政府ではない。四千万人の国民と国土が守るべき「国家」であった。谷の場合「国家主義」は、「国民主義」と言い換えても差し支えない。国家を守るためには、国民を優先すべしとする考えであった。したがって、谷の貴族院での活動の目的は、明治憲法を議会主義的に解釈して、国民本位の政治に道を開くことであった。

議会開設以来、谷は「海関税ニ関シ政府ニ建議案」（第一議会）、「施政ノ方針ニ関スル建議案」（第二議会）などの建議案を積極的に提出するが、それは議会での議決によって政治方針を定めようとする議会主義的政治運営を定着させることが目的であった（拙著『明治立憲政治と貴族院』吉川弘文館、二〇〇二）。

このような議会中心主義の実施には、国民が政治的な自由を確保することが前提となる。谷は、その実現のために貴族院で精力的に発言した。谷や曾我らは、政治会派「懇話会」を拠点に、近衛《このえ》篤麿《あつまろ》・二条基弘《にじょうもとひろ》の「三曜会」と連携して活動した。彼らは、言論や政治活動を制限する「保安条例」「新聞紙条例」などの諸法令の廃止や改正を目指す活動を展開したのである。谷は、第四議会で、保安条例の廃止案が貴族院で審議にかけられると、国民の裁判を受ける権利を保障した憲法第二四条や、法律に依らずして逮捕監禁審問処罰を受けないとした憲法第二三条に違反しており、無効、消滅すべき法令であると主張した。

また、同じ第四議会で「新聞紙条例」の新聞発行禁停止条項の撤廃についても、谷は、「憲法に対する徳義上の責任」から廃止は当然であると論じている。しかし、貴族院の多数派は容易に改正には賛同しなかった。谷は、こうした政治的自由を求める議案の審議において、貴族院で以後も粘り強く同様な主張を続ける。その結果、日清戦後になって、新聞紙条例改正（行政権による禁停止を廃止）は第二次松方正義《まさよし》内閣の第一〇議会（一八九七年三月公布）で、保安条例廃止が第三次伊藤博文内閣の第一二議会（一八九八年六月公布）でようやく実現する。これは、まさに彼らの地道で精力的な議会活動の結果であった。

## †自主的外交と責任内閣、軍備拡張批判と非戦論

さて、一八九二（明治二五）年成立した第二次伊藤博文内閣は、維新以来の懸案であった条約改正の達成を内閣の課題としていた。

第一議会から民党の一角として藩閥政府と対峙した自由党が第五議会には、陸奥宗光《むつむねみつ》外相の条約改正の支持にまわった。一方、改進党は、内閣に接近する自由党を非難して、条約問題では国民協会などと、政府の軟弱外交を責める、いわゆる「対外硬」派と手を結んで、政府批判を展開した。議会での政治対立の焦点は条約改正問題となった。

対外硬派の政府批判のスローガンは、「自主的外交」と「責任内閣」の実現に集約していく。谷はこの運動を支持する。伊藤内閣が外交問題での政府追及に対抗し、二度にわたって衆議院を解散したが、貴族院の懇話会、三曜会に所属する議員とともに、政府の反議会主義的な態度を批判したのであった。

このように「対外硬運動」の一翼として、伊藤内閣を批判した谷であったが、日清戦争につ

いては、その開戦に批判的であった。また、戦争が日本に有利に展開しても、早期の終戦を望み、戦争目的は、朝鮮の独立確保であって領土拡張ではないとして、日本が領土的野心を持つことに反対した。陸奥宗光は、強硬な意見が大勢が占める中での谷の領土獲得批判を「万緑叢中紅一点」と評している（『蹇蹇録』）。

日清戦争後には、政府も政党も、大陸への進出を目指し、軍備増強をよしとする風潮となった。しかし、谷は、日本の国力を超えた軍備は国民の疲弊をもたらすとして、一貫して反対した。また、その軍備拡張などのため政府が行おうとした増税にも、国民本位の立場から反対する。

谷は、外交については「外国に対し平和主義」をとると言明している（一九〇〇年一〇月五日付望月小太郎宛谷干城書翰、『谷干城遺稿』下）。また、「人間最終の目的は、平和にあり、自由にあり、衣住食にあり」とも述べる（一九〇一年六月三〇日付橋詰某宛谷干城書翰、『同』）。国民に過重な負担を強いる軍備拡張に警鐘を鳴らし続けた。

さらに、日露戦争の開戦機運が高まる中、谷は、日露開戦論に対して、痛烈に批判した。国際協調を重視する立場から、日本は、商業国としてアジア諸国、世界各国と通商すべきことを論じてもいた。日露戦争が始まると戦争の勝利を目指して協力するが、領土的野心は抑制すべきと主張した。軍事力による大陸進出には、日露戦後も批判する。

## †公平公正な社会の実現――足尾鉱毒事件

また、谷の国民本位の行動として注目すべき問題がある。日本で最初の公害問題と言われる、「足尾鉱毒事件」への対応である。足尾銅山から流出した鉱毒により渡良瀬川流域一帯の農地への汚染が、一八九一（明治二四）年に代議士の田中正造が衆議院に質問書を提出して惨状を指摘してから一般に知られるようになっていった。

ただし、当時の陸奥宗光農商務大臣（次男は足尾銅山の経営者古河市兵衛の養子）が、被害の原因はいまだ不明と田中の質問に回答をするなど、政府は政治問題となることを回避しようとした。田中正造の配下として被害救済運動に関わったのが、田中と同郷で、当時青山学院の学生であった栗原彦三郎である。栗原は、青山学院長本多《ほんだ》庸一《よういつ》の紹介によって、農学者で熱心なキリスト教徒であった津田仙の助けを得、津田から貴族院議員の山川浩を紹介された（栗原「感泣録」）。会津藩家老を務めた山川は、維新の後、陸軍軍人となり、陸軍では、山川の人物を評価した谷と連携し、西南戦争などでも活躍したが、貴族院議員に勅選されてからは、谷や曾我と同じ懇話会に所属して藩閥政府と対峙した。

山川は、当時病床にあったため、さらに谷や曾我、富田鉄之助への紹介状を書く。栗原との面会を果たした谷は被害地の実地検分を約束する。

一八九七（明治三〇）年三月二〇日、谷は、栗原の案内により、津田仙らと被害地の視察に赴いた。被害民から話を聞き、惨状を目撃すると、救済への尽力を被害民らに約束した。以後、鉱毒被害民救済は、谷の重要な政治課題となる。

帰京後の三月三〇日、田中正造や津田仙とともに行った神田の演説会で、谷は「国家的社会的大問題」、「単に利害の問題にあらずして実に人権上の大問題」と述べて鉱業停止命令は当然と訴えた（『読売新聞』一八九七年四月一日号）。救済には、谷が資金援助をしていた陸羯南《くがかつなん》が主宰する新聞『日本』も、弱者救済は国家の本分と主張して動いた。

また、谷は、松方正義内閣に働きかけ、榎本武揚農商務相、続いて樺山資紀内相の被害地訪問を要請する。視察の結果、榎本農相は、谷らに被害地救済を約束し、委員長神鞭知常《こうむちともつね》法制局長官以下の足尾銅山鉱毒調査会（第一次）を設置した。しかし、榎本はまもなく辞任する。被害地視察によって深くその責を感じてのことだという（『明治天皇紀』九）。後任は大隈重信外相の兼任となった。谷は早速、新任の大隈農商務相に対し以下の書翰を送って被害地の救済を訴える（一八九七年四月二日付大隈重信宛谷干城書翰）。

何分にも貧民と富商と之《の》争ひに付、兎《と》角《かく》貧民之味方少く富商之荷担者多く、夫《そ》れ故《ゆえ》今日にも立至り候事故《ことゆえ》今後と雖も決而《けっして》油断不相成《あいならず》と深く案じ申候。幸に老兄御兼任之事故、大英断希望いたし候。

こうした要望に接し、大隈は、救済に積極的であった。谷は、松方首相にも、

彼之礦毒事件は良民を死地に陥《おと》し、良田を永劫荒廃に至ら令むるものにして、実に可憐之《あわれむべき》至に御座《ござ》候はば、速《すみやか》に良民之安堵いたし候様御評議、祈る処に御座候。富者と貧者との争に付、貧者之敗地に立つは自然之数に御座候得は、国家が公平之道を取り、公平之所置を致し遣す之外、無御座《ござなし》と被存《ぞんぜられ》候。（一八九七年四月四日付松方正義宛谷干城書翰）

と、書き送っている。富者に比べ立場が弱い貧者を救済して公平の処置を下すのが、国家の責務として、松方内閣にそれを期待したのであった。

こうした結果、鉱毒調査会は鉱毒の害を認め、五月二七日、政府は、鉱山主の古河に対し予防工事を命ずる鉱毒予防命令を発した。また被害地の免租も決まった。谷は、政府の鉱毒予防命令を評価はしたが、救済には元の状態の耕地に戻すだけの賠償が必要であり、それなくしては、公平な処置とは言えないと考えていた（一八九七年六月五日付陸羯南宛谷干城書翰、『谷干城遺稿』下）。そうした救済の実現を強く求める。

古河も予防命令を受けて、その工事に力を注いだ。ところが、その後も洪水が襲い、再び大きな鉱毒被害が繰り返された。救済の運動は続けられ、田中正造と連携し、谷は、貴族院において救済のため政府追及を続ける。

山県内閣の第一三議会には、衆議院では田中正造が厳しく政府を追及し、貴族院でも谷が鉱毒被害救済の請願を紹介し、第一四議会でも被害の救済を求めた。また、一九〇一（明治三四）年一二月、田中正造による明治天皇への直訴事件が起きた。一挙に関心が高まり、学生やキリスト教徒、仏教徒、社会主義者らが救済活動を推進する。

谷は、第一六議会でも、予算委員会において、桂太郎内閣の平田東助農商務相に対し、鉱毒調査費に関連して、工業の保護のみならず農業の保護をすべしとして、被害人民救済を求めて、追及した。

一九〇二（明治三五）年九月、再び渡良瀬川流域を洪水が襲う。被害はまたも甚大であった。民間の関心が薄れつつある中でも、谷は翌年五月の第一八議会に、再び救済事業の進展を求め、詳細な質問を行う。鉱毒被害救済、賠償の早期実現を願ってのことである。

谷が没したのは、一九一一（明治四四）年五月一三日であった。谷が足尾鉱毒事件に関わるきっかけになった栗原は、谷の葬儀に際して、以下の弔辞を呈している。

明治三十年足尾銅山鉱毒事件の起りしとき天下の名士多くは銅臭の為めに眩迷《げんめい》し立つて我々に同情するものなかりしに、当時総代彦三郎は弊衣破袴《へいいはこ》の一寒生にして其門を叩き人民の苦楚を訴へしに将軍快く引見の栄を垂れて其の事情を聴取し親く被害地に赴き実況を査察し直ちに被害民を慰藉し必す一臂《いっぴ》の力を添へんことを誓はれ爾来議会及各所に於て演説する所ありしかば遂に政府の当局を揺がし除害命令を発せしめたり……

ここには、運動に献身的にあたった谷に対する心からの謝意が読み取れる。

谷の政治活動は、国民本位を旨とするところに特徴があった。明治憲法により議会が開設され、国民に政治参与の道が開かれた。政治的自由の確立も、私的な利益追求を排する公平・公正な政治運営も立憲政治の眼目であると谷は考えた。

天皇の意思によって憲法が制定され、国民は公正に恩恵が与えられる社会が訪れる、天皇の望みはそこにあると信じる尊王論者の谷にとっては、そのような憲法の運用のためにこそ政治活動があった。谷はその意味で、憲法の擁護者であったのである。

## さらに詳しく知るための参考文献

### 史料

島内登志衛編『谷干城遺稿』上・下（靖献社、一九一二。一九七六年「続史籍協会叢書」として四巻本で東京大学出版会から復刻）……谷干城の日記・回顧録・意見書・書翰などを所収する。ただし、谷没後、一年という短期間で編纂されたため年代推定など不確かなものもある。

広瀬順晧・小林和幸編「立教大学図書館所蔵　谷干城関係文書　マイクロフィルム版」（北泉社、一九九五）／「谷家所蔵　谷干城関係文書」（国立国会図書館憲政資料室寄託）……『谷干城遺稿』の元史料と遺稿未掲載の史料を含む谷干城関係史料。

### 参考文献

平尾道雄『子爵谷干城伝』（冨山房、一九三五）……戦前の刊行ながら、史料を博捜した実証的な評伝。特に維新期は詳細である。

坂野潤治『明治憲法体制の確立——富国強兵と民力休養』（東京大学出版会、一九七一）……貴族院議員時代の谷干城について再評価する先駆的な業績。

小林和幸『谷干城——憂国の明治人』（中公新書、二〇一一）……幕末から明治期にかけて谷の生涯全般を政治家としての思想や活動に焦点をあて、論じている。

小林和幸『「国民主義」の時代——明治日本を支えた人々』（角川選書、二〇一七）……谷の周辺の人物との政治的な連携による政治活動を「国民主義」の観点から検討した。

# 第14講　榎本武揚——日本と世界を結びつけた政治家

麓　慎一

## †幕臣という出自

榎本武揚《えのもとたけあき》は、明治という時代を築いた政治家の一人である。樺太・千島交換条約を成立させ、条約改正取調掛を振り出しに外務省でキャリアを重ね海軍卿と清国での特命全権公使などを経て、逓信大臣・農商務大臣・文部大臣・外務大臣などの要職を歴任した。

福沢諭吉は、一八九一（明治二四）年冬に執筆し、一九〇一（明治三四）年一月一日・三日の『時事新報』に「瘠我慢の説」と題した記事で幕臣であった榎本武揚と勝海舟が明治政府で異例の出世を遂げたことを痛烈に批判した。榎本に対しては箱館戦争で降伏し獄舎から放免された後に「青雲の志を発して新政府の朝に富貴を求め」たことは、彼と行動を共にした戦死者・負傷者に「慙愧《ざんき》の情なき」とまで批判した。

しかし、明治政府は榎本武揚を必要としたのである。戊辰戦争で朝敵と称され、箱館戦争の首謀者だった彼をなぜ明治政府は必要としたのであろうか。この疑問への回答のカギは、明治維新を迎えるまでの彼の活動にある。

幕臣としての榎本武揚のキャリアは三つに分けられる。第一は、昌平坂学問所での学びの時代である。第二は、長崎海軍伝習所の所員の時代である。第三は、オランダ留学の時代である。彼は当時の最先端の学びの場にいたのである。

〈昌平坂学問所〉榎本武揚は一八五〇（嘉永三）年一一月二三日に昌平坂学問所の寄宿への「入寮」が許可された。彼は、ここで「大学」や「中庸」を始めとした中国の古典を学んだ。この学問所の日記の一八五五（安政二）年一月一八日条には「榎本釜次郎再入学願度」とあり、同学問所を離れた後、再び入学したことが分かる（『昌平坂学問所日記』斯文会）。

幕府は、ロシア使節のプチャーチンとの国境交渉のために樺太の調査隊を一八五四（安政元）年上半期に派遣した。箱館奉行の堀利熙《ほりとしひろ》と勘定吟味役の村垣与三郎《むらがきよさぶろう》（範正《のりまさ》）がその中心であったが、榎本武揚は前者の従者として樺太の地を踏んだ、と加茂儀一は指摘している。おそらく、この樺太での調査のために学問所を離れていたと推定される。

〈長崎海軍伝習所〉次に彼が学びの場としたのが長崎海軍伝習所である。この長崎海軍伝習所は、一八五五（安政二）年六月にオランダからスンビン号が幕府に寄贈され、この乗員による軍艦操縦術の伝習が契機となって設立された。その第一期生には勝海舟がおり、榎本武揚は第二期生である。ここでは伝習を担当したオランダ人の一等尉官ファン・カッテンディーケの榎本武揚に対する評価を紹介したい。彼は、榎本が機関部員として二年余りも勤勉に学んだことは「当人の勝れたる品性と絶大なる熱心を物語る」と称賛する。さらに榎本を「企画的な人物」と評し、それは「北の旅行をした時に実証した」と、樺太への調査をその根拠として挙げている。榎本は、伝習生の中でも一際、目を引く存在だったようである（カッテンディーケ著『長崎海軍伝習所の日々』平凡社）。

榎本武揚（1836-1908）

〈オランダ留学〉長崎海軍伝習所で頭角を現した榎本の次なる学びの場はオランダである。幕府は、一八六一（文久一）年一一月一〇日、アメリカに発注した軍艦製造に立ち合わせるために内田恒次郎・榎本武揚・沢太郎左衛門らの派遣を決定した。しかし、アメリカ南北戦争のために計画は頓挫して彼らはオランダに派遣されることになった。榎本らは、一八六二（文久二）年九月一一日、オランダ商船のカリブル号で長崎を出港し、一八六三（文久三）年四月一六日にオランダに到着した。

　留学生は海軍班・洋学班・医学班に分けられたが、榎本は海軍班で機関学の専攻だった。榎本はハーグで学ぶことになったが、オランダ各地だけでなくイギリスなども訪問している。ここで一つだけ取りあげたいのは彼が、元治元（一八六四）年一月から二月にかけてプロイセンとオーストリアがデンマークに侵攻したシュレースヴィヒ＝ホルシュタイン戦争（デンマーク戦争）を赤松則良らと視察（「戦争見物」）したことである。この戦争でデンマークはシュレースヴィヒをプロイセンに、ホルシュタインをオーストリアに譲渡することになる。榎本はヨーロッパにおける壮絶な民族と領土をめぐる戦争を視察するのであるが、これが箱館戦争での彼のある活動に結びつくことになる。この点は「榎本武揚と箱館戦争」で紹介する。

榎本は、一八六六（慶応二）年一〇月二五日に開陽丸でオランダを出発して、一八六七（慶応三）年三月二七日に横浜に到着し、同年七月八日には幕府の軍艦頭並となり一八六八（慶応四）年一月二三日には海軍副総裁となった。しかし、彼が活躍するはずだった幕府は崩壊への道をたどっていた。

### †榎本武揚と箱館戦争

榎本武揚は戊辰戦争の最後の戦いとなった箱館戦争で維新政府軍と激烈な戦いに挑むことになった。彼は、一八六八（明治一）年一二月一五日、蝦夷地を平定して総督に就任し、松平太郎を副総督に、荒井郁之助を海軍奉行に、大鳥圭介を陸軍奉行に任じた。榎本は、朝廷への

「奏聞書」を作成して、徳川家の血統のある人物を蝦夷地の開拓と警固の担当者にすることを求めた。

ここでは榎本が負傷者のために設置した病院に注目したい。彼に懇願されて箱館病院とその分院（高龍寺）の責任者となった高松凌雲は、長州藩兵や福山藩兵など敵軍の負傷者も治療するために病院に入れたので大混雑が起きた、と回想している（『史談会速記録』二〇二号）。この時代に武装を解除させたとはいえ、敵の負傷兵も平等に治療する、という考えは日本にはなかった。実は、当時のヨーロッパでもまだ形成されて間もない考え方だった。オランダで榎本と行動を共にしていた赤松則良は、その日記の一八六五（慶応元）年三月一九日付にイギリスの新聞に掲載されたジュネーブ協定について、ヨーロッパでは負傷兵の引渡しや負傷者の病院での救護が行われることになり、その場所では「白地に赤文字の旗」を立てることになった、と記している。いわゆる赤十字の形成である。

榎本がオランダ留学中に赤松則良と視察したシュレースヴィヒ＝ホルシュタイン戦争（デンマーク戦争）は、赤十字の設立を担った五人の委員の一人で外科医のルイ・アッピアが派遣されて救護活動や衛生部隊を調査した戦争だった。榎本はヨーロッパで実見して学んだ赤十字の思想を箱館戦争で実践したのである。

榎本は、五月一七日、黒田清隆らと箱館の亀田会議所で面会し、その夜には翌日の五月一八日の武装解除や五稜郭の明け渡しの段取りを決定した。彼が、オランダ留学中に書き写した国際海洋法の海律全書を五月一四日、日本には二つとない貴重な書籍であるとして海軍の長官（アドミラール）に送るという手紙を添えて官軍側に渡したことは、日本における国際法の受容を遅らせたくない、という彼の矜持の表れであろう。

榎本は敗れた。榎本が降伏して最初にした仕事は歎願である。その歎願の内容は、自分と副総裁の松平太郎以外の大鳥圭介や荒井郁之助らの処分についてである。榎本は、彼らは「全首謀之者」などではなく、海軍のことに詳しいので海軍奉行に、陸軍のことに詳しいので陸軍奉行に就任しただけなので、彼らと自分たちを同様に処分するのは重過ぎる、と歎願した（『蝦夷征討記』）。

### †榎本武揚の獄舎と処遇

囚われの身となった榎本らは、五月二一日に箱館を出発する。東京の獄舎には榎本武揚・松平太郎・大鳥圭介らが収監された。獄舎の中で彼らはオランダ語で話をしたと伝えられている。榎本は、九月一日に病で倒れてしまった。心配した母親が彼に面会できるように手助けしたのは彼を痛烈に批判することになる福沢諭吉だった。榎本は福沢と浅からぬ因縁で結ばれていたようである。回復した榎本は、ロウソク・石鹸・油などの製造方法を書きとめたり、鶏の孵卵器の製造方法を妻に指示するなど、獄舎にあっても彼の研究の意欲はいささかも減退していなかった。

榎本武揚の獄中日記を調査した望月洋子は、榎本の妻宛の書翰の中に「日本国のため金銀山の開きかた、蝦夷の開発に必要な事柄を記しておくつもりにござ候」という文章を紹介している。榎本は獄舎にあっても蝦夷地、すなわち北海道の開発を諦めていなかったのである（望月一九九六）。

榎本武揚の処遇は維新政府で大きく二つに分かれた。薩摩藩出身の黒田清隆は降伏したのだから赦免は当然と主張した。一方で長州藩出身の山田顕義は、榎本は朝敵の中でも会津藩などとは異なり「賊首」であり、攻められて止むなく降伏したのだから厳重に処罰して「名義ヲ天下」に示すべきである、と主張した。長州藩出身の木戸孝允や広沢真臣だけでなく土佐藩出身の板垣退助も厳しい処罰を求めた。土佐藩出身の中でも佐佐木高行と斎藤利行は寛大な処分を求めた。右大臣の三条実美は長州藩出身者たちの厳罰論を、大納言の岩倉具視は薩摩藩出身者たちの赦免論を傾聴するようになっていった（『保古飛呂比』）。

ここで榎本の処遇に影響を与えたのが黒田清隆である。彼は、一八七〇（明治三）年一二月二八日、皇居で明治天皇に榎本武揚の赦免を言上するとともに、それを翌日の一二月二九日、「建言書」にして三条実美に提出した。黒田は言う。榎本は薩摩藩と長州藩を恨み「王師」（官軍）に抗して箱館に立てこもった。その罪は決して小さくないが、彼は明治天皇の「寛仁之徳」を感じて最後には降伏しており「死一等」を減じるべきである（『三条侯爵家文書』）。

この黒田の「建言書」には榎本の助命も含め三つのことが記されていた。第一は樺太の放棄の提案である。第二が榎本の助命である。第三は官軍として戦った蝦夷地（北海道）の館藩（松前藩）の財政措置である。この「建言書」は榎本のその後の活動を暗示している。第一の点は、榎本がロシアのサンクト・ペテルブルグで一八七五（明治八）年五月七日に樺太・千島交換条約を締結することを暗示している。第三の点は、榎本が一八七二（明治五）年三月に「開拓使四等出仕」となり北海道の開拓使の官吏としてその資源、特に石炭や石油を調査し、どのような利益を北海道から得ることができるのかを調査するという活動の場を暗示している。

榎本の処遇に戻る。福沢諭吉は、翻訳を依頼された榎本の「航海術の講義筆記」―海律全書―を貴重なものであるが講義の筆記なので榎本にしか翻訳できない、と榎本の助命を側面から援護した。福沢は、榎本の助命は薩摩藩出身の「大西郷（西郷隆盛）などがリキン」だからだ、と『福翁自伝』に記している。榎本は、一八七二（明治五）年一月に出獄した。

## †榎本武揚と北海道

榎本の北海道での活動を取りあげる。榎本は、一八七二（明治五）年五月二十七日に横浜を出航して北海道に向かうのであるが、前日の五月二六日には黒田清隆が横浜に送別に来ている。榎本は五月二九日、函館に到着するのであるが、この船に乗船したロシア公使のオラロフスキーとロシアの極東の状況について議論している。榎本はロシアの極東における「新府」であるウラジオストックについてオラロフスキーに質問した。榎本が「新府」と記したのは、ロシアが一八六〇年の北京条約によって清国から沿海州を獲得したのち、ロシアの極東における拠点をニコラエフスクからウラジオストックに移転したことを念頭に置いてのことだった。この問いにオラロフスキーはウラジオストックが結氷しない良港であることや国境を接している朝鮮から朝鮮人が三万人も越境してロシアに帰化していることを伝えている（『明治五年先考北海道巡日記写』）。

彼は、一八七二（明治五）年六月、北海道南部を調査し始めた。石油（「石脳油」）を採掘した時には「北海道物産大ナルモノ々一」と記している。森村では「海岸木製波止場」の建築を視察し、責任者の御用掛平野弥十郎に波止場の坑木にタールを塗って打ち込めば永久にそれを保つことができる、と助言している。しかし、ここにタールは無かった。そこで榎本は平野を鷲の木村の石油が湧き出る小沼に連れて行き、それを塗るように勧めた。平野は、榎本がアッシ（アイヌ民族の服）をまとい、編笠を被っているのを見て「誰有て先年函館戦争の総宰榎本釜治《ママ》郎と知る者なかりし」と日記に記している（『平野弥十郎幕末・維新日記』北海道大学図書刊行会）。

榎本は、一八七二（明治五）年九月頃に岩内の石炭を調査し「北海道後志国岩内郡茅ノ澗村石炭山取調書」を作成している。岩内の石炭を運輸・品位・分量の面から評価し、運輸の面では難があるものの品質は高島・唐津の次に位置し分量は極めて豊富である、と記している。榎本の資源分析の能力の高さが示されている。

さらに紹介したいのは榎本が石炭という資源をどのように捉えていたのか、という点である。彼はこの「取調書」の「総論」で次のように記している。石炭を用いなくては工業製品も日用品も製造できないのであり、それは「人知開化」と「民生貧富」に関係し、石炭を多く生産できることはその国の人民を幸福にする。このように彼は人間の英知の進展や人々の生活の向上という視点で石炭を捉えていたのである。この点で榎本は有能な技術者や科学者という範疇に止まらず、ある種の思想家だったと評価できるのである（『新しい道史』三七号）。

## †榎本武揚のサンクト・ペテルブルグへの派遣

明治政府は、一八七四（明治七）年一月一〇日、榎本武揚をロシア公使にすることを決定し、翌日の一月一一日に彼はそれを受け入れた。黒田清隆の勧めに従ったのである。榎本武揚は、三月一〇日、東京を出発した。

榎本は、一八七五（明治八）年五月七日に樺太・千島交換条約を締結した。樺太を譲渡することで千島列島の全てを獲得したことは大きな成果だった。ロシア外務省アジア局長のストレモウホフは、樺太・千島交換条約の交渉過程を宰相のゴルチャコフに伝えた一八七五（明治八）年三月八日の報告書の冒頭で「日本の大使はサハリン島についての交渉で強靱な粘り強さを示した。サハリン島上で境界を引くことを常に要求してである」と記したあとに交渉の妥協案を伝えている（ロシア国立海軍文書館）。ストレモウホフは樺太全島の譲渡を榎本に求めていたのである。その代替としてオンネコタン島以南を譲渡する、と発言していた。ロシアにとってオンネコタン島とホロムシロ島の間の海峡が船舶の航行に必要だったのである。しかし、三月四日の交渉で榎本は樺太の島上に国境を引くのが「政府の宿志」であるが、樺太全島を譲渡した場合に得られる「補償」の内容によっては基本方針を「拡張」して交渉する、と申し入れたのである。榎本のこの提案が千島列島の全てを獲得することに繋がる。

次に樺太・千島交換条約交渉時における榎本の独自なロシア観について見ていきたい。明治初期の日本ではロシアの北からの脅威という認識が一般的だった。そして、それは樺太だけでなく一八六〇年の北京条約によって沿海州地域をロシアが清国から獲得したことによって、ロシアによる朝鮮の併合という懸念が生じていた。しかし、榎本はロシアが朝鮮に進出する、という日本国内の懸念について、ロシアは沿海州地域の経営さえも十分ではないのに朝鮮などに進出することができる情況ではない、とロシアを評している。ロシアを実見した榎本は、その力量を冷静に判断することができた数少ない日本人だった。

## †シベリア横断

榎本は帰国の途に就く。彼は、一八七八(明治一一)年七月二三日、サンクト・ペテルブルグを出発してモスクワ・エカテリンブルグ・イルクーツク・キャフタ・ブラゴヴェスチェンスク・ハバロフスクを経由して九月二九日、ウラジオストックに到着している。

なぜ、榎本は困難なシベリア横断を帰途にしたのであろうか。広瀬彦太は、榎本が一八七八(明治一一)年一月一日に妻のたつに宛てた書翰を取りあげてこの点を解説している。榎本は言う。日本人がロシアを過度に恐れ、「蝦夷」(北海道)を侵攻すると考えている者もいるが、そのような考えは全くの的外れである。ロシアを旅行して、その実態を書籍にまとめることで日本人の臆病を覚ます。これがシベリア横断とそれをまとめた『シベリア日記』を上梓した理由だった(『榎本武揚　シベリア日記』講談社学術文庫)。

『シベリア日記』がシベリアの風土や資源のみならず、軍事情勢や政治状況を詳細に分析して執筆された書物であることはすでに通説である。ここで注目したいのは榎本のシベリアを分析する基準である。彼のシベリアの分析には、しばしば北海道が出て来る。たとえば、ペルミからエカテリンブルグまでの情景は「路傍の景色は大いに北海道の札幌近傍に似たり」(八月四日）とありチュメニの市街が平野に忽然と現れる情景は「あたかも札幌府に似たり」（八月八日）と記されている。また、ウスリー川ではゴリド（ナナイ民族）について、彼らが漁業と猟業はするものの農業を行わないところは「北海道のアイノに異ならず」（九月二三日）と評し、その漁法も「アイヌと一様なる拙小なる網」を用いる、と記している。彼がシベリアを分析する基準は北海道だったのである。

## †おわりに

榎本武揚が、なぜ旧幕臣でありいわゆる賊軍のリーダとして箱館戦争を戦ったにもかかわらず明治政府に出仕し、要職を歴任することができたのかを考えた。それは幕臣時代に彼が身につけた知識や技能が他の追随を許さなかったからである。とりわけ重要なことは彼がそれらの知識や技能をオランダ（航海術）で、北海道（資源調査）で、そしてロシア（地政学）で鍛え上げ、座学ではない本物の力量を有していたからである。

### さらに詳しく知るための参考文献

加茂儀一『榎本武揚――明治日本の隠れたる礎石』（中央公論社、一九六〇）……榎本武揚研究の基本文献である。それまで注目されてきた樺太・千島交換条約やシベリア横断だけでなく彼の北海道開拓使時代の活動や中国での全権公使としての役割など多くの示唆に富む伝記的研究として著名である。加茂儀一には『資料榎本武揚』（新人物往来社、一九六九）と題する榎本に関する基本史料の復刻もある。

榎本武揚（講談社編）『榎本武揚　シベリア日記』（講談社学術文庫、二〇〇八）……構成は「シベリア日記」「渡蘭日記」「書簡」「両日記の解説——榎本武揚小伝（広瀬彦太）」「学術文庫版解説（佐々木克）」「榎本武揚年譜（小美濃清明）」である。榎本のシベリア横断を基軸としながらも彼を総体的に捉えようとした書籍で、榎本研究の入門書としても最適である。

榎本隆充編『榎本武揚未公開書簡集』（新人物往来社、二〇〇三）……榎本武揚の書簡集で新たに発見されたものと国立国会図書館（憲政資料室）の榎本武揚文書の中から精選して編纂された史料集である。貴重な史料の復刻だけでなく「榎本家系図」や「黒田家系関連図」など彼の出自や人間関係を理解するのに役立つ図表などが掲載されている。

高村聰史「榎本武揚の植民構想と南洋群島買収建議」（『国史学』一六七号、一九九九）……榎本武揚の南洋への関心を彼の植民地構想の中に位置づけた斬新な研究である。特に北方への興味関心が南方へ変化していく過程を分析の対象にした唯一の研究である。

醍醐龍馬「榎本武揚と樺太千島交換条約（1・2）大久保外交における『釣合フヘキ』条約の模索」（『阪大法学』六五号〔2・3〕、二〇一五）……樺太千島交換条約における樺太放棄の代償物の獲得の経緯を中心に条約交渉を分析した最新の研究成果である。未刊行のロシア語史料が利用されている。

望月洋子「新資料で語る獄中の榎本武揚」（『新潮45』一五巻八号、一九九六）……榎本武揚の獄中日記を紹介した論考である。榎本が獄中での母親の死去に落胆する様子やその一方で、精力的に化学の研究を行う状況などが描かれている。幕臣の兄や友人の生活を懸念して鶏やアヒルを増やすことやじゃがいもから焼酎を造る方法を伝えている。

武藤三代平「明治政府における榎本武揚の位置づけ――明治十年代の井上馨との関係から」(『北海道大学大学院文学研究科研究論集』一六号、二〇一六)……榎本武揚が明治政府への政界進出にあたって井上馨が極めて大きな役割を担ったことを明らかにすることで榎本武揚と黒田清隆の関係の再考を企図した論考である。榎本武揚を明治前期の政治史の中に位置づけようとする意欲的な研究論文である。

樋口雄彦『敗者の日本史17　箱館戦争と榎本武揚』(吉川弘文館、二〇一二)……榎本武揚と箱館戦争を中心としながらも旧幕臣との関係を彼が明治維新以後も大切にし続けたことを解明した業績である。これまで通説的地位にあった加茂儀一の研究を大きく進展させた近年の重要な研究成果である。

日蘭学会編・大久保利謙編著『幕末和蘭留学関係史料集成』(雄松堂書店、一九八二)/同続(雄松堂書店、一九八四)……榎本武揚がオランダに留学していた時期の史料集である。同時期に幕府から派遣された留学生たちの日記や史料から榎本武揚の活動を理解することができる。オランダ留学中の日記を残していない榎本武揚の活動を知るための必読書である。

# 第15講 小村寿太郎——明治外交の成熟とは何か

千葉 功

## †外務省入省まで

小村寿太郎《こむらじゅたろう》は、安政二(一八五五)年九月一六日、日向《ひゅうが》国飫肥《おび》藩の下級藩士の長男として生まれた。同じく非藩閥出身で外交官となり、のち政党政治家に転じた原敬より一歳年長となる。

母に代わって厳しく育てた祖母熊の薫陶もあって、幼少から勉学に励んだ小村は、藩校の振徳堂を経て、明治二(一八六九)年、一三歳で長崎に留学した。しかし、長崎に出てみるとフルベッキのいた致遠館は廃校となっており失望したが、小倉処平(振徳堂師範で、小村の遠い親戚)の推薦もあって貢進生に選ばれ、明治三年、大学南校に入学した。大学南校(のち、「(東京)開成学校」に改称)でも優秀な成績であった。

しかし、日本での勉学に飽き足らなかった小村たちは団結して文部省に訴え、成績優秀者には海外留学を認める制度が実現した。その結果、一八七五（明治八）年、小村は、第一回文部省留学生として斎藤修一郎・鳩山和夫・菊池武夫とともに、アメリカの大学に学んだ（小村はハーバード大学に入学した）。

大学卒業後は二年間ニューヨークの法律事務所で訴訟実務見習として勤務したあと、一八八〇年に帰国して、司法省に入省した。しかし、当時の漢文調の刑法に難儀するなど、司法省では小村の能力を十分に発揮することができなかった。

## †外交官として

小村の状況を見た東京開成学校時代の友人たちの推挙で、小村は一八八四年、外務省に入省した。当時の外務省は、井上馨外務卿（外務大臣）が条約改正事業のため外務省に多くの優秀な人材を集めていたのである。しかし、当初は公信局ないし翻訳局の勤めが長く続いた。その間、小村は外務省に勤務しているにもかかわらず、井上馨による条約改正交渉があまりに欧米に妥協しすぎていて、屈辱的だとして反対した。具体的には、親友の杉浦重剛《じゅうごう》らが条約改正反対運動のために結成した乾坤社《けんこんしゃ》同盟に加わったりした。

この雌伏《しふく》時代の小村にとって転機となったのは、第二次伊藤博文内閣で外相に就任した陸奥宗光に見出されたことである。小村は、一八九三年に翻訳局が廃止されたこともあって、在清公使館一等書記官として初めて外国勤務を命じられた。駐清代理公使としての働きは、陸奥外相の方針に忠実にしたがって、朝鮮半島をめぐる日清対立において自国の正統性を主張するものであった。このことは、一八九四年の日清開戦と北京公使館の撤収まで続いた。

さらに、その直後には、日本軍が占領した中国の安東県を統治するための民政庁長官に就任し、その統治ぶりは現地の山県有朋（第一軍司令官）や桂太郎（第三師団長）をして小村を高く評価させることになり、のち桂が内閣を組織する際、小村を外相に抜擢する伏線となる。

一八九四年一一月には、外務省政務局長に任じられる。政務局長として日清戦争の講和に臨んだ小村は、清における日本の通商特権拡大を主張した意見書を、陸奥外相に提出している。この意見書は一部取り上げられ、実際の下関条約に反映した。

その後、閔妃殺害事件の責任をとって解任された三浦梧楼の後任として、小村は駐朝公使に着任した。しかし、一八九六年二月には、韓国国王高宗がロシア公使館に逃げ込み（俄館〔露館〕播遷）、閔妃殺害事件の際に日本が擁立した親日政権（金弘集内閣）が崩壊する事件が起きてしまう。小村にとっては痛恨の事態であるが、その後始末をしなければならない。

一八九六年五月四日、小村とウェーバー（ロシア駐朝代理公使）の間で覚書が交わされたが、国王の王宮帰還を日露両国が忠告すると

小村寿太郎（1855-1911）

ともに、朝鮮に対して日本が持つ権利（公使館保護のための日本兵駐留権）とロシアが持つそれを同等とすることを認めあうものであった。

一八九六年六月には外務次官に就任。その後、駐米公使を経て駐露公使のときに、義和団事件が起きる。ロシアが満州に進撃を開始した直後の七月二二日、小村は青木周蔵外相に意見具申を行った。それは、ロシアの満州侵攻という好機を利用して、日本は韓国、ロシアは満州という勢力範囲を確定、それぞれが自由手段を持ちつつも相互に通商上の自由を保障する了解（協商）を結ぼうという内容である。これは満韓交換論に当たる。

のち駐清公使に転じた小村は、ロシアによる韓国の中立化提議を受けて、再度、一九〇一年一月一一日に加藤高明外相宛て意見具申を行っているが、これも満州問題と韓国問題とを連関させて解決する必要性を述べたうえで、満韓の同時中立化ないし満韓交換を提議している。前者は、ロシアの満州占領という現状を踏まえるとほぼ実現不可能であるから、後者が小村の本心であろう。

## †小村と日英同盟

一九〇一年六月成立の第一次桂太郎内閣で、小村は外相に抜擢された。ただし、小村は義和団事件の善後処理のため北京を離れることができず、彼の帰国までは曾禰荒助蔵相が外相を兼任した。このことが後で混乱を引き起こす原因となった。

伊藤の欧米行出発と入れ違いに小村が帰国、九月二一日、外相に任命された。小村は九月一一日の会合（イギリスとは同盟交渉を、ロシアとは将来の交渉の基礎としての意見交換を行うダブル・ディーリング〔二股交際〕を決定）に参加しておらず、会合での決定から自由であったことが重要である。一一月に入り、イギリス側から具体的な同盟条約の草案が提出されるとともに、イギリスからダブル・ディーリングへの警告が届くと、桂や山県は、九月時点のダブル・ディーリング的発想から、とりあえず日英同盟協約の締結を図る考えへと変わっていく。

そして、伊藤からの日英同盟締結延期の意見にもかかわらず、一二月七日の元老会議で日英同盟修正案を決定してしまう。その際、小村は「日英同盟締結意見書」を会議に提出し、日英同盟と日露協商との利害得失の比較を行っている。このような二者択一的問題設定を行ったのは、小村自身が九月一一日決定から自由な立場にあったうえに、イギリスからの警告に強い危機感を感じたためと推測される。日英同盟か日露協商かという二者択一的問題設定を行えば、もちろん日英同盟が有利ということになるはずで、小村の論調もそのようなものとなっていた。

結局、交渉のすえ、一九〇二年一月三〇日に日英同盟条約が締結される。この「功績」に対し、桂内閣は独占を図る。通常はマスコミに対して秘密主義的な小村外相も、このときは時事新報の記者に対して、伊藤は日英同盟にはまったく関与せず、また日露同盟を締結しようとした伊藤には気の毒だが、現内閣は今回日英同盟を締結したと語ったという。これは史実に反しており、いわばリークによる情報操作の一環であろう。

### †日露戦争へ

小村外相は、日英同盟協約調印前の一九〇二年一月二〇日、栗野慎一郎（駐露公使）に対して、将来の正式談判の「基礎」となるべき予備交渉を行うよう訓令を与えていた。なぜなら、イギリスの警告によってダブル・ディーリングは放棄したものの、日英同盟交渉と日露協商の「予備」交渉を同時並行的に行うことは既定方針であり、逆に日英同盟の締結が日本の立場を強化し、日露協商締結の好機をもたらしたからである。しかし、ロシア側は満州問題を露清間の問題と考え、対日方針も未確定だったため、対応は鈍かった。

ロシアが満州からの第二期撤兵（一九〇三年四月八日）を守らず、逆に七カ条の撤兵条件を清に提出したことは、日本の態度を硬化させた。四月二一日、京都の山県の別荘無鄰庵《むりんあん》で会議が開かれ、元老の山県・伊藤と桂首相・小村外相が会した。会議では、「日本に有利な満韓交換」（満州におけるロシア権益を制限）を最初に提議し、最終的に譲歩しても「対等な満韓交換」までという交渉方針を確認した。六月二三日には御前会議で「日露協商案要領」が決定されたが、これは四月二三日の無鄰庵会議の方針を具体化したものであった。

八月一二日に栗野はロシア側へ交渉基礎案を提出し、日露交渉が開始された。一〇月には小村とローゼン（駐日公使）との間で、四回にわたって会談が行われた。満州問題は露清間の問題として他国の干渉を許さず、一方韓国問題でも権利を主張するローゼンに対して、小村は満州におけるロシア権益と同等な韓国における日本権益を主張、平行線をたどった。

このように日露交渉が膠着《こうちゃく》するなか、一二月一六日に首相官邸で元老会議が開かれた。小村は、ロシア側の主張（満州を日本の利益範囲外と認めること）を認める策や、即時「対等な満韓交換」を提議する策をそれぞれ退け、あくまで日本修正案の趣旨を貫徹するという策を主張した。また、小村作成の「対露交渉決裂ノ際日本ノ採ルヘキ対清韓方針」も提出された。これは、日露交渉が万一破裂した場合、中国には日本側に立って参戦させることなく中立を取らせ、韓国はいかなる場合でも実力をもって日本の権勢下に置くという内容のものである。

かたや、元老の山県が即時満韓交換をロシアに提議して交渉打ち切りをする一方、漢城へ限定出兵（二個師団）を行うという意見を強硬に主張したが、小村ら内閣側は山県の反対を押し切った。

翌一九〇四年、ロシアに提出する修正案に付随した意見書（小村起草）は、海軍の準備が整ったうえでの正式な交渉断絶・独立行動の通告→対露開戦の方に、小村ら内閣側が傾斜したことを示す。この対露修正案・意見書は、一月一二日の元老会議・御前会議に原案として提出された。元老会議では大議論となったが、小村起草の修正案を決定するとともに、韓国出兵は海軍の準備が整った後に行うこととなった。

結局、内閣と元老との対立は、ロシアからの対案提出が遅れる一方で極東ロシア軍の増強が続くなか、ロシアには永続的日露協商を締結する意思がないとの判断に至った一月末まで続く。そして、二月三日にロシアの旅順艦隊が出港したという情報が芝罘《チーフー》領事から本国へもたらされたため、四日の御前会議で内閣と元老は一致して開戦を決定する。

### †外相としての小村

さて、ここで、外相として小村がどのような人物であったのかを簡単にみておきたい。まず、抜群の語学力があげられる。第一回文部省留学生としてハーバード大学へ三年間、さらにニューヨークの法律事務所で二年間勤務するなど、高度の語学力を獲得した。さらに、外交官時代も仕事の合間に大量の洋書を読みこなすなど、小村の外交政策の基盤として語学力に裏打ちされた情報収集能力があったことが第一の特徴として挙げられる。

また、小村はみずから在外の公使や領事が本国へ送ってくる電報を読み、判断をし、公使や領事への電報も彼の意を受けたものであった。芳沢謙吉の回想によると、小村は「海外の来電を縦に見、横に見、あるいは倒《さかさま》に見るなど、一枚の電信を読むにも時間がかかるが、そのかわり電信の内容をよく記憶して」おり、さらに在外の公使や領事に対する電訓もたいがい小村自身の頭から割り出されたものであった。それも、小村は病弱の身を押して、職務に励行した。

一方、外交官たるもの機密はもらすべきではないという秘密主義が徹底していた点も、小村の特徴として挙げられる。この秘密主義は外交官としては美質であろうが、歴史研究者泣かせである。本講の執筆者も今まで小村が書いた書簡は一通見たことがあるぐらいであり、それも時候のあいさつという政治的にはまったく意味のないものであった。小村外交の研究はあっても、小村の伝記的研究がほとんどないのは、両者の差違を埋める私文書がまったくないことが関係していると思われる。

さらに、小村の特徴として、議会、特に政党への低い評価も挙げられる。この点は、同時代に外相をつとめた陸奥宗光や加藤高明とも異なっており、超然内閣がぎりぎり成立しえた明治期末だからこそ外相として力を発揮することができたのであろう。

## †日露戦争期の外交指導

さて、日本は満韓交換を求めて交渉に失敗、日露戦争に突入したため、開戦直後の満州に対する構想はほぼ白紙状態であった。満州からのロシア軍の撤退を実現したとして、戦後の満州保全を担保する方法で最有力と考えられたのが、戦争当初は満州の中立化であった。

しかし、日本軍がロシア軍に「勝利」して北上を続け、日本軍の占領地が拡大するという新事態に小村は敏感に反応していく。小村が一九〇四年七月、桂首相に提出した意見書では、日露戦争の結果、韓国は事実上日本の主権範囲とすることに伴い、満州もある程度まで日本の利益範囲（勢力範囲）とすることを主張していた。よって、たとえ満州を清へ還付するにしても、中国政府に要求する権益（鉄道敷設権など）を列挙していた。すなわち、満州の一部でも実際に占領した以上、満州を有償で中国政府に返還することが当然視されるようになったのである。

このように、日本軍による満州占領地の拡大という新事態を前に、小村や桂はいち早く満州中立化構想から満州勢力範囲化構想へと移行していたのである。

かたや、同盟範囲のインドへの拡張と攻守同盟化というイギリス側の希望を入れて一九〇五年八月、ロンドンで第二次日英同盟協約を締結した。これは、朝鮮とインドの「取り引き（bargain）」を意味するもので、日本は朝鮮政策に対するイギリスの保証と援助を期待しうるに至った。

さて、アメリカの仲介で、ポーツマスにおいて日露戦争の講和会議が開かれることになり、日本側全権には小村が選ばれた。当時の日本の世論は、連戦連勝の報道を得て、多額の賠償金や領土の割譲を熱狂的に叫んでいた。よって、小村が出発する際、群衆は大歓声を挙げたが、小村はそばを歩く桂に「帰国する時には、人気は全く逆でしょうね」と語ったという。熱狂する世論を納得させるほどの講和条件をロシアから引き出すことがいかに大変であるかを、小村ははっきりと予期していたのであろう。

講和会議は八月一〇日から始まるが、全権のウィッテらロシア側は賠償金支払いや領土割譲を論外としており、交渉は難航した。一時は交渉の打ち切りを覚悟するほどであったが、最後の最後で南樺太のみの割譲で妥結した。つまり、日本軍が占領した樺太北部を無償で返還することとなったのであり、これは小村自身にとっても失敗と感じられたことであろう。石井菊次郎によると、その後、小村は樺太について口にすることを嫌がったという。

しかしながら、樺太以外については、ポーツマス講和条約（九月五日調印）で①日本の韓国に対する指導・保護・監理措置、②遼東半島租借権と東清鉄道南部支線（長春〜旅順間）の日本への譲渡などが盛り込まれた。これらは、日本軍が日露開戦直後に韓国のほぼ全土を占領し、かつ鴨緑江《おうりょくこう》を渡河、北上して満州南部を占領して休戦した状況を反映するものであった。もちろん、講和条件に不満な日本国内の世論は日比谷焼き打ち事件として爆発、当日の参加者の中には「小村を斬首せよ」と叫ぶ者さえいたという。

その小村は、条約調印後、高熱を発して横臥を余儀なくされる。小村は体の衰弱が激しく、微熱もとれなかったが、九月二七日に出発を強行した。そして帰国の船中で作成したのが「韓満施設綱領」である。これは日露講和の結果、韓国は日本の主権範囲に属し、満州の南半分も日本の勢力範囲に帰したとの状況判断にもとづいて作成したもので、その後の対韓国・満州政策の基本となる。

小村は帰国した翌日の一〇月一七日の御前会議で、中国をしてロシアの満州権益の日本への譲渡を承認させ、韓国を日本の保護下に置くため、それぞれ条約を締結する方針が決定された。後者の韓国問題に関しては、特派大使として伊藤博文を派遣したうえで、一一月一七日、慶雲宮内に日本の警察官ないし憲兵が多数いる中で韓国の御前会議を開かせ、第二次日韓協約を「締結」させた。この条約によって、韓国は外交権を剝奪されて、日本の保護国となった。また、前者の満州問題に関しては、ポーツマス講和会議以上に交渉が難航したすえ、一二月二二日、満州に関する日清協約を締結、ロシアの満州権益譲渡を中国政府に承諾させた。

その後、第一次西園寺公望内閣が成立すると、小村は枢密顧問官に任命されたが、まもなく駐英大使に任命された。小村の駐英大使時代は日英間で大きな問題はなかったが、当時浮上していた日仏・日露協商の締結問題に関しては本国政府へ意見具申を行った。

すなわち、日仏協商に対しては、フランスが露仏同盟のため万事を犠牲にするのは明らかであり、また日仏間には現在処理を要する問題はないとの考えから、締結には消極的であった。それに対して、日露協商に対しては、①将来、北満州・黒龍江地方においてロシアの猜疑を受けずに利権進展の根底を得る便宜がある、②ロシアの関心をバルカン半島に向けさせることで日本が享受する利益も少なくない、という理由から得策と考えた。ただし、日露協商に韓国および満州に関する取り引きを含めることには反対で、ごくだいたいの内容とすべきとの意見であった。結局、日仏・日露協商は、それぞれ六月一〇日、七月三〇日に締結された。

## †第二次桂内閣期の外交と小村の死

一九〇八年七月に成立した第二次桂太郎内閣では、ふたたび外相に就任した。

続いて、九月二五日、桂内閣は小村外相の意見に沿って、「帝国ノ対外政策方針」を閣議決定した。これは、ドイツを除く列国との多角的同盟・協商網維持を目指すものであった。また、対中政策に関しては、満州問題の解決のため、間島問題など六案件を一括化して、パッケージ・ディールを行うことにした。

早速、アメリカ艦隊の日本寄港により良い雰囲気が醸成されたことをとらえて、小村は、一一月三〇日に高平・ルート協定を締結させ、日米は太平洋地域における現状維持・通商の自由と、中国の門戸開放・機会均等・領土保全を確認し合った。

このように、小村は対米関係の維持を重視した。堀口九万一《くまいち》によると、小村からは「今当分の間自分は英米との関係を穏やかにして行くということを基準にして、日本の外交をやるつもりだ」と言われたという。また、小村は真の「国民外交」を重視して、渋沢栄一ら実業界首脳に対して協力を求め、日米実業団の相互訪問が行われた。

一方、日中関係に関しては、新駐華公使の伊集院彦吉に中国政府と交渉に入るよう命じたが、中国にとって主権にかかわるとして絶対に譲れない間島問題が含まれていたため、交渉は暗礁にのりあげた。これには、小村の病状が悪化して、「引籠り」状態にあったことも関係していた。一時は中国側が紛争の常設仲裁裁判所への付託を提議し、日本側が強く反発する事態もあったが、最終的には間島ニ関スル日清協約と満州五案件ニ関スル日清協約が、九月四日に締結されて決着した。懸案から解放された小村は、一一月には一二時頃まで快飲するほどまでに回復する。

さて、このあと、日露が大幅に接近する事態が生じた。きっかけはノックス国務長官による満州鉄道中立化案であるが、それに対して日露が共同して拒否(一九一〇年一月二一日)したことが日本とロシア・フランスの親密化をもたらした。一月、イズウォルスキー外相が日本の意向を打診したことから交渉が始まり、最終的に、七月四日、第二次日露協商が締結された。これは、第一次日露協商で決められた分界線をもって「勢力範囲」とし、勢力範囲内における自由行動を事実上相互に承認したものである。また、この第二次日露協商は日本による韓国併合をロシアが最終的に承認したことを意味し、実際、翌八月に日本は韓国併合を断行する。

日露協商と日英同盟の関係について、小村は加藤高明（駐英大使）に、日本政府が日英同盟を「帝国外交ノ骨髄」とする方針は決して変更せず、日露協商によって日英同盟を輔翼して東洋永遠の平和を維持するのに資することを期待すると説明している。また、イギリスへの通告の際、小村は「ロシアがより強大となり再戦の準備が整ったとき、分界線が重要になる」と語ったという。

かたや、「帝国外交ノ骨髄」であった日英同盟に関しても、当時イギリスとアメリカとの間で総括的仲裁裁判条約締結の動きが浮上したことから、日英同盟との兼ね合いが問題となった。

小村は日本が英米間総括的仲裁裁判条約に加入することには反対であり、また、アメリカに対する日英同盟協約の発動をイギリスに要求することも事実上不可能との理由から、同盟協約の改定の方を選択した。そして小村は、これを機に同盟期限の延長を実現することを優先したのであった。結局、七月一三日に第三次日英同盟が締結され、事実上、アメリカに対しては同盟協約を発動しないよう改定するとともに、条約期限を一〇年間延長することに成功した。

その間、条約改正交渉が並行して行われていた。しかし、日英交渉では協定税率の廃止をめぐって対立、難航していた。よって、小村は、関税問題よりも移民問題を重視するアメリカとの交渉を優先する方向へ転換した。日米交渉は順調に進展し、一九一一年二月二一日、新日米通商航海条約が調印され、ここに関税自主権は完全に回復した。また、アメリカとの条約改正交渉の成功は他国との交渉進捗をもたらし、四月三日、新日英通商航海条約が調印された。

第二次桂内閣は一九一一年八月に総辞職、小村も久しぶりに激務から解放されるが、すでに満身創痍の状態であった。三カ月後の一一月、死去する。享年五六歳であった。

**さらに詳しく知るための参考文献**


片山慶隆『小村寿太郎――近代日本外交の体現者』(中公新書、二〇一一) ……小村寿太郎に関し、今のところ唯一の新書で、小村のことを手っ取り早く知るには最適の書。

千葉功『旧外交の形成――日本外交一九〇〇～一九一九』(勁草書房、二〇〇八) ……本講執筆者による一九〇〇～一九年の日本外交史研究。

外務省編『小村外交史』(原書房、一九六六) ……戦前外務省の委嘱を受けた国際法学者の信夫淳平博士が「侯爵小村寿太郎伝」として草稿を書き上げたものを、戦後外務省記録などによって補訂したもの。小村を知るうえでの基本文献であるが、戦前期の伝記は基本的に顕彰的な性格が強いので、利用には注意が必要である。

I・ニッシュ (宮本盛太郎監訳)『日本の外交政策一八六九－一九四二――霞が関から三宅坂へ』(ミネルヴァ書房、一九九四) ……戦前期の日本の外交政策を外相ごとに叙述したもの。各外相の個性が外交政策にどのように反映するかがよくわかる。

吉村昭『ポーツマスの旗』(新潮文庫、一九八三) ……歴史小説ではあるが、綿密な史料調査にもとづいて書かれたもので、研究書としても読むことができる。

第16講 桂 太郎——「立憲統一党」とは何か

千葉 功

## †軍官僚として

明治期から現在にいたる日本の歴代首相のなかで、最長の在任記録を持つ者こそ、桂太郎《かつらたろう》である。桂内閣が長期政権となったのは、桂が協調型ないし調整型の政治家に属し、柔軟な政治手法をとったからである。そして、その「柔軟」な政治手法によって、対外的には帝国主義外交、対内的には議会政党の結成を行うことになるが、本講ではその結びつきを、桂が構想した「立憲統一党」にみていきたい。

桂太郎は弘化四年(一八四七)、長門《ながと》国の萩城下で生まれた。伊藤博文ら藩閥第一世代より下で、西園寺《さいおんじ》公望《きんもち》や山本権兵衛《ごんべえ》などとともに、戊辰戦争という「志士」の活躍の最後の舞台にぎりぎり間に合った第一・五世代となる。

桂は戊辰戦争後の明治三（一八七〇）年、賞典禄を処分して、私費留学を決行する。当初留学先はフランスであったが、普仏《ふふつ》戦争でフランス軍がプロイセン軍に圧倒されて敗走したことを知ると、留学先をプロイセンへと変更する。

留学中に軍事学を学ぶことにしたが、軍事学はもともとプラグマティックな思考の桂にとって性に合うものであったと考えられる。その後、約一年半の一時帰国をはさんで、今度は公使館付武官としてドイツに滞在する。このときドイツ軍制を研究するなかで「行政（アドミニストラシオン）」という概念を「発見」したうえで、陸軍行政もその一部として認識するようになった。こうして、桂は陸軍行政のエキスパートとなる。

一八七八（明治一一）年に帰国した桂は、主に陸軍軍制の整備にあたり、その過程で山県有朋の右腕となっていく。例えば、参謀本部の設置にあたって、本人の志向は参謀事務（参謀本部）より軍事行政事務（陸軍省）の方にあったが、陸軍省と参謀本部の事務区分確定とそれぞれの整理という最終目標は同じだと思いなおして、業務を遂行していった。

一八八六年には、陸軍主流派と、四将軍派との間で、激烈な紛議が生じた。四将軍派が固定防御的な専守防衛論であったのに対して、陸軍主流派に属する桂の意見は、日本も「第一等国」として国土防衛と外征のいずれにも能動的かつ機動的に対応できる軍隊を整備すべきだというものであった。この紛議は主流派の勝利に終わるとともに、主流派の構想にあわせて鎮台制から師団制への転換が行われた。

さて、大日本帝国憲法が発布され、一八九〇年に帝国議会が開設された。陸軍次官である桂は政府委員に任命され、陸軍予算の通過のため議会工作に奔走する。このとき、板垣退助ら自由党の実力者と人間関係を築いたことは、桂にとって政治財産となる。

しかし、第一議会閉会後に成立した第一次松方正義内閣で薩摩系の高島鞆《ともの》之助《すけ》が陸相になると、桂は名古屋の第三師団長に左遷された。この間、無聊《ぶりょう》と、年長の部下乃木希典の反抗、弟の使い込み等に苦しめられ、苦境からのニヒリズムか、中央政局に対して斜に構えた時期をすごす。

## †帝国の最前線で

桂太郎（1847-1913）

一八九四年、日清戦争が勃発すると、第三師団長の桂も勇躍出征した。桂は清軍を、兵器だけはヨーロッパの最新兵器を集めながら、兵員は「日雇《ひやとい》の百姓」で、それを老衰の将軍が孫子の兵法で動かしているとか、「三国誌《ママ》的の運動」をとるとか、侮蔑している。このような中国軍認識は、逆に自分は西欧の近代的軍制を学んだとの自負によって裏打ちされたものであった。

さて、日清戦後、新たに領有することになった台湾の総督に任命された桂は、一八九六年六月、意見書を作成する。これは、台湾の対岸にあたる東・南シナ海沿岸に向けて進取の計画を立てようとするもので、経済力と軍事力のバランスをはかるものであった。彼自身はすぐ台湾総督を辞任したため、一九世紀末から始まる児玉源太郎（台湾総督）・後藤新平（民政長官）のコンビによって実行に移されることになる。

一八九八年一月、第三次伊藤内閣が発足、桂は念願の陸相に就任した。しかし、地租増徴案を盛り込んだ予算案が、自由党と進歩党の反対で衆議院の通過がおぼつかなくなると、伊藤は首相在任のままでの政党結成を言い出す。もちろん桂は政党に対して否定的な山県に同調して憲法停止論を主張したが、それはあくまで藩閥政治家に「覚悟」を求めたものであり、実際は柔軟で妥協的な具体策を伴っていたと考えられる。

続く隈板《わいはん》内閣（第一次大隈重信内閣）という最初の政党内閣に、桂は藩閥の一員としてふみとどまった。旧自由党系と旧進歩党系との対立が激化すると、前者は桂に、後者は西郷従道海相に、居中調停を依頼する。桂からすれば、「政党者流」は党派を優先して国家の政治に公平でないとの感を抱かざるをえなかった。

隈板内閣がつぶれて第一次山県内閣が成立した際も、桂は衆議院が戦後経営予算の通過に反対した場合、解散につぐ解散、すなわち一時的に憲法を停止する「覚悟」を山県に求めた。しかし、これは「中央突貫の策」（衆議院内の二大勢力の中間を突貫することで、いずれかの勢力から妥協を引き出す）という具体策を伴うもので、実際桂は憲政党（旧自由党系）を山県内閣の事実上の与党とすることに成功した。

一九〇〇年、中国で排外主義的な義和団による反乱が起きたが、陸相である桂は陸軍派遣に慎重であった。桂からすると、「将来列国の伴侶《はんりょ》となる保険料」として出兵はやむをえないにしても、できるだけ少数の兵とし、列国の驥尾《きび》に付すのが外交上得策と考えた。そして、欧米列強が日本の派兵を要請して初めて頭をもたげるような「処女脱兎の策」を得策と考える桂は、列国を代表したイギリス外相による派兵督促を待って、第五師団の派遣にふみきった。桂の表現を借りると、「保険料を転じて大株主の地位に立」ったのである。

このように、少し前まで列強による植民地化におびえていた日本は、義和団事件で欧米列強とともにアジアへ出兵する方へまわった。

第四次伊藤内閣で桂は強引に陸相を辞職したが、休息もつかのま、伊藤内閣が総辞職すると、後継首相候補が二転三転したうえで、結局、一九〇一年六月、桂が内閣を組織した。こうして、元勲（元老）の推薦を受けた「後進」が内閣を組織する先例となったのである。

## †第一次桂内閣と日露開戦

桂内閣はまず日英同盟交渉に直面する。当初、イギリス側の態度があいまいな時点では、イギリスのほかロシアとダブル・ディーリング（二股交渉）を行うことは当然と思われた。しかし、一一月に入り、イギリス側が具体的な日英同盟草案を日本側に手交すると、桂や山県はとりあえず協約の締結をはかる考えに変わった。途中、同盟交渉の延引を元老の総意と誤解した伊藤が日露協商交渉に入る許可を求めてきたが、桂や小村寿太郎外相は一二月七日の元老会議で日英同盟修正案を決定してしまう。日英同盟は一九〇二年一月三〇日、ロンドンで調印、即日実施された。

一方、桂内閣は一九〇二年末、対露戦に備えた海軍第三期拡張計画の予算案を議会に提出した。桂は他の一般党員には秘密に、総裁の伊藤のみと交渉を行い妥協を成立させたが、党員が伊藤の専制に服さず、妥協は危機に瀕する。結局、元老の伊藤が政党の総裁でもあることは桂内閣への掣肘を意味するので、伊藤が政友会総裁を辞任して枢密院議長となることで決着した。

そのころ、ロシアが満州からの第二期撤兵を守らず、逆に七カ条の撤兵条件を清に提出したことが伝わり、日露関係が緊迫化していた。四月二一日、京都の山県の別荘無鄰庵で会議が開かれ、元老の山県・伊藤と桂首相・小村外相が会した。会議では、ロシアに対して「日本に有利な満韓交換」を提議し、最終的に譲歩しても「対等な満韓交換」までにする方針を確認した。この「満韓交換」とは、「満韓両国」という「二つの品物」を日露で分けあう発想であった。

八月一二日から日露交渉が始まるが、満州問題をロシアと清の間の問題と考え、日本とは韓国問題のみを交渉しようとするロシア側と、満州問題をも日露交渉の対象に含めたうえに「満韓交換」を求める日本側とでスタンスにかなりの差があることから、交渉は難航した。

一二月一六日に首相官邸で元老会議が開かれ、日露交渉方針をめぐって協議がなされた。これ以降、元老側と内閣側で意見が対立する。すなわち、元老は、韓国への限定出兵とともに、「対等な満韓交換」の即時提議による交渉中止・一部妥結を主張した。それに対して、内閣側は、限定出兵はロシアとの戦争にいたる可能性が高いとして、日露交渉の継続を主張した。

結局、この対立は、ロシアには永続的な日露協商を締結する意思がないと判断した一九〇四年一月末に収束し、旅順艦隊が出港したとの情報から、桂内閣はロシアとの開戦を断行した。

## †日露戦争期の日本外交

日露開戦と同時に、日本軍が朝鮮半島のほぼ全土を制圧したことを背景に、日本は二月二三日、日韓議定書を強要、日本軍は臨機必要の措置と軍略上必要な地点の占有を行うことが可能になった。さらに八月二二日付で第一次日韓協約を締結して、日本政府は韓国政府に財政顧問として目賀田《めがた》種太郎《たねたろう》を、外交顧問としてスチーブンスを雇用させた。このように、韓国の保護国化が現実味を帯びると、外交問題というよりも植民地統治的な側面が強くなる。

代わって外交問題として前景に出てきたのが、満州問題であった。日露開戦前における日本政府の方針は白紙であったが、満州において日本軍がロシア軍に「勝利」して北上を続け、日本軍の占領地が拡大するにつれて、小村外相をはじめとして、満州勢力範囲化構想が徐々に有力になっていく。

一九〇五年七～八月には、桂・タフト協定を締結して、フィリピンに何ら攻撃的意図を有しない代償に、韓国の保護国化をアメリカに承認させた。また、第二次日英同盟協約で攻守同盟化した。同盟範囲がインドへ拡大される代償に、韓国の保護国化をイギリスに承認させた。

さて、日露戦争は、日本海海戦によるロシアバルチック艦隊の壊滅から、講和へと向かった。アメリカ大統領セオドア・ルーズベルトの斡旋により、八月一〇日以降、ポーツマスで日露講和会議が開かれたが、会議は難航の末、九月五日、ポーツマス条約が調印された。賠償金は一切獲得できず、領土は樺太の南半分を獲得するにとどまった。しかし、それ以外では、ロシアは戦争の結果を追認した。すなわち、①日本の韓国に対する指導・保護・監理措置、②遼東半島租借権と東清鉄道南部支線（長春～旅順間）の日本への譲渡が、講和条約に盛り込まれた。

しかし、戦勝気分の民衆は講和内容に不満であり、九月五日、日比谷焼き打ち事件という都市民衆騒擾となった。これは「国民主義的対外硬派」によって主導されたものだが、彼らは以後、「内には立憲主義、外には帝国主義」という思想をもとに政治活動を展開していく。

そして、桂内閣は日露講和後、既定方針を進めていく。一一月に第二次日韓協約を強要して、韓国の外交権を剝奪、韓国統監府を設置する。ここに、日本は韓国を名実ともに保護国とした。

また、ポーツマス講和会議以上に会議が難航した末、一二月、満州に関する日清協約（北京条約）を締結して、日本はロシアから南満州の権益を継承することを中国政府に承諾させた。

その間、桂は政友会の実力者原敬と会談を行い、講和条約に政友会が賛成する代償として、政友会総裁西園寺公望へ政権を禅譲することに決まった。この妥協体制（「桂園《けいえん》体制」）の結果、一九〇六年一月七日、第一次西園寺内閣が成立した。西園寺内閣のとき、桂は予算をめぐる大蔵省と陸軍省との対立を調停するなど、「準元老」的なポジションをとった。

## †第二次内閣期の外交と内政

一九〇八年七月一四日、第二次桂内閣が発足した。

外交面では、日露戦後、徐々に冷却化していた日米関係を改善するため、一一月に高平・ルート協定を締結した。

また、日露戦後、満州権益をめぐって紛争が生じていた日中関係では、間島問題とその他を一括化し「満州六案件」として中国側と交渉した。難航した交渉の末、一九〇九年九月、間島問題を含む満州六案件に関する日中協約を締結した。これは、中国側の絶対譲れない間島問題で譲歩することで、他の案件を押し通したものであった。

逆に日露協商によって徐々に協調関係に転じつつあった日露関係では、アメリカ国務長官ノックスによる満州鉄道中立化提案への共同拒否がさらなる親密化をもたらした。一九一〇年七月、第二次日露協商を締結し、満州の南北をそれぞれの「勢力範囲」としたうえで、勢力範囲内における自由行動を事実上相互に承認した。

このように列国からの最終承認をとりつけたうえで、すでに一九〇九年春には韓国併合を決断していた桂は実行に移す。桂は韓国統監に寺内正毅《まさたけ》陸相を任命して、韓国併合を進めた。結局、第二次日露協商締結の翌八月二二日、韓国併合条約に調印、桂いわく明治維新以来の日本の「宿論」を達成した。

また、桂内閣は一九一一年七月、第三次日英同盟協約に調印して、同盟の期限を一〇年間延長した。すなわち、日本は高平・ルート協定や第二次日露協商・第三次日英同盟の締結によって、多角的同盟・協商網の枠組形成をひとまず完成し、その関係性を維持・強化することに成功したのである。

かたや衆議院対策として、桂は当初、「一視同仁」政策を採用した。これは、非政友諸党を合同させ、与党化するものであった。しかし、非政友合同はなかなかうまくいかず、一九一一年一月二六日、桂は政友会の西園寺や原らと会談して、妥協が成立した（「情意投合」）。結局、桂は桂園体制から脱しようとして元に戻ったのである。

このように、桂が長期政権を保持することができたのは、桂園体制という安定的な政治体制を築くことができたからであった。この体制のもとでは、桂率いる陸軍・官僚・貴族院も、西園寺率いる政友会も、体制の維持を優先してみずからの要求を我慢する傾向にあった。ただし、実は同時に桂園体制には鋭い対立関係も内包されており、自信を深めつつあった桂は最終的に桂園体制を破棄する方向へと向かい、大正政変で大きな政治的打撃を受けることになる。

第二次内閣総辞職時に、桂は明治天皇から元勲優遇の詔勅を受け、正式に「元老」の仲間入りを果たした。後から追加される形でなった、いわば「遅れてきた元老」であった。

## †桂新党――「立憲統一党」から「立憲同志会」へ

辛亥革命に対する第二次西園寺内閣の政策を痛烈に批判した桂であったが、中国情勢が小康化し、国内外の情勢も急激な変動は来ないと予想して、欧州行を決断した。

随行した若槻礼次郎によると、桂の訪欧には、ロシアの政治家との外交に関する意見交換、イギリスでの政党調査、ドイツでの休養の三目的があったという。一方、同じく随行した後藤によれば、対中政策に関して「ドイツ皇帝を始め、英、仏、露三国政府に対する諒解運動」だったという。

桂は一九一二年七月六日、新橋駅を出発、二一日にサンクトペテルブルグへ到着した。しかし、明治天皇危篤の情報が入り、帰国を余儀なくされる。

帰国後は山県の命令で内大臣となり、宮中に入ったが、再度首相となりたい桂にとって、内心不服であったろう。同年秋に深刻化した二個師団増設問題において、通常とは異なり、桂は積極的に陸軍と西園寺内閣の間を調停することはなかった。結局、同問題で西園寺内閣が倒壊したあと、元老会議での二転三転を経て、みたび桂が内閣を組織することになった。

桂は、憲政擁護運動の高まりから、一九一二年（大正元）末には政党組織を決心していた。桂は桂園体制のもとでも、彼が抱懐する政策の二〜三割は政友会に譲歩せざるをえなかったことに不満を抱いていた。桂は桂園体制を破棄して、抱懐する政策の全てを実現するため、政党結成に乗り出したのである。

この新党構想を当初主導したのが、後藤新平であった。新党の名称は「立憲統一党」というもので、衆議院だけでなく、貴族院や政府官僚組織にまたがる政党組織が想定されていた。そして、この強力な政党によって解決すべき問題として念頭に置かれたのが、対中政策であった。また、陸軍拡張・海軍拡張・減税のすべてを凍結するような徹底的な緊縮財政政策を志向していたと推測される。そして、このような外交・財政政策など国内外の問題へ強力に対処していくには、安定的でかつ民意を汲みとれる政治体制でなければならないと、桂ないし後藤は考えたのである。

しかしながら、「立憲統一党」構想の重要な鍵の一つである貴族院では山県閥が早々と新党不参加を決め、衆議院でも政友会の結束が固く、脱党者がほとんど期待できなくなると、代わって桂新党へ参加した国民党脱党組の影響力が上昇する。党名も、片岡直温《なおはる》の提案で「立憲同志会」となり、二大政党制・責任内閣制を志向する政党に変質した。ここに、「立憲統一党」として出発した新党構想は、「立憲同志会」へと収斂したのである。

新党構想がうまくいかないなか、桂は天皇にすがって、政友会総裁西園寺への勅語降下で切り抜けようとした。政党のトップさえ押さえ込めば、あとは何とかなるだろうと考えるのは、政党組織を軍隊組織の観点から見る桂の誤解であろう。結局、政友会の一般党員は、桂はおろか、桂園体制の破棄を考えていなかった政友会幹部の統制を乗り越え、桂内閣に吶喊《とっかん》した。ここに桂も辞職を決断し、二月一〇日、内閣総辞職した。

首相を辞任した桂であるが、立憲同志会の結成を実地に進めていった。しかし、病に倒れ、途中病状が一時的に回復したときもあったが、最終的に一〇月一〇日、死去する。

しかしながら、残された桂新党は、「立憲統一党」構想を主導した後藤新平を排除することで、二大政党制・責任内閣制を志向する者たちで占められ、加藤高明を総理として存続することとなった。桂自身の意図はどうであれ、政友会と同志会との「擬似的二大政党制」が大正政界を規定し、大正末期から昭和初期にかけての憲政常道期を準備したのであった。

## さらに詳しく知るための参考文献

千葉功『桂太郎――外に帝国主義、内に立憲主義』（中公新書、二〇一二）……本講のもとになった拙稿。桂太郎を「外に帝国主義、内に立憲主義」という観点から見るもので、その最終的な現れとして「立憲統一党」構想をクローズアップしたもの。

千葉功編『桂太郎関係文書』（東京大学出版会、二〇一〇）／千葉功編『桂太郎発書翰集』（東京大学出版会、二〇一一）……明治期は書翰が政治家間の重要なコミュニケーション・ツールであった。前者が桂受信の、後者が桂発信の書翰を集めた史料集。

宇野俊一校注『桂太郎自伝』（平凡社、一九九三）……ほとんど第一次内閣期までの半生を叙述したものと言ってよいが、桂の自伝であり、彼の発想がうかがえる重要な史料。

宇野俊一『桂太郎』（吉川弘文館、人物叢書、二〇〇六）……長年桂太郎を研究してきた著者による伝記。基本的なことは押さえられている。

小林道彦『桂太郎――予が生命は政治である』（ミネルヴァ書房〔日本評伝選〕、二〇〇六）……従来の「ニコポン」といったイメージを塗り替えようとしたもの。

第17講　明治天皇——立憲君主としての自覚

西川　誠

## †明治神宮の森

明治神宮の祭神は明治天皇である。したがって創建されたのは明治天皇没後である。よく考えれば思いつくこの事実は、最近ではテレビで取り上げられることもあり、知られるようになったと思う。明治神宮は明治頃からあるから初詣に行くのであって、明治天皇の神社だったかしら——明治天皇はその程度の認知であったというのはいいすぎであろうか。研究においても、明治天皇は、帝国日本の君主であったから、歴史を人間の行為の集積であるということを否定する視角から、敗戦後四半世紀ほど正面から取り上げられなかった。

その間、明治天皇の研究を史料に基づいて行っていたのは渡辺幾治郎氏である（集大成として『明治天皇』上・下、明治天皇頌徳会、一九五八）。ただ賞賛の色彩が強く評価は高くなかった。しかし「明治天皇紀」の編修官であり、基礎的な事実はしっかり押さえられている。伝記的事実の確認には立ち返るべき研究である。

平成三〇年は明治百五十年であるが、明治百年の時に、宮内庁が『明治天皇紀』(吉川弘文館、一九六八〜七七)を刊行した。史料に裏付けられたこの伝記の公開により、明治天皇の研究は進展する。同じ事業で東京大学史料編纂所が公刊した、明治天皇側近の佐佐木高行の史料『保古飛呂比』も情報量豊富な史料であった。

とはいえ、研究では、戦前は天皇は主権者だから、天皇を中心とする国家体制の研究、いわゆる近代天皇制研究に個別の天皇は埋没する。明治天皇の政治的行動は断片的には触れられるが、明治天皇の研究はそれほどに数を重ねなかった。

平成に入り、飛鳥井雅道氏が『明治大帝』(ちくまライブラリー、一九八九。現在は文春学藝ライブラリー)を刊行したのは衝撃的であった。明治天皇を伝記的に検討し、国民にとって大帝となったことを浮き彫りにしたのである。また西南戦争の時に西郷への思慕から明治天皇がメランコリックになったという指摘も新鮮であった。幸徳秋水の研究で知られた飛鳥井氏が、正面から取り上げて大帝というしかないという。明治天皇は研究対象たりうるのだ。

そののち、明治天皇の行動をしっかりと分析する通史が二つ出た。御厨貴『明治国家の完成』(中央公論新社、二〇〇一)は明治天皇の元勲たちとの関係を大胆に評した。佐々木隆『明治人の力量』（講談社、二〇〇二）は史料に基づいて大きな政治的事件の際の明治天皇の行動を丁寧に拾い上げた。やがて、明治天皇を正面から叙述した伊藤之雄氏の『明治天皇』（ミネルヴァ書房〔日本評伝選〕、二〇〇七）が出る。明治天皇の権威がいかに確立していったか、歌にまで目を配って論じた。同じ頃、笠原英彦氏は政府との関係を苦悩する明治天皇を描いた（『明治天皇』中公新書、二〇〇六）。そして拙著『明治天皇の大日本帝国』（講談社、二〇一一）がある。

　これらの研究はそれぞれに個性的であるが、明治天皇の政治的行動が受動的であったことはおおむねの理解となっている。これまでの研究に基づいて明治天皇像を描いてみよう。

## †生誕から即位まで

明治天皇（1852-1912）

明治天皇（祐宮《さちのみや》、睦仁《むつひと》親王）は、一八五二（嘉永五）年に生まれた。ペリー来航の前年で、まさに激動の幕末の中での成長であった。激動の中で、天皇の存在そのものが変化し、幼少であった明治天皇の周りにもその変化は及んでくる。近世の天皇との継続という点では、文・雅の天皇という性格が、年中行事の中で、和歌と祭祀を学ぶ中で承《う》け継がれる。変容という点では、尊王攘夷運動の中で、天皇は政治化し、武という側面が考慮されていく。幕末の天皇の変化については、藤田覚『幕末の天皇』（講談社、一九九四年、のち講談社学術文庫）が詳しい。

文・雅の近世の天皇から統治する近代の天皇へと変化していく。明治維新後には、日本が近代国家へと変容・成長していくなかで、天皇は政治と軍事の役割も担うようになった。

**†若き君主**

一八六六（慶応二）年孝明天皇の崩御により、六七年明治天皇は践祚《せんそ》する。時に数えで一六歳。その年の一二月、王政復古のクーデタにより、幕府だけでなく、平安以来の関白・律令の摂政も廃止される。

王政復古宣言の夜、御所の小御所では、徳川慶喜処分のための会議が開かれた。山内容堂は、〝幼冲《ようちゆう》の天子を擁し、陰険の挙を行わんとし〟ていると非難する。天皇は御簾の中でそれを聞いていた。このエピソードに見るように、明治〇年代（一桁代）は、明治天皇は君主として登場したが、主体的な行動を取ったとは考えがたい。

とはいえ、君主としての行動はある。その中に、明治天皇の個性は反映するだろう。この時期の特徴としては、のちの時期に比べれば、行動が軽快であった。

明治天皇の特徴として、外出嫌い・外国人嫌いが指摘される。ところが、一八六八（明治元）年には、早速に各国公使に謁見している。一八七二年になると、写真を撮られ、髷を切って化粧も止め、洋装・洋食を取り入れている。そもそも一八六八年には大阪・東京への行幸がある。近世の天皇は、御所から外出しないのが慣例であった。孝明天皇の先例があるとはいえ、慣例を破る計画を明治天皇は受け入れている。

明治天皇の欧化の受け入れ、慣例の打破は、政治の中心にいる三条実美・岩倉具視・大久保利通・木戸孝允らの要請を受けてのことであろう。先に述べた明治天皇の個人的好悪はあまり出てこない。「若き」君主として、好奇心に任せて、西欧化を柔軟に受け入れた時代であった。明治維新後の急激な開化を支持する存在であることを示して、新国家を支えた。

### †六大巡幸

若き君主の軽やかな行動の結果として、一八七二(明治五)年から一八八五年に行われた、長期かつ広い地域に及ぶ、六大巡幸が実現した。

君主が全国を巡回することは、君主が統治対象を知る「国見」である。しかしそれだけの意味ではなかった。近世の天皇は御所に閉じこもっていた。天皇が姿を現すことで天皇像を変えようとしたのは大久保利通であった(佐々木克『幕末の天皇・明治の天皇』講談社学術文庫、二〇〇五)。大久保の模索した天皇像の転換が、六大巡幸となる。巡幸は天皇に、天皇と人々にどんな変化をもたらしたであろうか。

一つには、天皇が見られるという衝撃である。姿を現した明治天皇は、束帯の天皇ではなく、当時としては立派な体格で、洋装して馬上の存在であった。のちに御真影の姿に近い。西欧化を具現して、それを望ましい像として国民に見せた。新しい君主像の形成と伝播が行われる（天皇像の形成の古典的研究としては多木浩二『天皇の肖像』岩波新書、一九八八。ほかに原武史『可視化された帝国』みすず書房、二〇〇一）。

二つには、天皇が見る、統治対象を知るという衝撃である。好奇心を持って国民の生活を垣間見た経験。こうした経験を重ねて、明治天皇は国民への視線を持ち続けることになったのではないか。のちに明治天皇は、災害地への侍従派遣を積極的に行う。日清戦争・日露戦争の時には兵を思いやる逸話が聖徳として伝えられるが、兵士への視線を持ち続けたことは疑いないであろう。こうした視線が天皇や皇后の恩恵の基にある。なお恩恵について総合的に論じたものに遠藤興一『天皇制慈恵主義の成立』（学文社、二〇一〇）がある。

三つには、民衆が見る意義である。行幸を民衆は熱心に見つめ、一体感を高め、国民という意識を共有するようになる。四つには、民衆が見られることで、民衆にとって規律が身体化する（T・フジタニ『天皇のページェント』NHKブックス、一九九四）。

このような多様な影響をもたらした天皇の旅は、六大巡幸終了後も、ほぼ毎年の軍事演習とその後の行幸で、明治期を通じて繰り返されていく。明治天皇は、近代化（西欧化）を具現し、推奨する存在として表れる。

### †政治的君主へ

明治十年代、明治天皇は政治への関心を深める。きっかけは一八七七年の西南戦争であった。一八七二年の巡幸のとき、或いはその前後の岩倉使節団の時期、天皇の側にいたのは西郷隆盛であった。天皇は西郷の示す無骨さを愛した。西南戦争を起こした西郷を討つことに、天皇はわだかまりを抱いたらしい。

明治天皇のこうした行動は、政府首脳にとって驚きであった。討伐する必要性を明治天皇は理解しているのであろうか。戦いが終わって、岩倉による維新以来の天皇が出した詔勅の進講が行われる。七九年には三条と岩倉は〝幼冲〟の時代は終わったと奏上する。〝幼冲〟という非難は岩倉には痛いところであったのだ。そしてそれを終わらせなければならない時機の到来である。

一八七七年秋政治教育係として侍補が設置された。元田永孚《もとだながざね》・佐佐木高行たちが就任する。彼らは時間的にも空間的にも天皇に近く存在し、簡略化すればやや保守的で道徳重視の政治教育を、諫言をいとわず、天皇に行った。明治天皇は、侍補の教育で政治への関心を高めるとともに、近代化に抑制的・道徳の重視という考え方を侍補と共有するようになる。こうした側面が、のちに教育勅語や戊申詔書につながることになる。

政府首脳（内閣）にとっては、明治天皇が政務に関心を持ち出したことは目的の達成であった。ところが、侍補という側近集団ができ、近代化を進める政府の方針と天皇の考えとの間に齟齬が生じる、天皇が恣意を貫こうとする、そういう恐れも発生したのである。

実際、内閣との対立事例が発生した。人事・節倹・外債の問題である。特に節約・倹約である節倹は、近代化政策を財政的に抑制する恐れがあった。実際に財政赤字を外債導入で乗り切る案（財政規模を維持することになる）に明治天皇は反対した。

では明治天皇の政治意思はどれくらい実現するものなのか。大臣・参議（内閣）が団結すれば天皇の意思は通らない。外債問題は、閣議でも対立が起こり、天皇の反対が加わり中止となった。つまり、政府首脳の一員としての力はあり、政府首脳にそのように認知される存在となったのである。

やや保守的という態度は、伝統への視線をもたらした。明治天皇が全てを推進したわけではないが、岩倉の政治の安定のための旧慣保存策もあって、宮内省では文化保護政策がとられる。公家文化として和歌・蹴鞠、武家文化として能楽の保護が図られた。一八九〇には、帝室技芸員制度が設けられ、初期は伝統的技芸の保護が図られた。また明治宮殿は、欧州の建築様式から日本建築で装飾に洋風を取り入れる様式に変更された。これは節倹の点でも好ましいことであった。

明治十年代、明治天皇は政務に関心を持った政治主体となり、政府首脳にメンバーの一員と見なされるようになり、西欧化を制御する存在として登場した。欧化の制御は伝統を保護する志向を伴っていた。

なお明治天皇が政務に関心を持ち裁可が実質化すると、裁可の実体化が、すなわち文書上の確認が必要となった。この点については、永井和氏の裁可印の検討を踏まえて（「太政官文書に見る天皇万機親裁の成立」『京都大学文学部紀要』第四一号、二〇〇二。「万機親裁体制の成立」『思想』九五七、二〇〇四）、中野目徹氏が天皇と閣議との関係を含めて整理している（「太政官制の構造と内閣制度」『講座明治維新4　近代国家の形成』有志舎、二〇一二）。天皇が裁可すべき内容が整っていく。

## †伊藤博文への信任

内閣と若干異なる政治志向を持つ明治天皇の登場は、内閣側からすれば天皇との関係をどう構築するかという課題となった。内閣側の対応の中心となったのは伊藤博文であった（伊藤の政治指導については、坂本一登『伊藤博文と明治国家形成』吉川弘文館、一九九一〈のち講談社学術文庫〉）。

伊藤博文は、一八八三（明治一六）年憲法調査から帰国し、憲法制定に着手した。八四年伊藤は宮内卿に就任し、明治天皇にたびたび諫言した。明治天皇は基本的には頑固であったといわれるが、侍補の時もそうであったように、注意されれば反省し、納得すれば信任を深くする。天皇は、八六年九月、伊藤が提案した内閣との関係を規定する「機務六条」を受け容れた。天皇には、内閣との密接化と、政治的意思発出ルートの一元化が求められた。公的部分は府中（内閣）だけが補佐するという、宮中と府中の別の確立であった。また内閣の行幸・陪食・拝謁要請の基本的受諾が求められた。

近代日本の建設には、君主が政治的意思を持つリーダーであることは好ましい。しかし政策の継続性や必要性よりも好悪を優先する君主は避けたい。伊藤は明治天皇との良好な関係を構築して、君主の恣意をできるだけ排除した。明治天皇は、伊藤への信任を厚くし、君主として行動を自制するとともに、伝統重視の心持ちと諸制度の近代化の必要性とのバランスを考慮するようになった。

なお伊藤の君主の恣意性の排除は、制定の中心となった皇室典範にも影響する。これまでの天皇をとりまく制度と異なり、譲位と女帝は排除された。皇位継承も、機械的に優先順が決まるよう設計された。皇室典範は家法とされ、宮中・府中の別を厳しくした。

## †立憲君主の内在化

憲法を制定することで、日本は立憲君主国になったが、君主の役割はどのようなものであったか。伊藤が欧州での憲法調査によって学んだことは、大きくは二つある。一つは、憲法の中心が君主権の制限にあることである。伊藤は憲法制定の枢密院会議でも、この点を強調している。そして、君主の役割を精神的支柱であることに求めている。今ひとつが、瀧井一博氏によって指摘されている、君主と行政と国会の調和が国家の発展につながるという国制観である（『ドイツ国家学と明治国制』ミネルヴァ書房、一九九九）。明治天皇との関係構築が課題であった伊藤にとって、君主と行政の調和、そして専門知としての行政の自立という考え方は魅力的であったろう。

明治天皇は、一八八七年、侍従藤波言忠《ことただ》から、四カ月間約三〇回にわたる憲法の進講を受けている。藤波は、伊藤が学んだオーストリアのシュタインに学び講義ノート携え帰朝、進講した。つまり、天皇は伊藤と学習内容を共有したのである。

では明治天皇は君主と行政と国会の調和、行政の自立をどのように捉えたか。天皇は施政方針を把握することに努め、一般的行政は専門知である国家諸機関へ委任するという考えを持ったと推測される。そして行政機関が裁可を求めるとき、別の視点を探り裁可を慎重にするという態度を取った。現在でいうセカンドオピニオンを得て判断という視点を獲得したと考える。国会の立法も、基本的には専門知として重んじられる。国会で成立した法律に、天皇乃至内閣は不裁可権を行使したことはない。

君主権の制限、法治主義、国民の参政権の容認を認めた憲法の存在が明治国家の安定的発展に寄与したとするならば、明治天皇が伊藤と憲法理解を共有していたことの意義は大きい。

右の整理に対し天皇の政治的な能動性を強く見る見解がある。安田浩『天皇の政治史』（青木書店、一九八八）を挙げておく。天皇の政治指導でとりわけ焦点となっているのが、松方正義内閣の選挙干渉問題である。天皇の指示を発端とする系統的指令を強く主張する研究に、末木孝典「明治二十五年・選挙干渉事件と立憲政治」（『近代日本研究』第三二巻、二〇一五）がある。

## †明治憲法の割拠性

さて明治憲法の特徴に、国家諸機関の割拠性がある。しかし明治時代は表出しない。割拠性を補うものの存在が、事実上の政治力保持者としての元勲・元老の存在である。彼らが得意分野の利益擁護者でありつつ、協調して自制的に調整を行うことで、諸機関の対立は深刻化しなかった。

そして、明治天皇は、明治十年代に政治指導者の一員として認定されていた。さらに君主の役割を前項のように自覚することで、明治国家の安定に寄与することになる。ではそのために採用した手段は何か。

一つめが、下問である。裁可に当たって担当者の専門知とは異なる視点からの検討を行う。

他方下問は、限定される決定参加者以外への意見聴取を意味し、人間関係のみならず諸機関間の対立を未然に防ぐことになるであろう。一八八五（明治一八）年内閣制度が導入後、明治天皇は、三条や元侍補には、主に宮中関係の下問を行う。第二代総理大臣黒田清隆が辞職したとき、対立した伊藤も枢密院議長を辞した。薩摩閥と長州閥のトップが不在となる。明治天皇は元勲優遇という待遇を準備する。御厨貴氏は、失意のリーダーへの地位確認と評する（『明治国家の完成』）。天皇が下問相手である元勲の資格認定を行ったことは、政治集団の対立を未然に防ぐことになった。

のちに元老となる薩長の有力者たちは、明治二十年代になって閣外に去ることが多くなる。元勲優遇や天皇の下問によって、軋轢《あつれき》の調整がなされていく。明治天皇の憲法理解に基づく下問というやり方は、上からの調整機能を果たして、明治期の政治の安定に寄与していく。

二つめが、長期的視野である。明治天皇は頑固で記憶力に富んでいたという。そして、地位への自覚があった。一九〇〇年七月侍従長徳大寺実則《さねつね》が辞意を表明した。公家は身を犠牲にして奉公の決心があるべきである、「朕をして独り苦境に陥らしむ、不忠是れより大なるはなし」（『明治天皇紀』）と叱責したという。長きにわたって日本を支えるという使命感である。

長期的視野に立ったこと、立たざるを得なかったことで、明治天皇は日本の安定的成長に貢献したと考えられる。基本的には統治は元勲クラスに委ねる。変化に敏感であったから、元勲クラスが方針を変えようとするときに、厳しく見る。政治意思の発動は、恣意的とみるほどに不測の事態ではない。

長期にわたり政治に関与し、上からの調停を行い得て、転変しない政治意思を表明する存在となって、明治天皇は、明治二十年代には政府首脳の主要メンバーとなった。

### †大帝としての安定

明治天皇は、政治指導者の一員として、長期的視野を持って調停し、裁可に当たって諸機関の統合を果たした。桂園《けいえん》時代になると、実践の場から退いた元老とともに国家を支えていった。それは、元勲たちが、桂園時代には国家の実践的部分から退き、権威として存在するようになったという三谷太一郎氏の分析と適合的である。明治天皇も、上からの調停を行いうるが、元老集団の一員であった。

さて桂園時代、明治天皇は桂太郎への信任が厚かった（伊藤之雄氏がいち早く指摘している）。桂内閣の採った方法、枢密院の干渉から守るために、外交条約の調印後報告に際し天皇臨御の枢密院会議を行うという方法を採用したことにも表れていよう（千葉功『旧外交の形成――日本外交一九〇〇～一九一九』勁草書房、二〇〇八）。

明治天皇はみずからの立憲君主像を構築し、君主を権力行使に制限がある存在として理解し、憲法内存在として恣意的行動を抑制した。そして、長期的視野に立って、対立を調整した存在となった。

その態度の基盤には、近代化の必要性と、伝わった文化を大切にする気持ちがあった。明治天皇は和歌を愛したが、歌会始という宮中の儀式の継続が、歌の応募という形で緩やかに国民の文化統合を果たした。本講では政治を中心に述べた。近代天皇制の文化的な役割という研究は進展しているが（高木博志「伝統文化の創造と近代天皇制」『岩波講座　日本歴史』第一六巻、岩波書店、二〇一四。宗教については小倉慈司・山口輝臣『天皇と宗教（天皇の歴史09）』〈講談社、二〇一一〉の山口氏執筆部分）、明治天皇が非政治的分野でどのように行動したかについて、それがどのような像を結んだかについては、検討する余地があると考えている。

**さらに深く知るための参考文献**


＊本文で触れなかったものを挙げる。

佐々木隆「明治天皇と立憲政治」（福地惇・佐々木隆編『明治日本の政治家群像』吉川弘文館、一九九三）……明治天皇の政治的行動を史料に基づき分析し政治的機能について考察した論文。この論文の成果を取り込んで本文に取り上げた通史となった。

沼田哲編著『明治天皇と政治家群像』（吉川弘文館、二〇〇二）……明治前期の天皇と政治家の関係についての論考を収める。

安在邦夫・真辺将之・荒船俊太郎編著『明治期の天皇と宮廷』(梓出版社、二〇一六)……明治後期の天皇と政治家についての論考を収める。

坂本一登「明治天皇の形成」(『講座明治維新4　近代国家の形成』有志舎、二〇一二)……明治〇年代〜一〇年代の天皇の成長について、元田永孚、木戸孝允の役割を検討する。

**元老との関係**

伊藤之雄『元老――近代日本の真の指導者たち』(中公新書、二〇一六)……元老を史料に基づいて最初に本格的に検討した研究者といってよい。集大成として本書を挙げる。

**軍人との関係**

永井和「朕は汝等軍人の大元帥なるぞ」(佐々木克編『明治維新期の政治文化』思文閣出版、二〇〇五)……天皇と軍部の研究は多々あるが、明治天皇の軍に関する行動を述べたものは少ないのではないか。本論文は帷幄上奏と裁可について論ずる。また本文中に取り上げた坂本一登氏の著書は、天皇と山県有朋の関係についての論考を収める。

**生活**

米窪明美『明治天皇の一日――皇室システムの伝統と現在』(新潮社、二〇〇六)/同『明治宮殿のさんざめき』(文藝春秋、二〇一一/文春文庫、二〇一三)……近侍者の証言を基に描いた明治天皇の日々。

**皇室制度**

西川誠「内閣制度の創設と皇室制度――伊藤博文のプランニングの再検討」(小林和幸編『明治史講義【テーマ篇】』ちくま新書、二〇一八)……本書と対をなすテーマ篇の拙文をご参照いただきたい。

第18講 岩崎弥太郎——三菱と日本海運業の自立

奈良岡聰智

## †イメージと実像

幕末・維新の動乱期には、数多くの新興実業家が生まれた。下級武士から身を起こして三菱グループの基礎を築いた岩崎弥太郎はその一人で、最大の成功者と言っても過言ではないだろう。彼の生涯は文学作品やテレビドラマでも取り上げられ、いくつかのイメージが定着しているが、事実に反するものが少なくないことをまず指摘しておきたい。

第一のイメージは、彼が政府の庇護を受けた「政商」であったというものである。彼が起こした海運業が成長する上で、明治政府からの庇護が不可欠だったのは事実である。三菱が急成長した主因は、台湾出兵、西南戦争という二つの戦争で政府の軍事輸送を担当したことにある。しかし、弥太郎が政府に「寄生」していたと見るのは正しくない。三菱は海運業で庇護を受ける代わりに政府から規制を受け、多角的に事業展開をする上でハンディを負った。また台湾出兵以前、三菱は独立して事業を営んでおり、政府からの支援を受けていたのは別の事業者（帝国郵便蒸気船会社）であったし、西南戦争後、政府はライバル共同運輸会社の設立を後押しするなど、三菱をむしろ抑圧する姿勢に転じた。弥太郎は、ナショナリズムに基づいて「国策」に協力する一方で、独立して事業を営もうとする強烈な「在野」性を併せ持った人物だったと見るべきである。後述する福沢諭吉や大隈重信との親交も、こうした観点から説明できる。

第二のイメージは、彼を近代的企業経営とは縁遠い「独裁者」だったとするものである。弥太郎は、社内で専制的とも言える強力なリーダーシップを発揮した。他者から出資を募らず、自身の資力によって事業を進め、同世代の渋沢栄一のように「財界の世話役」を果たすこともなかった。豪放磊落で、接待攻勢によって社外に密接な人間関係を築いたという話も伝わっている。他方で、いち早く会計や俸給制度の近代化を推進するなど、弥太郎の経営手法は非常に合理的であった。彼は几帳面な性格でもあり、詳細な日記を残しているし、若い有能な人材の登用、育成に熱心で、彼らを巧みに使いこなす「組織人」という一面も持っていた。弥太郎は、近代的組織の運営に必要な合理的精神とマネジメント能力を持っており、必ずしも粗放な人物ではなかったことにも注目すべきである。

第三のイメージは、彼が坂本龍馬の事業の「継承者」であったというものである。弥太郎は土佐藩の事業を引き継ぐことで、三菱を創業した。引き継いだ事業の一部が龍馬率いる海援隊のものだったのは、事実である。しかし、弥太郎と龍馬が若い頃からの友人だったというのは、司馬遼太郎の小説『竜馬がゆく』の創作で、両者の交流は、実際には龍馬が亡くなる直前の半年ほどに過ぎなかった。近年、同書のモチーフを受け継いだ漫画『おーい！竜馬』やＮＨＫの大河ドラマ「龍馬伝」によって、弥太郎が龍馬にライバル意識と嫉妬心を持ちながら、そのキャリアを「後追い」したかのようなイメージが広まったが、これも事実に反する。弥太郎は、龍馬や海援隊からも刺激を受けつつ、土佐藩の経済官僚として堅実に実務をこなす中で自らの実業構想を固めていき、やがてそれを実現したというのが現実である。以下では、小説などによって流布した根拠のないイメージを取り払い、最新の研究に基づいて弥太郎の実像を追ってみたい。

岩崎弥太郎（1835-1885）

## †知性とバイタリティー

弥太郎は、天保五年一二月一一日

（一八三五年一月九日）、土佐国安芸郡井ノ口村（現安芸市）に岩崎弥次郎と美和の長男として生まれた。岩崎家はもともと長宗我部氏に従っており、山内氏が入って成立した土佐藩では、郷士と呼ばれる下級武士であった。弥太郎の曾祖父の時代に郷士株を売り、地下浪人と呼ばれる一段下の身分となったが、苗字帯刀を許され、数十石の田、山林と小作人を持っていた。現存している生家は四部屋の平屋建てで、当時の平均的農家程度の規模であり、極貧の生活を送っていたというのは後世の創作である。

弥太郎は幼少期から気性が激しく、人の操縦が巧みであったと伝えられている。母方の親戚に医者や学者が多かった影響もあり、少年時代から漢学に打ち込み、将来は学問で身を立てることを望んでいた。一四歳で藩主に引見を許され漢詩を献上し、高知で儒学者の岡本寧浦《ねいほ》（伯父）らのもとで学んだ。二一歳の時には江戸に遊学を許され、昌平黌《しょうへいこう》教授の安積艮斎《あさかごんさい》の塾に入門した。ところが、父の起こした喧嘩沙汰のため、一年ほどで帰国を余儀なくされた。そればかりか、奉行所の不公平な処置を非難したため、七カ月もの間入牢を余儀なくされた。弥太郎の強い闘争心と直情径行的な性格が災いしたのであった。

出獄した翌年、弥太郎は吉田東洋の知遇を得、その塾に学んだ。ここで吉田やその甥後藤象二郎に能力を認められたことが、彼の運命を大きく変えることになった。吉田は藩政改革を主導していた実力者で、人材登用や富国強兵策を推進していた。弥太郎は吉田の推挽により、二四歳にして初めて藩に出仕し、調査のため長崎に派遣された。しかし、外国語のできない弥太郎は十分任務を果たせず、しばしば遊蕩にふけった挙句、無断帰国した。その結果あえなく免職される結果となったが、以後も吉田門下との関係は続いた。

免職された一八六〇年から一八六六年までは、弥太郎にとって十分に志を得ない模索の時期であったが、政局とほとんど関わりを持たなかったことはかえって幸いしたとも言える。この時期土佐藩では、保守派、吉田を中心とする改革派、土佐勤王党を中心とする急進派が激しく抗争し、多くの血が流れた。吉田は一八六二年に土佐勤王党員に暗殺された。勤王党はこれによって一時的に勢力を増したが、元藩主・山内容堂の弾圧により翌年半ば以降主導権を失い、一八六五年武市半平太の切腹をもって事実上壊滅した。

この間弥太郎は、一時的に藩の役職に就くことはあったものの、故郷井ノ口村で開墾に励み、岩崎家の再建に努めていた。一八六一年には、郷士株を買い戻した。一八六二年には郷士の娘・高芝喜勢と結婚し、六五年に長男久弥が生まれた。このように弥太郎は、高い知的能力とバイタリティーを示していたものの、土佐藩政では活躍の場を得ないまま、三〇歳を越えた。

## †土佐藩の経済官僚

一八六六年、藩政を主導する実力者にのし上がった後藤象二郎は、開成館を設立して自ら総裁に就任し、吉田の遺策である富国強兵策を推進した。翌年、後藤は開成館の出先機関である長崎土佐商会を設立し、弥太郎をその主任（責任者）に起用した。異例の大抜擢であったが、彼は見事その期待に応えた。相変わらず遊里には通ったが、七年前とは見違えるような仕事ぶりであった。

当時長崎には、武器弾薬や艦船の買付、その資金獲得のための物産輸出を目的として、各藩が出張所を設置していた。弥太郎は、外国商人や各藩の代表と渡り合いながら、土佐藩の長崎貿易を統括した。最大の取引相手は、後に三菱の相談役になるトーマス・グラバーであった。弥太郎は通訳を介してではあったが、円滑に意思疎通を行った。また、当時グラバーと協力して高島炭鉱の経営に取り組んでいた肥前藩の大隈重信の知遇も得た。長崎時代の弥太郎は、後の三菱の経営多角化につながるような経験や人脈を得て、飛躍の端緒を摑んだと言える。

とはいえ、長崎での業務は生易しいものではなかった。上司にあたる後藤は、多額の接待饗応費を使い、資金的な裏付けのないまま大量に武器購入を続けるなど、放漫な経営を行ったため、土佐商会の会計は火の車であった。坂本龍馬率いる海援隊との関係も厄介であった。海援隊は各藩の脱藩浪士から成り、自主自営の形を取っていたが、実際には土佐藩から多額の金が支出されており、弥太郎はその手当に追われた。

弥太郎は、海援隊が起こす様々な紛争の処理も担当した。海援隊所属のいろは丸が紀州藩船と衝突して沈没した際は、同藩との賠償交渉を行った（ちなみに、紀州藩から得た賠償金を弥太郎が懐に入れ、三菱開業の資金にしたという俗説があるが、今日の研究ではほぼ否定されている）。英国軍艦イカラス号の水兵二人が長崎で殺害され、土佐藩と海援隊の船員に嫌疑がかけられた際には、弥太郎は藩の代表者として、英国公使ハリー・パークスと渡り合った。結局犯人は出てこず、事件はうやむやに終わったが、長崎奉行所の取り調べに対する態度が軟弱であったという理由で、弥太郎は海援隊士から批判された。この辺りの事情について、海援隊に近かった上士の佐々木高行は、「岩崎は学問もあり、慷慨の気に富んでいるが、商業を以て国を興すという主義を懐いていて、丁度海援隊とは反対」であったと後に振り返っている。

海援隊との感情のもつれに加え、貿易業務を縮小すべしとする保守派の声もあり、弥太郎は苦しい立場に立たされたが、後藤は開成館の活動を維持する考えを変えなかった。弥太郎は、一八六八年まで長崎土佐商会の責任者の位置に留まったばかりか、その間上士に昇進した。こうして弥太郎は、長崎に勤務する一年余の間に、経済官僚として確固たる地位を築き、貿易業務で余人をもって代え難い存在に成長していった。

なお、イカラス号事件の処理が終わった後、弥太郎は上方を訪問している。弥太郎は京都で後藤に報告を行った後、大坂に滞在したが、その間の慶応三年（一八六七）一一月一五日に、龍馬が京都で暗殺されている。残念ながら弥太郎の日記は、一〇月二九日から一一月一七日までの記載がなく、その後も特に龍馬の死についての所懐は記されていない。再開された一八日の日記には、後藤が執政に就任するなど全てが「上首尾」なので「快哉」を叫んだと書かれている。こうした記述については様々な解釈が可能であるが、弥太郎にとって龍馬はそれほど重い存在ではなかったと見るのが自然のように思われる（伊井二〇一〇、一五一〜一五二頁）。

## †三菱の創業

一八六七年から六八年にかけて、大政奉還、王政復古の大号令、鳥羽伏見の戦い、明治改元など大きな出来事が相次いだが、弥太郎はこうした事件とは直接関わらず、長崎で業務を続けた。一八六八年、土佐藩は海援隊の解散と長崎土佐商会の閉鎖を決めたが、弥太郎はこの年いっぱい長崎で残務整理を続け、翌年開成館大阪出張所に転勤した。同輩たちが新政府内で栄達の道を歩みつつあるように見えるのに対し、彼の仕事は従来通りだったため、弥太郎は自らの境遇に不満を覚えていたようである。もっとも彼は、汽船の購入などの貿易業務、藩札の処分などで着実に実績を挙げた。このような仕事ぶりが評価され、弥太郎は一八七〇年に少参事に昇進して八〇石を給され、一八七一年には高知城下の追手門外にかなり広大な屋敷を構えるまでになった。

一八七〇年、開成館から分離されて九十九《つくも》商会が設立された。社名は土佐湾の別名に由来し、

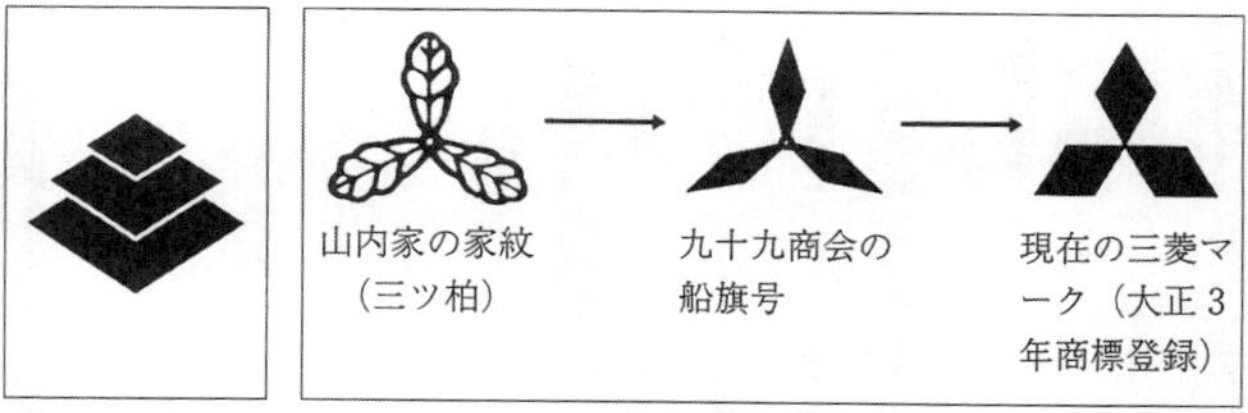


岩崎家の家紋
〈三階菱〉

三菱マークの成り立ち

【出典】三菱史料館所蔵資料に基づいて作成された、武田晴人（2011）68頁掲載の図

藩旗に代わる旗印のデザインとして、藩主山内家の家紋「三つ柏」をもとにしたスリーダイヤ（三菱マーク）が採用された（「三つ柏」と岩崎家の家紋「三階菱」を組み合わせてスリーダイヤを作ったという異説もある）。設立の経緯には不明な点もあるが、当時新政府が各藩直営の商業活動を禁止する方針を出していたので、それに違えない形で、表向き藩と無関係なダミーの私企業を作ったというのが実情のようだ。実際には土佐藩が運営に深く関わっており、弥太郎は藩士のまま商会業務に関与した。主たる業務は、高知・神戸間、東京・大阪間の海運事業や貿易事業であった。

一八七一年、廃藩置県が行われた。この改革によって弥太郎は、武士の身分と土佐藩の経済官僚としての地位を失った。彼は九十九商会閉鎖の伺書を提出したが、後藤、板垣退助ら旧藩の首脳部は、土佐藩が育ててきた商会を閉鎖することに反対であった。彼らから強く説得された結果、弥太郎は九十九商会の経営を引き受けることを承諾し、藩から蒸気船二隻と大阪藩邸の蔵屋敷の払い下げを受けた。すなわち弥太郎は、自ら進んでというよりは、土佐藩首脳からの懇請によって、同藩の事業を維持・継承するため、実業界に乗り出したわけである。

もっとも弥太郎は、当初はまだ自らのキャリアに迷いがあり、明確な事業ビジョンも描き切れていなかった。一八七二年、九十九商会は社名を三ツ川商会と改称した。同商会の共同経営者である川田小一郎、石川七財、中川亀之助の姓にちなんだ命名だと言われる。最も実務に通じていながら、岩崎の名前が社名に使われなかったのは、弥太郎の迷いの反映だと見られている（武田二〇一一、七八〜七九頁）。しかし三ツ川商会は、開業から一年余り経った一八七三年に、社名を三菱商会に改称した。弥太郎が自ら決定した社名であり、岩崎家の家紋「三階菱」を想起させるものであった。三菱商会は、弥太郎の個人事業となり、それまで共同経営者であった石川らは弥太郎の部下という形になった。さらに一八七四年、弥太郎は父親が死去したのをきっかけに、本拠を大阪から東京に移し、社名も三菱蒸気船会社に改称した（ただし海運業以外では、三菱商会の名も使用）。以後弥太郎は、実業家として急速に飛躍を遂げていくことになる。

### †海の王者

弥太郎は、事業の中核に海運事業を据え、顧客のニーズに徹底的に応えるサービスでシェアを拡大していった。士族出身の社員には、身分制の意識が抜けず、客に頭を下げる習慣が身につかないも者もいた。そのため弥太郎は、店の正面に大きな「おかめの面」を掲げ、社員におかめのような笑顔で客にサービスするよう指導した。この様子を知った福沢諭吉が、「近頃の社長にはない心掛けだ」と称賛したというエピソードは有名である。しばしば誤解されるが、三菱は当初から政府の保護を受けていたわけではない。三菱の創業当時、政府から種々の優遇措置を受けていたのは、一八七二年に三井組など江戸時代以来の豪商によって設立された帝国郵便蒸気船会社であり、弥太郎は政府からの保護の枠外で、独力で三菱を成長させたのである。

明治初期、日本の沿岸航路は、一八七三年頃から帝国郵便蒸気船会社、三菱蒸気船会社が一定の存在感を示し始めたものの、アメリカのパシフィック・メイル社やイギリスのP&O汽船会社が牛耳っている状態であった。国際航路に至っては、彼らが独占していた。こうした経済的自立性が侵されている状況を打開するため、日本の海運業者を育成し、日本による国際航路を開くことは、明治政府の悲願となっていた。

このような中で、一八七四年に台湾出兵が行われた。日本政府は当初、軍事輸送を外国船に委ねる予定にしていた。しかし、清国との摩擦を嫌った英米両政府が、局外中立を宣言し、自国船の利用を禁じたため、日本政府は帝国郵便蒸気船会社に輸送を依頼した。ところが同社は、その間に三菱にシェアを奪われることを恐れ、政府の要請を断った。他に運航能力を持つ業者がいなかったことから、輸送実務を担当していた大隈重信（大蔵卿）が三菱に打診したところ、弥太郎は「光栄これより大なるはなし」として、敢然これを受諾した。ただし、三菱の所有船舶は、当時はまだ質量ともに不十分であった。そこで、政府から大型船一三隻を貸し渡してもらい、通常の輸送業務を停止して軍事輸送に専念した。

出兵・撤兵に伴う軍事輸送は大規模なものであったが、三菱はこの任務を無事やり遂げた。その結果、三菱は大きな利益を挙げるとともに、政府から大型船を下付され、輸送力を大幅に増強することに成功した。これに対して帝国郵便蒸気船会社は、三菱の留守中にシェア拡大を図るという思惑が外れ、かえって三菱と立場が逆転することになった。同社は、地租改正によってそれまで独占していた貢租米の輸送業務を失ったことも相俟って、その後業績を悪化させていき、一八七五年に事実上三菱に吸収された。

台湾出兵後、政府は内務卿大久保利通の提案に従って、海運業保護の方針を決定した。助成対象としては、三菱が選ばれた。この決定を、弥太郎が大久保らに取り入った結果であると見なす向きもある。しかし弥太郎は、大隈との間には長崎以来の交遊があったが、大久保とは個人的に深い関係ではなかったし、大きな財を遺さなかった大久保に対して、巨額の賄賂を贈ったとも考え難い。三菱が保護の対象となったのは、弥太郎が独力で海運業を成長させてきたこと、台湾出兵に伴う軍事輸送を成功させたことが純粋に評価されたと見るべきであろう。

一八七五年、三菱は政府からの命令を受け、郵便物の託送、政府の命令による航路の維持、兼業の禁止などの条件と引き換えに、政府から定額の航路助成金を下付されることになった。この年、三菱は上海航路を開設するとともに、国内の沿岸航路にも新しい船を就航させ、外国会社への本格的挑戦を開始した。荷為替金融業務を開始するなど、サービスの向上にも努めた。三菱と外国の汽船会社は激しい値下げ合戦を行ったが、同年中にパシフィック・メイル社が、翌年にはP&O汽船会社が競争を断念し、日本沿岸航路と上海航路から撤退した。三菱の勝利によって、日本は外国会社による海運支配を駆逐し、日本の海運権を取り戻すことに成功したと言える（小風一九九五）。

一八七七年、西南戦争が発生した。同戦争に際して、三菱は再び政府の命令で軍事輸送を担当し、成功させた。政府は、実業家に対しては初めてとなる勲四等を贈ることによって、弥太郎の功績に報いた。三菱はこの機会に巨額の利益を得るのみならず、輸送力をさらに増強することにも成功した。一八八一年までに、三菱は上海、香港、釜山、ウラジオストックなどとの国際航路を開き、日本国内にある大型船舶のほとんどを所有するまでになった。さらに、荷為替、海上保険、倉庫などの関連事業も展開し、慶応義塾出身の荘田平五郎に会計規則を策定させるなど、会社組織の近代化も推進した。多様な業務を担う人材を確保すべく、慶応義塾、東京大学の卒業生も次々に入社させた（弥太郎の長女春路と結婚し、のちの首相となる加藤高明はその一人である）。こうして弥太郎は、「海の王者」とも言うべき地位を築いたのである。

†志半ばの死

三菱が巨大な存在となるにつれて、その独占的地位に対する批判が噴出した。発端となったのは、明治一四年の政変であった。この政変は、民権派の期待に応え、イギリス型議院内閣制の即時導入を主張した大隈と、それに反対した岩倉具視、伊藤博文ら主流派の間の政治抗争であった。両者が対立する中で、薩摩藩関係者の間で北海道開拓使の官有物を不当に安い値段で払い下げる計画が進行しているという報道がなされ、「藩閥」政府批判が盛り上がった。主流派はこれを、民権運動に影響力を持つ福沢、北海道への事業進出をもくろむ弥太郎と大隈が結託して起こした「政府転覆の陰謀」であると見なし、警戒した（実際にそのような陰謀があったとは考え難いが、三者の間に親交があったのは事実である。大隈シンパの若い官僚には慶応義塾出身者が多かったし、弥太郎は福沢のために多額の寄付をしていた）。結局大隈は政府から追放され、翌年立憲改進党を結成したが、今度は同党のライバル自由党が、弥太郎が改進党を支援していると見なし、反三菱キャンペーンを張った。以後政府の主流派は、大隈の政治的影響力を封じ込めるため、その資金源と目された三菱を潰すことを考え始めた。

この頃政府は、運賃の上昇、サービスの低下など、独占による弊害が出てきたと認識しており、業務の改善を求めるため、三菱に対する監督を強化した。さらに、一八八二年には、三菱に対抗する事業者を育成するため、三井などに出資させて共同運輸会社を設立した。弥太郎はこうした動きに頑強に抵抗し、政府からの借入金を完済して監督規制の緩和を図るなど、経営のフリーハンドを確保することに努めた。両社の間では、サービス、価格をめぐって、熾烈な競争が展開された。農商務卿の西郷従道が「三菱の暴富は国賊同様」と批判したのに対して、弥太郎は「政府が国賊というのなら、汽船をすべて遠州灘に集めて焼き払い、残りの財産は自由党に寄付しよう」と言い放ったという話も伝わっている。最近の研究によれば、三菱と共同運輸の「死闘」は実態以上に誇張されてきたことが明らかにされているものの、両社が折からの松方デフレの影響もあって、急激に収支を悪化させたのは事実である（武田二〇一一、一八〇～一九一頁）。一八八五年には、両社ともに倒産が危惧されるまでになった。

このように三菱が存亡の淵に立たされる中で、弥太郎は胃ガンに冒され、一八八五年二月に死去した。享年五〇歳であった。弥太郎は、弟弥之助に後事を託し、「我の志を継ぎ我の事業を落す勿れ」と伝えた。弥之助はこの期待に応え、弥太郎の「弔い合戦」と呼ばれる共同運輸との競争を指揮したが、このままでは共倒れになり、再び欧米の汽船会社の進出を許す事態になりかねないと認識していた。政府、共同運輸の側も、過当競争に終止符を打つことを希望した。その結果、同年一〇月に両社は合同し、日本郵船株式会社が設立されることになった。三菱は、日本郵船の大株主としての地位を得、経営に大きな影響力を残したものの、それまで事業の柱であった海運業からは手を引き、鉱山、造船、金融、保険などの事業を多角的に経営する道を歩むことになった。弥太郎は志半ばで逝ったが、その夢は、弟弥之助、長男久弥、甥小弥太らによって継承されていった。

明治維新というと政治面に注目が集まりがちであるが、明治日本が「文明開化」「富国強兵」を達成する上で、実業家が果たした役割は、政治指導者たちに劣らず大きい。岩崎弥太郎はその代表的人物であり、日本の独立と近代化という国家目標を政治指導者たちと共有し、その実現に尽力した実業家であった。

**さらに詳しく知るための参考文献**

**伝記・史料**

岩崎家傳記刊行会編『岩崎彌太郎伝』上・下（東京大学出版会、一九六七）……各種一次史料に基づいて書かれた最も信頼できる伝記。一般向けに書かれた評伝は、この伝記の記述を引き写しただけのものが多い。

岩崎家傳記刊行会編『岩崎彌太郎日記』（東京大学出版会、一九七五）……一八六〇年から一八七三年までの約一三年余にわたって書き継がれた日記。漢文体で克明に記されており、弥太郎の漢学の高い素養や几帳面な性格が分かる。

**評伝**

武田晴人『岩崎弥太郎――商会之実ハ一家之事業ナリ』（ミネルヴァ書房〔日本評伝選〕、二〇一一）……最新の研究と近年利用可能になった史料を踏まえて書かれた、現在最も信頼できる評伝。

小林正彬『岩崎彌太郎――治世の能吏、乱世の姦雄』(吉川弘文館、二〇一一)……長年の三菱研究の成果をベースにして書かれた評伝。文献や史料についての詳しい情報が有用。

伊井直行『岩崎彌太郎――「会社」の創造』(講談社現代新書、二〇一〇)……『岩崎彌太郎日記』を読み込んで、弥太郎の行動や人間性について随所に踏み込んだ解釈を示したユニークな評伝。

成田誠一『岩崎彌太郎物語――「三菱」を築いたサムライたち』(毎日ワンズ、二〇一〇)……岩崎家四代の社長や彼らを取り巻く人びとの生涯を一般向けに分かりやすくまとめたもの。

宮本又郎『企業家たちの幕末維新』(メディアファクトリー新書、二〇一二)/同『企業家たちの挑戦』(中公文庫、二〇一三)……いずれも弥太郎のリーダーシップについて、近代日本の他の企業家たちと比較検討している。

研究書

武田晴人『財閥の時代』(新曜社、一九九五)/三島康雄『三菱財閥史(明治編)』(教育社歴史新書、一九七九)……財閥論の観点から、明治期の三菱や弥太郎の動向を位置づけたもの。

小林正彬『三菱の経営多角化――三井・住友と比較』(白桃書房、二〇〇六)……明治期の三菱の経営多角化について検討した研究書。

小風秀雅『帝国主義下の日本海運』(山川出版社、一九九五)……明治初期の日本の海運業の発展について分析した研究書。

第19講

# 松浦武四郎——時代を見つめ、集めて、伝えた、希代の旅人

三浦泰之

## †旅への憧れと青年期の諸国放浪

幕末期、日本近世社会において「蝦夷地《えぞち》」と呼ばれていた北海道を六回にわたって踏査し、明治維新期には、当代随一の「蝦夷地通」として明治新政府の「蝦夷地開拓」政策に関与した松浦武四《まつうらたけし》郎《ろう》（一八一八～一八八八）。その生涯は、「旅」に彩られている。

伊勢国一志《いちし》郡《ぐん》須川村（現三重県松阪市）で、紀州徳川家領の地士松浦桂介の三男として生まれた武四郎は、幼少期から好奇心や探求心が強く、各地の「名所図会」や「地誌」を読み、「諸国の名山大岳」に登ることに憧れを抱いた（『新版松浦武四郎自伝』）。一三歳の時、一八三〇（文政一三）年には「文政のお蔭参り」があり、伊勢参宮街道に面していた生家の前を行き交う数多くの旅人の姿を見ながら、旅への憧れを募らせていったという。

最初の旅は一六歳の時。一八三三（天保四）年二月に「家出」し、単身江戸を訪れた。一カ月ほどで連れ戻されたが、出発の直後、親類に宛てた書簡には「先、私わ江戸・京・大坂・長崎・唐又わ天竺へても行候か」（一八三三年二月三日付、中嶋周助宛て武四郎書簡、『三雲町史』第三巻所収）と、旅への強い憧れを記している。

そして、その翌年から、父親の勧めもあって諸国放浪の旅に出る。一七歳から二一歳、一八三四年から一八三八年にかけて、北は仙台から南は鹿児島まで訪れた。旅の路銭は、篆刻《てんこく》家山《やま》口《ぐち》（益田《ますだ》）遇所《ぐうしょ》から学んだ篆刻法や、各地の村役人宅で催した「四書又は唐詩の講」（前掲『自伝』）などで稼いだという。また、一八歳の時には、幕府老中水野忠邦の江戸屋敷で六カ月間ほど「奥向」の奉公もしている。後年、そのことを生家の兄に伝えた書簡には「少しの間ニ少々立身の形も相見へ候所、若気の麁《そ》々《そう》ニ而転散」（一八四〇年二月二六日付、松浦佐七ほか宛て武四郎書簡、前掲『三雲町史』所収）と記しており、立身出世の道を探りながらの旅でもあった。

長崎を訪れていた二一歳の時、大病を患った。快復した後、臨済宗寺院・禅林寺の謙堂和尚の勧めで、世話になった人々への報謝の念から出家し文桂と名を改め、しばらく平戸の千光寺などで僧侶として過ごした。ただ、それでも、近国への旅を繰り返すなど、旅への強い思いは消えなかった。

## †蝦夷地の踏査――一介の志士として

転機が訪れたのは一八四三（天保一四）年、二六歳の頃。外国事情に精通していた長崎酒屋町の組頭津川文作などからロシア南下をめぐる危機的な北方情勢を聞き、海防問題に強い関心を寄せ、蝦夷地の探査を志すことになったのである。当時、日本の近海にはしばしば外国船が出没し、幕府も対応に追われていた。一八四〇年に起きたアヘン戦争も、重大な危機感とともに受け止められた。蝦夷地をめぐっても、一八〇六（文化三）年から翌年にかけてロシア艦がサハリン（樺太）や択捉島などを襲撃する「文化露寇」が起きるなど、ロシアの脅威は現実的な問題であった。為政者のみならず、知識人層においても海防問題が高い関心を集める中、武四郎は、自らの目で蝦夷地の実情を探ろうとしたのである。

松浦武四郎（1818-1888）

そして、この年、九年ぶりに帰省し、翌一八四四年二月、「是より蝦夷が島の隅々まで探り、何の日か国の為たらんことを」（前掲『自伝』）という決意の下、蝦夷地へ向けて旅立った。その後、津軽地方の鰺ヶ《あじが》沢《さわ》から松前藩領の港町江差《えさし》へ渡ることができたのは一八四五（弘化二）年四月。この年から三回、一介の志士として蝦夷地を踏査する。

ところで、近世後期の北海道には、幕藩制国家によって、松前藩領であった和人地（現在の渡島《おしま》半島周辺）と実質的に松前藩が統治していた蝦夷地（知床《しれとこ》半島を境に東蝦夷地と西蝦夷地に区分。サハリン〔樺太〕は北蝦夷地と呼称）という地域区分が設定されていた。そして、松前藩は、特権的な商人に運上金の上納と引きかえに蝦夷地各「場所」の経営を任せる「場所請負制」という仕組みを再生産の基盤としていた。和人地と蝦夷地の往来は厳しく制限され、蝦夷地は一般旅人にとって簡単に訪れられるところではなかったのである。そのため、武四郎は、その往来を取り締まっていた松前藩の沖ノ口役所の役人や、松前や箱館の場所請負商人などと懇意になり、その手段を探った。

一回目は、一八四五年六月から一〇月にかけて、箱館の商人和賀屋孫兵衛の手代という名目を得て東蝦夷地（太平洋岸）を訪れた。その後、尊王攘夷派の志士たちに大きな影響を与えた水戸学の会沢正志斎などを訪ね、江戸に戻っている。

二回目は、翌一八四六年四月から九月にかけて、松前藩の医師西川春庵の家来となって主に西蝦夷地（日本海岸とオホーツク海岸）と北蝦夷地の南部を訪れた。その後、江差で越年し、佐渡島などを巡覧した後、江戸に戻った。江差では、武四郎と同じく蝦夷地探査を志して滞在中の儒学者頼三樹三郎《らいみきさぶろう》と懇意になっている。

三回目は、一八四九（嘉永二）年閏四月から六月にかけて、松前の商人柏屋喜兵衛の手船に水主と一緒に乗り込み、国後島と択捉島を巡った。

そして、江戸に戻った後、一八五〇年には、自身の見聞に、これまでの蝦夷地関連文献の引用も交え、「初航」「再航」「三航」の『蝦夷日誌』全三五巻をまとめた。

この日誌の中で、海防問題に強い関心を寄せていた武四郎は、松前藩による場所請負制の下で、アイヌ民族が漁場労働力として酷使され、著しく人口が減少するなど、アイヌ社会が疲弊していること、そして、このままの統治が続けば、アイヌ民族が「紅夷赤狄」になびき、蝦夷地が侵略されるおそれがあることなど、蝦夷地をめぐる危機的な状況を訴えている。それと同時に、初めて出会ったアイヌ民族に強く惹かれ、その生活文化やアイヌ語地名などについても克明に記録している。その関心の有り様は、アイヌ語の勉強を重ね、三回目の踏査の時には日常会話には困らなくなっていたことにも表れている。

## †黒船来航と尊王攘夷運動

武四郎が三回目の蝦夷地踏査を終えた四年後の一八五三(嘉永六)年、日本を揺るがす出来事が起きた。黒船の来航である。六月、アメリカ東インド艦隊司令長官ペリー率いた艦隊四隻が浦賀(現神奈川県横須賀市)沖に現れ、開国を求めた。また、七月にはロシア海軍中将プチャーチン率いた艦隊四隻が長崎へ来航し、やはり開国と北方域での国境画定を求めた。また、八月には、ロシア政府からサハリン占領命令を受けた海軍大佐ネヴェリスコイがサハリン南部のクシュンコタンを占拠し、陣営を築くという事件も起きた。

そのような情勢の中、海防問題に強い関心を寄せていた武四郎は、尊王攘夷運動に傾倒する。江戸において長州藩の吉田松陰などと国事を談じ、九月には水戸藩の藤田東湖や、儒学者の藤《ふじ》森弘庵《もりこうあん》や鷲津毅堂《わしづきどう》の依頼を受け、京都において朝廷工作を行っている。これは、孝明天皇名代の公家が将軍宣下のために東下する際、朝廷より「国体をはづかしめざる様」との「御沙汰書」を出させるための画策であった。

また、翌一八五四年三月に日米和親条約、五月にその付録が結ばれ、一二月に日露通好条約が結ばれるなど、幕府と諸外国との交渉が進展する中、宇和島藩や藤堂藩から依頼を受け、交渉の舞台であった下田（現静岡県下田市）を訪れてその経過を探り、『豆遊日誌』『下田日誌』としてまとめるなど、「情報通」として江戸でその名が知れ渡ることになる。この情報収集力は、生来の旺盛な探究心や行動力に加えて、後述する蝦夷地情報の提供をめぐって築かれた幕府の実務役人との交友関係に負うところが大きかったと推察される。例えば、日露通好条約調印をめぐる下田での情報収集は、目付松本十郎兵衛の従者としてその一行に加わった形で行われている。

武四郎が集めた情報は、その友人・知人やその周辺の人々にとって重宝された。例えば、この時期、仙台藩の伊藤浩然《こうねん》や津の豪商川喜田石水《かわきたせきすい》、国学の師で伊勢神宮の神官足代弘訓《あじろひろのり》などが作成した風説留には、黒船情報のほか、蝦夷地情報や幕府の人事情報などを伝える武四郎の書簡やその写しが散見される。また、黒船来航の直前、弘化年間から嘉永年間にかけて交わされた儒学の師・藤堂藩の平松楽斎《らくさい》との五〇通を超える往復書簡の存在が知られるが、やはり武四郎が自身の見聞に基づく蝦夷地情報や、アヘン戦争などの海防問題をめぐる情報を発信していることがわかる。この精力的な収集活動と、積極的な発信活動は、彼の生涯を通底する特徴である。なお、吉田松陰も、「四方の新聞得候為めに〔武四郎と〕御交はり成さるべく候」（一八五五年二月一九日付、久保久清宛て吉田松陰書簡、『吉田松陰全集』第八巻）と、武四郎の情報通ぶりを高く評価している。

## †蝦夷地の踏査――幕府の「御雇」として

その一方、海防問題を通じて「蝦夷地開拓之志」（一八五三年八月三日付、武四郎書簡写、『浩然随筆』第二六巻／『松浦武四郎研究序説』所収）を秘めていた武四郎は、一八五三年八月、『蝦夷日誌』の内、「初航」全一一巻を水戸藩の徳川斉昭に献上した。そして、ロシアが幕府に北方域での国境画定を求めるなど、政治的に蝦夷地が注目される中、「蝦夷地通」としてもその名が知れ渡っていく。例えば、一八五四年に斉昭から蝦夷地・北蝦夷地に関する調査を命じられた水戸藩の学者豊田天功《とよだてんこう》は、「当今有用之人物」である武四郎から情報を得ることを斉昭に提案している（松浦武四郎推挙の呈書稿、前掲『序説』所収）。なお、その中で、武四郎について「一くせ有之《これある》は勿論」などと評しており、その強烈な個性がうかがえて興味深い。

北方域での国境の画定に向けて一八五四年に蝦夷地調査隊を派遣した幕府においても、それを担った目付堀利熙《ほりとしひろ》や勘定吟味役村垣範正《むらがきのりまさ》（いずれも後に箱館奉行）などの実務役人が武四郎と接触して、蝦夷地情報を聞き出すとともに、調査に同行させようと画策した。一介の浪人に過ぎなかった武四郎も、幕府の「御雇格」という身分を得ての同行に意欲を示すが、『蝦夷日誌』で厳しい批判を受けた松前藩の妨害もあって実現はしなかった。

しかし、一八五五（安政二）年二月、日米和親条約で決められた箱館開港を控え、既に箱館とその近郊を松前藩から上知して箱館奉行所を置いていた幕府が、蝦夷地全域も直轄支配すると、その妨害は意味をなさなくなった。そして、武四郎は、懇意にしていた箱館奉行所支配組頭向山源太夫《むこうやまげんだゆう》の勧めで、『蝦夷日誌』全三五巻を幕府に献上し、一八五五年一二月、幕府の「御雇」になる。この身分で四回目から六回目の蝦夷地踏査が行われた。

四回目では、松前藩から支配地の引き渡しを受けるために「廻浦」する向山に随行する形で、一八五六年三月から一〇月にかけて、西蝦夷地から北蝦夷地の南部、東蝦夷地へと、主に海岸線を巡った。

五回目、六回目では、「蝦夷地一円山川地理等取調」の命を受け、幕府による「蝦夷地開拓」に向けて地理的状況や新道切り開きの可能性などについて探るために、一八五七年四月から八月、一八五八年一月から八月にかけて、石狩川、天塩川、十勝川、釧路川の流域など、内陸部も含めて踏査した。

そして、その成果を、『燼心余赤《じんしんよせき》』として知られる数々の意見書や、計一一六巻に及ぶ報告書などにまとめ、箱館奉行所に提出している。

一介の志士としての踏査以来アイヌ民族の窮状を憂慮していた武四郎は、その報告書の中で、各場所のアイヌ人別帳と居住実態を詳細に対照させ、場所請負商人によるアイヌの強制出稼ぎを厳しく批判するなど、アイヌの生活改善についても、松前藩時代とは異なる、幕府の「仁政」への期待感とともに、繰り返し訴えている。

踏査を通じて深まったアイヌ民族に対する思いは、一八五七年に執筆を始めた『近世蝦夷人物誌』全三編九巻から、端的に読み取ることができる。踏査で出会った一〇〇名ほどのアイヌの人々の伝記や逸話を紹介する中で、場所請負制の下で疲弊していたアイヌ社会の状況を厳しく批判するとともに、そのような状況下でも親兄弟に尽くす高い倫理性を持つ人物、狩猟や彫り物が得意な人物、主体的に困難の解決に取り組む首長の姿など、個々人の魅力あふれる人間性も活き活きと描き出している。

武四郎は、六回目の踏査後、江戸に戻り、一八五九年一二月、幕府の「御雇」を辞した。持病の「出瘡」の悪化がその理由であった。ただ、既に四回目の踏査の際に「当方御処置も中々此分ニ而は陸ヶ《むつか》敷《しく》奉存候、私共も一、二年之間之士官之つもり」（一八五六年六月一三日付、仙台藩涌谷伊達家の家臣十文字龍介宛て武四郎書簡、個人蔵）と記すなど、期待した幕府の「仁政」への失望も大きな理由であったに違いない。また、一八五八年に始まった安政の大獄で頼三樹三郎などの友人・知人が処罰されたことも、幕府への不信感を深めた一因と推察される。

また、「御雇」を辞す前後から、江戸で精力的に蝦夷地関係著作の出版を重ねている。内陸部の地形や地名が初めて詳細に記された地図『東西蝦夷山川地理取調図《とうざいえぞさんせんちりとりしらべず》』や、『石狩日誌』『十勝日誌』などの紀行文、『蝦夷漫画』といったビジュアルな小冊子、『新板蝦夷土産道中寿五《しんばんえぞみやげどうちゅうすご》六《ろく》』といった双六など、趣向を凝らした木版本によって、自身が見聞した蝦夷地のようすや、アイヌ民族の文化や生活実態を社会に伝えようとしたのである。これらは「多気志楼物《たけしろうもの》」と呼ばれて大坂や京都でも「大流行」し、生計も楽になったという（一八六一年三月一八日付、松浦圭介宛て武四郎書簡、前掲『三雲町史』所収）。

### †明治新政府への登用

王政復古を経て成立した維新政府は、当初から「蝦夷地開拓」を「皇威隆替《こういりゅうたい》」に関わる問題として重要視した。日露通好条約の締結後も国境が未画定であったサハリン（樺太）では小規模な紛争が生じるなど、ロシアの南下は依然として強い危機感を持って受け止められていたのである。

そのような中、五一歳の武四郎は、一八六八（慶応四）年閏四月、京都に召され「徴士箱館府判府事」として新政府に登用された。箱館府は幕府の箱館奉行所を引き継いだ行政機関で、判府事は府知事の侍従清水谷公考に次ぐ重職である。この背景には、「蝦夷地通」としての力量を評価した薩摩藩の大久保利通の強い推挙があった。

しかし、戊辰戦争の混乱の中、やがて、旧幕府海軍副総裁榎本武揚率いた旧幕府艦隊が箱館五稜郭を占拠する（箱館戦争）など、新政府による蝦夷地開拓政策は進展しなかった。武四郎も、上京中の五月に河川の増水氾濫の度に交通・通信が遮断されていた東海道の「間道」調査を命じられ、江戸（東京）に戻ったが、箱館府に赴任することはなく、八月には「東京府知事附属」となり、翌一八六九（明治二）年二月まで東京府下の民政に関する調査を行うなど、蝦夷地開拓とは無関係な仕事に従事した。

その後、一八六九年五月に箱館戦争が終結すると、六月に「蝦夷開拓御用掛」の一人に命じられ、七月の官制改革で蝦夷地開拓を主導する政府機関として開拓使が置かれると、「開拓大《だい》主典《さかん》」に、八月には「開拓判官」に命じられるなど、開拓使の東京詰の幹部役人の一人として、新政府の政策に関与することになった。

武四郎が担った重要な仕事の一つに、蝦夷地の改称、蝦夷地への国郡の設定があった。蝦夷地は、幕藩制国家の中で、実質的には松前藩や幕府の統治下にあったが、建前上は「異域」であった。新政府は、王政復古の下、枢要の地とした蝦夷地を正式に日本の領域に組み入れるために、古代律令制の広域行政区分「五畿七道」を参照し、蝦夷地に「道」名を付し、国郡を設定することを企図したのである。そのことを踏まえて、武四郎は、自身の見聞などに基づき、国郡の名称とその境界を提案し、一八六九年七月一七日には蝦夷地に代わる名称として「日高見道」「北加伊道」「海北道」「海島道」「東北道」「千島道」の六案を提案した。その後、武四郎の案が政府部内でどのように検討されたかは不明であるが、八月一五日には蝦夷地を「北海道」と改称し、石狩国石狩郡など一一国八六郡を置く旨の太政官布告が出されている。

実は、道名の選定や国郡の設定に関しては、薩摩藩出身で箱館府判事の井上石見や、旧幕臣で蝦夷開拓御用掛の相良倩斎《さがらしゆんさい》など、一八六八年以来、数名が意見書を提出している。「北海道」という道名は、すでに一八六八年の段階で議論に上っており、あるいは既定路線であったのかもしれない。ただ、国郡名とその境界については、ほぼ武四郎の提案通りに決定されている。

なお、九月には、新政府より、従五位の官位とともに、「北海道々名、国名、郡名撰定」の褒賞として金一〇〇円を贈られた。

しかし、武四郎は、一八七〇年三月、辞表を提出して職を辞し、官位も返上する。辞表では、開拓使内の派閥争いなどで同じ開拓判官の島義勇《しまよしたけ》とともに開拓長官東久世《ひがしくぜ》通禧《みちとみ》から遠ざけられ、松前藩の転封や、アイヌ民族を苦しめてきた場所請負制の廃止という持論の実現が叶わず、諸政策に関与できないことを嘆いている。親しい友人には「北海道開拓も何分例之松前家と請負人と長官へ賄賂相遣ひ、島判官と僕の讒言《ざんげん》のミ仕候間、如何にもむつかしく候、依而近日辞表さし出申候」（一八七〇年三月六日付、足利藩の田崎草雲宛て武四郎書簡、『田崎草雲書簡集』所収）と、苦しい胸の内を吐露している。ちなみに、辞職後、武四郎には、その功労に対して「終身十五人扶持」が下賜された。

その後、北海道の開拓は徐々に進展していく。ただ、その一方で、近代化の下、開拓を最優先させる場当たり的な政策の中でアイヌ民族の伝統的な生活基盤や文化が否定されていくことになるが、その経過をいかなる思いで眺めていたのかは、書き残したものが確認できず、よくわからない。六回目の踏査以降、再び北海道を訪れることもなかった。

一八七五年に京都の北野天満宮へ奉納した大神鏡の背面には、自身で選定した国名の入った北海道地図と「いく年か　思ひふかめし　北の海　道ひくまでに　なし得つるかな」という和歌が刻まれている。少なくとも、ここからは、これまでの蝦夷地（北海道）との関わりに対する、ある種の自負心はうかがえる。

†おわりに——旅の終焉

武四郎は、一八八〇（明治一三）年には吉野から熊野に至る霊場を巡る大峯奥駈修行を挙行、一八八一年には菅原道真の旧跡である「聖跡二十五霊場」を巡礼、一八八五年から一八八七年にかけては奈良と三重の県境にある大台ヶ原を三度登山するなど、晩年においても毎年のように主に西日本への旅を繰り返した。山岳信仰や天神信仰、尊王攘夷運動に傾倒するきっかけにもなった南朝への敬慕といった思想的な動機に導かれての旅であるが、「壮年の頃見残し候国々を巡り候」（一八八四年七月二八日付、元熊本藩末松孫太郎宛て武四郎書簡、『松浦武四郎研究会会誌』第四二号所収）と記したように、あくなき好奇心と探究心も背景にあった。そして、旅の模様を小型本として出版もしている。

また、晩年には、「好古家」としても著名であった。好古家とは「古物」（勾玉、古銭、古鏡、土器、石器、古仏、古書画など）の愛好家、蒐集家、研究家を意味した同時代の呼称である。近世後期から明治期には、いにしえの日本を考証する国学などの学問を背景に、東京を始め、各地で好古家たちが活動していた。武四郎も、新政府の博物館・文化財行政を担った蜷川式胤《にながわのりたね》や柏木貨一郎、漢詩人小野湖山、旧幕臣勝海舟や向山黄村《むこうやまこうそん》などとの幅広い交友の中で、古物の一大コレクションを築いた。その一部は、静嘉堂文庫に現存している。また、『撥雲余興《はつうんよきょう》』、『撥雲余興』二集という自身の収蔵古物の図録も刊行し、絵師河鍋暁斎《かわなべきょうさい》に依頼し、収蔵古物に囲まれる自身の姿を「武四郎涅槃図《たけしろうねはんず》」（松浦武四郎記念館所蔵）という変わり涅槃図として描かせた。「乞食松浦」と呼ばれるほど、強烈な収集癖があったことも伝えられている。晩年の旅は、古物の収集も大きな動機の一つであった。

生涯を通じて各地を旅し多くの情報やモノを集め続けた武四郎にとって、一八八六年に建築した「一畳敷」は、その人生の集大成と言える。東京神田五軒町の自宅の東側に庭へ張り出す形で増築した一畳の書斎で、天井板や棚板、柱など、そのあらゆる部材には、晩年の旅の舞台となった西日本を中心とする友人・知人六〇名以上から提供された、神社仏閣（伊勢神宮や建仁寺、三井寺、春日大社、熊野速玉神社、出雲大社、太宰府神社ほか）などの古材が用いられている。

大正期の随筆家内田魯庵が「好事の絶頂」と評した希代の書斎である。その建築理由や各部材の由来をまとめた『木片勧進』という小型本（一八八七年刊）によれば、古稀を迎えて死を意識した武四郎は、一畳敷に「死への架け橋」としての「神聖な空間」、旅の人生を振り返る思い出の場所としての意味を込めた（ヘンリー・スミス『泰山荘』）。そして、死後には壊し、その古材で亡骸を焼き、遺骨を大台ヶ原に埋めてほしいと願ったのである。しかし、一畳敷は、子孫の手で大切に残され、紀州徳川家が東京に開設した南葵《なんき》文庫への移築などを経て、現在、国際基督教大学の敷地内（東京都三鷹市）に佇んでいる。

憂北の志士、地理学者、民俗学者、出版編集者、好古家など、さまざまな顔を持ち、世間に大きなインパクトを与え続けた武四郎は、一八八八年、東京の自宅で七一歳の生涯を終えた。旅に生きた、多才で気骨、情熱の人であった。

## さらに詳しく知るための参考文献

笹木義友編『新版松浦武四郎自伝』(北海道出版企画センター、二〇一三)……武四郎の孫・松浦孫太氏によって、『世界』(京華日報社)第九七号〜第一〇五号(一九一二〜一三)に、「簡約松浦武四郎伝」という記事が連載された。武四郎自身が著したとされる日記風の一代記の翻刻紹介で、小林房太郎編「多気志楼著書目録及解題」(『北斗』第二年七月号、北斗社、一九一一)で「武四郎唯一の自伝なり、天保弘化嘉永安政に渉る海内旅行中の有様を詳しく知るに足るも、惜しきかな、明治に至りて欠けて無し」と解説された「武四郎一代記　三十冊」がそれに該当すると考えられる(「簡約」とあることから、省略など、孫太氏による編集が加わっている可能性はある)。ただ、現在、その原本は、松浦武四郎記念館所蔵の松浦家伝来の資料群の中には確認されず、関東大震災など、何らかの理由で失われてしまった可能性が高い。そのために、この『新版松浦武四郎自伝』は、『世界』に連載された記事を定本にまとめられている。仮に『世界』連載時に誤字脱字があったとしても確認することはできないが、幕末期までの武四郎の活動を知る上での基本文献と言える。また、一八五三年から一八五五年にかけての動向をまとめた日記風の著作「癸丑浪合日記」「甲寅のあらまし」「乙卯のあらまし」(『世界』第八九号〜第九五号(一九一一〜一二)に連載、やはり原本は伝来せず)も収録されている。

高木崇世芝編『松浦武四郎関係文献目録』(北海道出版企画センター、二〇〇三)……一八八八年から二〇〇二年一二月までに印刷発表された武四郎関係の日本語文献（著作目録、展示目録、資料集、伝記、図書・研究書、雑誌・新聞記事など）が列挙されている。武四郎研究を始めるにあたっての基本文献。

秋葉實編『校訂蝦夷日誌　全』（北海道出版企画センター、一九九九）……一介の志士として行った、一回目から三回目の踏査についてまとめた『蝦夷日誌』（「初航」「再航」「三航」）を翻刻紹介。幕府の「御雇」として行った、四回目から六回目の踏査それぞれの報告書は、高倉新一郎解読『竹四郎廻浦日記』上・下（一九七八）、秋葉實解読・高倉新一郎校訂『丁巳日誌　東西蝦夷山川地理取調日誌』上・下（一九八二）、秋葉實解読・高倉新一郎校訂『戊午東西蝦夷山川地理取調日誌』上・中・下（一九八五）で翻刻紹介されている。秋葉實編『松浦武四郎選集』全六巻・別巻（一九九六〜二〇〇八）では、日露通好条約の交渉経過を探った『下田日誌』などのほか、四回目から六回目の踏査で記した「野帳」（フィールドノート）も翻刻紹介されている。また、『東奥沿海日誌』『四国遍路道中雑誌』などの青年期の旅についての紀行文や、『石狩日誌』『夕張日誌』『天塩日誌』などの出版物としての蝦夷日誌類、『近世蝦夷人物誌』、明治期における晩年の旅について出版した『壬午小記』などの小型本については、吉田武三編『松浦武四郎紀行集』上・中・下（三一書房、一九七五〜七七）で翻刻紹介されている。加えて、明治期における晩年の旅についての紀行文草稿は、佐藤貞夫編『松浦武四郎大台紀行集』（松浦武四郎記念館、二〇〇三）など、松浦武四郎記念館より刊行されている。

松浦武四郎研究会『松浦武四郎研究会会誌』第一号〜第七四号（一九八四〜二〇一七［継続中］）……三〇年以上の歴史を持つ同会の会員による論考や史料紹介などが掲載されている。第一四号（一九九四）から始まった秋葉實氏による「松浦武四郎往返書簡」の翻刻紹介は、武四郎関係書簡を知る上での基礎資料。なお、武四郎書簡の翻刻紹介に、伊勢在住の人々に宛てた書簡を取り上げた、三雲町史編集委員会編『三雲町史』第三巻資料編2（三雲町、二〇〇〇）、『三雲町史』第一巻通史編（二〇〇三）もある。

吉田武三『定本松浦武四郎』上・下（三一書房、一九七三）……上巻には、武四郎研究家の吉田武三氏による、現時点で最も詳細な武四郎の伝記が収められている。下巻には、幕府の「御雇」の時に提出した、新道見立ての意見書などを綴った『燼心余赤』ほかが翻刻紹介されている。

笹木義友・三浦泰之編『松浦武四郎研究序説―幕末維新期における知識人ネットワークの諸相』（北海道出版企画センター、二〇一一）……北海道開拓記念館（現北海道博物館）と松浦武四郎記念館が中心となって実施した共同研究の成果報告書。武四郎関係書簡二三五二通の一覧のほか、武四郎の交友関係に着目し、その幅広い活動から新たな研究の方向性を模索した論考や史料紹介が収められている。

宮地正人『幕末維新変革史』上・下（岩波書店、二〇一二）……上巻に「第一二章　蝦夷地問題と松浦武四郎」が設けられるなど、武四郎の活動を幕末維新の通史の中に位置付けた、初めての研究書。

ヘンリー・スミス『泰山荘　松浦武四郎の一畳敷の世界』（国際基督教大学博物館湯浅八郎記念館、一九九三）……書斎「一畳敷」について、その建築経過や武四郎の思想的背景、国際基督教大学の敷地内に現存するに至った経緯など、総合的に考察・紹介した研究書。

山口昌男『内田魯庵山脈――〈失われた日本人〉発掘』（晶文社、二〇〇一）……明治・大正期の随筆家内田魯庵を手がかりに、趣味や遊びなどに根ざした市井のネットワークから、近代日本に一貫して流れていた良質な知について論じた歴史人類学の大著。近代日本の良質な知のネットワークの中で、武四郎が大きな存在感をもって受け止められていたことがわかる。

公益財団法人静嘉堂編『静嘉堂蔵　松浦武四郎コレクション』（公益財団法人静嘉堂、二〇一三）……『撥雲余興』や「武四郎涅槃図」で取り上げられている考古遺物や古仏類、武四郎唯一の肖像写真に写る大首飾りなど、武四郎旧蔵の古物コレクションを紹介した、初めての展覧会の図録。

第20講　福田英子——女が自伝を紡ぐとき

田中智子

## †近代日本の自伝文化

明治の後半ともなると、自伝の文化が花開く。本書で扱われる男性著名人でいえば、福沢諭吉『福翁自伝』がその筆頭であろう。自伝は人物研究のためには欠かせない史料であるが、主観性を強く帯びるため、事実の確定という点では要取扱注意の史料でもある。だがその主観性こそが、自伝のこの上ないおもしろさでもある。

近代史家・鹿野政直は、自伝研究の際にサクセスストーリーの対極としての怨恨譚に注目する必要を強調し、前者が近代日本の陽の側面を代表するとすれば、後者はその陰の面を写し出すとする。そして、煩悶・失敗・挫折などの体験こそが、すぐれた人間記録への起爆力となることが多いとし、世間的にそれほど著名でない人々や反価値的と目される人々も、著名人に対等に太刀打ちできるジャンルが自伝であると主張する。その上で、自伝とは「女性にふさわしい自己表明＝問題提起の様式であった」と記している（鹿野「自伝のうちそと」『日本人の自伝』別巻Ⅱ、一九八二）。

本講の主人公・福田英子《ふくだひでこ》（旧姓景山《かげやま》、一八六五～一九二七）は、自由民権運動さらには社会主義運動と関わり、男女同権を訴えた女権運動家として世に知られる。しかしここでは、運動家としての思想や行動ではなく、彼女の自伝に目を向け、自伝執筆者として理解し評してみたい。近代日本の女性の自伝としてはかなり早い時期に書かれた『妾《わらわ》の半生涯《はんせいがい》』（一九〇四）に、どのような執筆動機と叙述の特徴が認められるかを捉えていこう。

## †「運動家」福田英子

とはいえ本題に入る前に、英子がいかなる足跡をもって「運動家」としての評価を受けてきたのかを簡単に紹介しておく。

まずは民権運動への関わりである。英子は郷里岡山で民権運動の洗礼を受けた。上京すると、一部の運動家が密かに企てた朝鮮王宮のクーデター計画に参加し、資金集めや通信業務などに従事する。計画は事前に発覚し英子も投獄されたが、このいわゆる大阪事件に連座した女性がいたことは世間を驚かし、「東洋のジャンヌ・ダルク」として広くその名が知られるところとなった。補助的な下働きをしたのみで、事件の中心とはおよそいえないが、運動に現場で関わった稀なる女性であることはたしかである。英子に先駆けて世間の耳目を集めた「女弁士」・岸田俊子と並列的に、民権運動史の一コマとして固有名詞で知られてきた。

さらに言えば、「我国民権が拡張せず、婦女が古来の陋習に慣れ、卑々屈々天賦自由の権利あるを知らず」との「獄中述懐」（『妾の半生涯』所収）にあるように、彼女の民権への目覚めは女権への目覚めと理解され、俊子とともに、民権運動のなかに芽生えた女権獲得運動の先駆者と位置づけられてきたというのが正確なところである。

福田英子（1865-1927）

英子の場合、女子のための学校の設立という具体的な行動がみられることも、女権運動家としての評価を高からしめている。岡山時代から蒸紅学舎なる私塾を興し、女子の教育に目を向けていたが、出獄してからは実業学校を、寡婦となってからは角筈女子工芸学校や日本女子恒産会を設立し、女性の手に職を付けさせることを志し続けた。

また、一九〇七年に創刊された雑誌『世界婦人』も、英子の活動として特筆されてきた。明治中期から、『女学雑誌』をはじめ女性読者を想定した雑誌が生まれ、さらに二〇世紀に入ると、学校教育の普及を背景とした識字率や進学率の向上により、女性雑誌の時代が到来した。英子の『世界婦人』は、本格的な文芸誌でもなく、やがて明治の終わりに誕生する平塚らいてうの『青鞜《せいとう》』のように、「新しい女」が種々の論争を巻き起こした女性史上の記念碑でもない。しかし、参政権をはじめとした女性の権利拡張に関する論陣を張り、発禁・入獄処分を受けつつも刊行は二年半に及んだ。

英子が魅力的な研究対象とみなされた理由としてもう一点、社会主義への接近を見逃せないだろう。中島信行と結婚した岸田俊子がそうであったように、身近な男性が民権運動から手を引くと自身の活動も退潮に向かったという点では、英子も例外ではなかった。しかし英子の場合、一九〇三年の創設当時から平民社に出入りして隣家の堺利彦らとも親交を持つようになり、足尾銅山の鉱毒公害に対する田中正造の活動も支援している。彼女の女権獲得運動自体も、このような人脈あってこそ続いたもので、日本社会主義史の一コマとの位置づけも可能である。

以上のような従来の英子像を念頭に置いた上で、自伝を「書く」能力や動機にまつわる事柄を重視しながら、あらためて彼女の人生を振り返ってみよう。

### †英子の生涯と男性遍歴

福田英子は幕末の岡山に生まれた。藩の祐筆を務める下級武士の父、家塾や女紅場で女子教育にあたる母の下、いわば知的な家庭環境に育っている。

全国的な学校制度は、一八七二年の学制章程公布をもって成立するから、英子の幼少期は、ちょうど小学校が各地で徐々に設置されていく時期にあたる。就学年齢と就学期間がいまだ一致・一定しない時代にあって、英子は一〇歳から一五歳まで小学校で学んだ。当時の女子の平均就学率が二〇％台前半であったことを考えれば、少数派ということになる。英子には姉・兄・弟がいるが、教育に関して男兄弟と差別的な待遇を受けた形跡は見当たらない。選抜されて県令の前で修業成果を発表し、下級生への補習役を務めるなど、学業方面では優等生であった。

当時の平均的な女性のライフサイクルとして、一五歳で縁談が持ち上がっているが、英子は父母に懇願してこれを断った。家塾で教鞭をとり小学校でも教壇に立って生計を助けつつ過ごすうち、岡山に及んだ自由民権運動に出会って政治集会に参加、女子親睦会を結成し、女子のための私塾も設けた。一九歳になった頃、民権運動家の人脈を通して助言と資金を得て上京、アメリカ人女性宣教師の創設した新栄女学校《しんさかえ》で英語に触れ、新聞記者坂崎斌《さかん》の下では西洋の諸学を教わる。

そして、先ほど述べた大阪事件への参加によって、二〇歳で逮捕されて入獄した。二三歳で出獄すると、男児を出産する。またその頃に出会った男性と伴侶として暮らしはじめ、三〇代前半までにさらに三人の男児を生んだ、三四歳でこの夫に先立たれる。その後の教育活動、社会運動、文筆活動については先ほど述べたとおりであるが、経済的には恵まれない生活を送り、一九二七年、病を得て六二歳で亡くなった。

さて、英子の人生は、四人の男性に彩られている。

一人目は、郷里岡山で出会った民権運動家の小林樟雄《くすお》(一八五六~一九二〇)であり、歳はほぼ英子の一〇歳上である。彼女に上京のきっかけを与え、運動の世界へと導いたのも彼である。結局は解消となるが、小林とは婚約するまでの仲となった。

次に英子の人生を左右したのは、大阪事件の首謀者・大井憲太郎(一八四三~一九二二)であり、年齢は彼女の約二〇歳上である。大井との関係もあって小林との婚約は破談となり、出獄後の英子は、内縁関係のまま大井との間に子を宿す。だが正妻以外にも恋仲となる女性があった大井から煮え切らない態度を示されるうちに、英子は別れを決意する。

三人目はそのような失意のなかで出会った福田友作《ともさく》(一八六五~一九〇〇)であり、歳は英子と同じであった。富農の息子ながらも上京して苦学する福田との生活は貧しかったが、二人の間には三人の子が生まれる。しかし福田の実家との折り合いが悪く、正式な入籍には時間がかかった上、福田はあろうことか先立つ。

四人目は、福田家の書生を務めていた石川三四郎(一八七六~一九五六)、英子の約一〇歳下の青年であった。夫を亡くした後の精神的支えであり、社会主義者の彼あってこそ、英子の女権獲得運動も隣り合わせに続き得たといえるが、晩年の石川は彼女から離れようとしたとの説もある。

以上、ほぼ一〇歳刻みの四人の男性が、彼女の人生を順に左右した。最初は郷里の兄のような存在を慕うが、カリスマ的な魅力をもつ年長者に強く惹かれるようになる。だが愛憎の荒波に疲れ穏やかな海を求めるように同年の男性と結婚、その死後は年下の男性に支えられた。わかりやすすぎるような心の動きである。

最後の石川との関係は、自伝の執筆以降に深まるため、本文中に彼の名は登場しない。だが、小林・大井・福田との関係は、それぞれに自伝執筆の動機となった。

### †『妾の半生涯』の執筆動機と文体・構成

福田英子の自伝『妾の半生涯』は、四〇歳を目前にして書き始められた。一生の六割段階に来たところと自認して、「半生涯」とのタイトルが付けられた。自伝の多くにみられるような、晩年に生涯を総括するかたちでの執筆ではなかった点は一つの特徴である。

はしがきは、いささか支離滅裂かつ抽象的でわかりにくい文章であるが、英子は執筆の動機を次のように説明している。

——罪深く愚かなことにかけては、自分ほどの人間はなく、恥と懺悔の念のなか、どのようにこのような己を改めたらよいのかと苦悶するばかりである。だが、挫折に次ぐ挫折の人生と、自分は常に戦ってきた。今は、資本の独占に抗して不幸な貧者の救済に人生を捧げ、戦うつもりである。半生の経歴を極めて率直に少しも隠すところなく叙述するのは、罪滅ぼしの懺悔のためだけではない。世の中と己の罪悪、すなわち人道の罪悪と戦っていくためなのだ、と。

社会主義思想への傾倒を背景とした「世の罪悪との戦い」と、おそらくキリスト教的発想も援用した「己の罪悪との戦い」とを一つに結びつけ、それと格闘することを「天職」と表現している。英子に受洗の事実はないが、宣教師の学校に入りキリスト教にはすでに触れていたはずであり、『妾の半生涯』刊行の頃には平民社を通じて内村鑑三の下に出入りしていた。

夫を失い、設立した女子のための学校も振るわない中、大阪事件の当事者による自伝＝暴露本という話題性を呼び起こし、家計の足しにしようとの目論見がなかったとは言い切れない。また、親交を結びはじめた堺利彦の勧めがあったとの推察もある。だが表立っては、これからの残りの人生の原動力となるべき決意の執筆である、という内的動機が宣言されている。

薄めの文庫本一冊程度の分量をもつこの自伝は、口語体ではなく流麗な文語体で書かれている。二〇世紀初頭の言文不一致の時代においては普通のこととはいえ、この文才は、当時の女性としては誰もがもち得たものではない。口語体が普通となった今日の目から見ると、日常と隔絶していて、この自伝の「作品」としての性格を強める効果がもたらされている。

また、以下のような章立てがあり、実際はそれぞれにさらに細かい節が設けられている。この点も、自伝の「作品」的性格を示している。

第一　家庭／第二　上京／第三　渡韓の計画／第四　未決監／第五　既決監／第六　公判／第七　就役／第八　出獄／第九　重井との関係／第一〇　閑話三則／第一一　母となる／第一二　重井の変心／第一三　良人／第一四　大覚悟（注――「重井」とは大井憲太郎の変名）

イタリアの歴史学者クローチェは、「歴史をするとは時期区分をすることである」とのことばを残した。『妾の半生涯』の章立てには時期区分的な要素があり、その意味で、単なる回想ではない「歴史」でもある。

現代人であれば、一〇代の頃まで（第一・第二章）は小・中・高などと、学校階梯に従って区分するのが常套手段だろう。それがないのは、いまだ学校の重みが浅い時代であったからだといえる。クーデター計画・逮捕・入獄という特殊な体験（第三〜八章）を挟んで、後半は、男性との関係や子を持ったことが画期とみなされている（第九〜一四章）。この点は、女性が自己を振り返る際に、今なお多く通じるところではなかろうか。

## †男装と恋愛・初潮

『妾の半生涯』の本文は、学校に通っていた一〇代の頃、英子が近所の腕白小僧たちから「まがいもの」が通ると罵られたこと、およびその理由の考察から始まる。長い髪が女性の象徴とされた時代、短髪で服装も男性風であったことから、男子とも女子ともつかぬ「まがいもの」と名付けられたに違いないと彼女は説明している。

続く叙述では、「なぜ男装をやめたのか」がほのめかされていく。「ようやく常識が付き始め、男装していることが恥ずかしく髪を伸ばそうとしたのは、一七歳の春のことであった」とし、この年は忘れられない年で、日頃兄弟のように親しんできた小林も岡山に及んできた民権思想を主張するようになり、彼から頼まれごとをするようになったとの叙述が続く。ここから想像されるのは、男性すなわち小林への恋愛感情が芽生えて初めて、自分が女性であることを認識し、男装をやめたのではないかという経緯である。続いて、一六歳の暮れに縁談を断ったこと、愛のない男と結婚することは不幸であると述べられていることなども、小林への思いが存在したことを感じさせる。もし小林の存在が男装をやめるきっかけであったのだとしたら、なぜそれを英子がはっきり書かなかったかという疑問が生じるが、本人の自覚がなかった、あるいは後に小林への評価が下がり、彼への思いが消滅したことによるものといえようか。

さらに『妾の半生涯』は、入監時代を扱った第五章の中に「生理上の一変化」との節を設け、男装の問題をいま一度蒸し返し、「なぜ男装をしていたか」という自己分析を試みている点が出色である。

「このようなことは、たとえ真実であったとしても、忌むべきこと・はばかるべきこととして大体の人は黙っているところであろうが、生理学、あるいは生理と心理との関係を研究する人々のために、また、当時の私が男らしかったことの証明にもなるかとも思うので、あえてこの身の恥を打ち明ける。読者がその点を理解してくれることを希望する」として、普通一五歳で迎えるべき初潮を、自分は入獄中の二二歳で経験したことが記される。一〇〇年後の今日であっても、初潮を迎えた年齢やその場面を公にすることにまったく抵抗感がない女性は少ないだろう。これを詳細に記し、しかもその肉体が「特異」であったことをさらけ出した点において、英子の自伝は強烈である。

かつて男勝りであるから初潮がこないのかと心配した母が、男性への恋心をうたった短歌を英子に聞かせていたことも、合わせて紹介される。これらの告白により、女性としての生理現象の有無と男勝りであることとの関係（その妥当性は別として）という問題へと読者を導いている。肉体とジェンダーの関係にまで筆が及んでいる点は、後述のように特筆に値する。

## †「正常な女」であることの強調

一方で男装の過去については、「このことを思い出すと、今も背中に汗がにじむような気持ちがする」と記し、恥ずかしい記憶だと表明している点を見逃すことはできない。先に述べたように、英子ははしがきにおいて、自分の人生に起こった具体的な何を恥とし罪深いと述べているのかよくわからないのだが、男装を「恥」としていることだけは確実である。

また、英子を訪ねてきた男装の少女に男装をやめるようにと助言したという、本筋とは関係ない話を、わざわざ「閑話」として挿入している。大阪事件への関与も、男子を助けようとしたまでであり、男子と争って功績を競うことなど思いもよらないと述べる。このように、英子は女性固有の役割を強調し、「女はどこまでも女たれ、男はどこまでも男たれ」とするのである。

加えて、これもまたもや「閑話」として、小林との婚約が破談となったがゆえに英子がクーデター計画に身を投じたと誤解した見知らぬ男性が訪ねてきて、どんなに醜い女性かと思っていたがそうでもないと言い、結婚を迫ってきたという体験を披露している。この体験を紹介することで、自らの「女性らしさ」を強調しようとしていることとともに、容貌へのコンプレックスもかいま見える。

民権派女性として活動する中で、男女平等に目覚めたと評価される英子であるが、以上のことから、問題はそう単純ではないことがわかるだろう。

さて、入獄時代を扱った第四章には、今日の用語でいえばセクシュアリティに関わる英子の経験と認識が示されていて興味深い。

獄中で、同室の見目良き女性と親しくなり、読み書きを教えて彼女から慕われる一方、入浴の際には彼女が体を洗ってくれたり、寒い夜は同じ床に入り体をからめて温めてくれたりしていたことが記される。このことが看守に知れ、二人は部屋を別にされるとともに、心細いだろうと冷笑されたという。

その上で、「筆にするのもけがらわしい」が、「監獄における風習として、暇にあかせて同性愛が流行し、不倫の愛に楽しみ耽った結果、嫉妬から自殺や殺人に走るケースもあった」との紹介がなされる。それゆえに、「無知蒙昧な看守どもが、英子の品性を認識できず、女性との純潔な慈しみの振る舞いを、破倫非道の罪悪と速断したのは無理もない」のだが、まことに「可笑しく腹立たしいこと」であったと述べられるのである。

### †まぎれこむ作り話・書かれなかった現実

『妾の半生涯』において英子は、小林樟雄、大井憲太郎、そして大井の恋人であった清水紫琴《しきん》

（一八六八〜一九三三）に対して変名を用いている。このしかけは、先ほど述べた「作品」性をさらに強めることにもつながっている。だが、この三名の本名を読者が探し当てることは、状況から判断すれば少しも難しくはない。それを考えると、実在する人物への配慮というよりは、直接名前を記すことさえ嫌悪されるほどの恨み、あるいは仮名とすることで逆に、その人物がいわく付きであることを読者に印象づけ告発したいという気持ちがあった可能性を捨てきれない。

民権思想を説いてくれた小林については、敬慕の念が長じて婚約までしたものの、クーデター準備のさなかにさまざまな口実をもって仲間と女郎遊びをしていたこと、そのために幻滅したことが、折々に綴られる。

大井については、女ごときが国事に関わることを嫌っていたはずが、獄中の彼女にラブレターを送ってくるようになったこと、小林で懲りたはずが、名声ある豪傑を夫にもつことへのあこがれもあり、彼との関係に甘酒に酔ったかのように興奮してしまったことが記される。そこには、「私の半生を不幸不運の淵に沈めた導火線であった」と悔しく思い返す叙述が伴う。そして出獄後、大井からの結婚の打診に承知してしまったことを記す際にも、「終生の過ち」との評価が顔を出すのである。

大井には入獄中に死んだ正妻があったが、英子との関係上、問題になったのは、同じく婦人運動家であり英子とも親交のあった清水紫琴であった。彼女については、父が泥棒を働いたこと、夫がありながら大井と関係を結んだこと、大井との過去を隠して別の博士の妻になりすましたこと、大井との間の子に冷たい仕打ちをしたこと、などが書かれているが、すべてが事実ではないことが先行研究により指摘されている（山口玲子『泣いて愛する姉妹に告ぐ――古在紫琴の生涯』草土文化、一九七七）。これらの作り話は、紫琴に対する英子の消えない（逆）恨みの存在を語って余りある。

このように、小林・大井という二人の男性と、大井に関係した女性・紫琴に対する筆致は厳しいが、一方で、入籍にまで至った福田に関しては、「夫婦相愛」との節題が示すように、彼自身の言動も英子との関係も、まともなものとして描かれている。

実際は、福田との関係は必ずしも平和で幸せなものではなかったことが明らかにされ、喧嘩も多く、福田が暴力をふるうこともあったという。そして『妾の半生涯』では、福田の死の理由は「脳の病」とのみ書かれ、容易に推察される性病への罹患やその前提としての買春に対する言及や糾弾はない。

福田の行状や死に関する事実が書かれていないのは、結婚にまで至った男性との関係を悲惨なものと描きたくなかったからではなかったか。そしてそれは、自分を捨てた大井や、大井に愛された上で博士の妻に収まった紫琴に対する意地といったところではなかったろうか。

## †英子の限界と自伝の可能性

従来、民権運動や社会主義運動に関わり、明治中期の段階から女性の権利拡大を唱えた稀有なる女性として、福田英子は評価されてきた。しかし、英子の本当の主体性とオリジナリティ、その真骨頂は、作り話を入れるような見苦しいまでのあがき（彼女自身のことばを借りれば「あさましさ」）も含め、女性であることにまつわる多方面の体験を自伝として公にした赤裸々さにあるのではないか。その赤裸々さは、本人のいう「恥」や「罪」というより、鹿野の指摘した「怨恨」という動機によってもたらされた。すなわち、男に魅かれてはだまされ幻滅し、別れを経験してきた半生涯の恨みを、開き直って世に公表したのが『妾の半生涯』である。立派とは到底言えないその営みにこそ味わいがあり、情けなくも愛おしい。この自伝は、客観的事実の記録というより、きわめてエモーショナルな物語である。

そして今日あらためて通読すると、英子の半生は、「女性」としての規範や自明性を相対化する契機に満ちていたことを印象づけられる。

この点は、現代人の伏見憲明が提示した、「性」を決定する要素の捉え方を想起させるに十分である（伏見『性のミステリー　越境するこころとからだ』講談社、一九九七）。伏見は性別を自明なものとは捉えず、「①生物学的な性」「②ジェンダー」「③セクシュアリティ」「④性自認」という四つの独立した変数の掛け合わせによって決定されるものとした。マジョリティとしての「性」は、①女の体をもつ者が、②いわゆる「女性らしい」ふるまいや社会的役割を担い、③性的指向が男性に向き、④自らを女性と認識している、ということになる。しかし同性愛者であれば、③が女性に向くことになり(この場合、②が「女性らしい」か「男性らしい」かは、無関係で独立した問題である)、①が女性であっても、④において、女性だとの自己認識が困難な人々もある、ということになる。

その上で伏見は、「性」が多様化した今日、「性」とは「運命」ではなく、「可能性」としての人間の営みであると結論付ける。個々人が、この四つの変数をコーディネートして、それぞれの「性」を形作っていくのだと。

この指標に照らし合わせると、英子には、遅い初潮(①)と男装(女らしさの否定、②)や性自認(④)との関係、あるいは同性愛の問題(③)への気づきがある。だがこのようなせっかくの可能性をはばたかせることはなく、マジョリティとしての常識的な「性」の理解に押し込めてしまった。冒頭で触れた、鹿野の指摘する「反価値」にそくしていえば、逮捕・入獄、あるいは社会運動への関与という反権力性とは別に、「性」の面における「反価値」的人生を歩むせっかくの契機を封印してしまったのである。男装や女性同士の肉体接触の弁解的な表明は、そのことを示している。

英子の人生は、身近な男性に左右され、ある意味で、男性に執着した一生でもあった。自伝『妾の半生涯』はそれを十分にうかがわせるものであるが、同時に、男性関係という次元を超えて、セクシュアリティや肉体とジェンダー・性自認といった問題群を提示している点においてすぐれている。

せっかく彼女が公にした初潮や同性愛方面の経験について、従来の研究史が触れることが稀であったのは、それらよりも民権運動や社会運動といった問題こそが、一層の「大事」であるという価値基準に知らず捉われ、その観点から彼女の先駆性や可能性と限界を見出すことに傾注してきたからではなかったか。また、恋愛関係や出産、せいぜい男装についてはともかくとしても、「生々しい(しかも少々「異常」な)」問題を俎上に載せることに対して、どことなくためらいがあったからではなかったか。

今日の女性のライフサイクルは一世紀前とはかなり異なるが、「性」にまつわるいろいろな問題は、今なお、多くの女性にとって切実であろう。基本的に人に読まれることを前提とした自伝において、「性」の経験を記すには、今でもそれなりの動機や勇気が必要である。過去に書かれた女性の自伝を発掘しひもとくことの現代的意義は、強くここに見出せる。一五〇年前に生まれた英子が切り開いた自伝の世界は、現代女性の自己表現手段として広く市民権を得た「自分史」の過去と未来を探ることにもつながるであろう。

## さらに詳しく知るための参考文献

福田英子『妾の半生涯』（岩波文庫、一九五八）……紙幅の関係から本章でほとんど引用できなかったが、本文や目次など、是非自伝そのものを味わっていただきたい。初版は一九〇四年に東京堂から出版された。戦後文庫化された本書は、以後版を重ねて今日に至る。現在は、全集や資料集など各種の書物にも収録されている。

村田静子『福田英子――婦人解放運動の先駆者』（岩波新書、一九五九）……英子の生涯全般を実証的に扱った定番の伝記。「人道の擁護と婦人の解放運動に巨大な足跡を残した自由民権運動の婦人闘士」とのカバーキャッチフレーズが示す通り、その運動家としての歩みを高く評価する立場から叙述される。

村田静子・大木基子編『福田英子集』（不二出版、一九九八）……英子に関わる各種の史料（著作・雑誌記事・公判記録など）を網羅的に収集した基礎史料集。巻末に年譜も収録される。大木の「解題」は、村田による伝記と同様の視角により、社会運動家としての英子に着目する（本書で触れた堺利彦との関係も本解題による）。

もろさわようこ「解説」（『日本人の自伝』6、平凡社、一九八〇）……『妾の半生涯』を収録した自伝集の解説として、本講で触れた福田や石川との関係の実相に言及するなど、英子の陰の部分についても目を向ける。

関礼子「福田英子『妾の半生涯』の語り」（『日本近代文学』三一、一九八四）……『妾の半生涯』の叙述そのものを分析した先行研究として貴重。監獄生活を快適に感じる英子、過去を売り物にする英子など、その心理の深みに考察を及ぼしている。

村上信彦『明治女性史』中巻前編（理論社、一九七〇）……女性史の開拓者による本書での英子評価は、村上を考える上でも興味深い。遅い初潮に触れていることは特筆されるが、そこで肉体的に性の欲に目覚めて大井に魅かれたなどと捉える。総じて英子への視線は厳しい。

ひろた・まさき「近代女性のライフサイクルとアイデンティティ」（同『女の老いと男の老い　近代女性のライフサイクル』吉川弘文館、二〇〇五）……英子論の一例として。女性運動家にとっての国家の意味を問うという視角は、「国民国家論」が盛んであった一九九〇年代後半から二〇〇〇年代前半の状況とも呼応する。

西川祐子『花の妹』（新潮社、一九八六）……自由民権運動期の女権運動家として英子に先んじた岸田（中島）俊子の伝記。英子とは異なるライフコース・男性関係が興味深い。また西川の語り口は変幻自在で、女性にとっての「書く」営みの意味や文体について、俊子と西川を二重写しで考えさせられる。西川には、一人称を用いたさらに挑戦的な伝記『私語り樋口一葉』（岩波書店、二〇一一）もある。

佐伯彰一・鹿野政直編『日本人の自伝』（平凡社、一九八〇～八二）……一九八〇年代前半における、多くの若手研究者を動員した共同研究の成果。シリーズ全二三巻から成り、近代日本を生きた政治家・思想家・作家・社会運動家・芸能人など、福田英子を含め、六〇人余りの自伝を収録する。加えて「日本人の自伝三〇〇選」として自伝を広くリストアップし、それぞれに解説や概要を付して別巻にまとめている。対象となった自伝全体の約一割が女性のもの。例えば女装の歌手・丸山（美輪）明宏の自伝に付された解説が、同性愛への嫌悪感に満ちている点などは、時代の限界を感じさせるが、今なお自伝研究に役立つ基礎的アンソロジー。

鹿野政直『婦人・女性・おんな——女性史の問い』（岩波新書、一九八九）……『日本人の自伝』の編者で、本講冒頭に引用した「自伝のうちそと」の筆者でもある鹿野は、その後本書においても、女性史と「自分史」との関係について論じている。それ以外の点も含め、近代日本女性史への視角について考察を深めるための一冊。

# 第21講 嘉納治五郎——柔道と日本の近代化

クリストファー・W・A・スピルマン

## †幻の東京オリンピック

一九三八年の春、嘉納治五郎《かのうじごろう》はエジプトのカイロで行われたオリンピック委員会に出席した。オリンピック委員会は、次の大会を東京で開催することに同意し、嘉納の長年の夢が実現することになった。嘉納は、意気揚々と帰路についたが、間もなく船上で体調を崩し、五月四日に急死した。享年七七だった。

今日、嘉納は、世界的なスポーツとなった柔道の創始者として広く知られている。だが、嘉納のオリンピック誘致活動に見られるように、彼は、柔道の創始者でありながら、その競技の枠をはるかに超える存在であった。嘉納は、柔道家であり、教育者であり、思想家であり、著述家であり、政治家であった。嘉納の道徳観や国家観などの思想と幅広い人脈は、柔道を成功させる重要な要因となった。本講では以下、嘉納の思想と人脈が、柔道の発展にいかに貢献したのかを見ていきたい。

## 嘉納の生い立ちと活動

嘉納治五郎は、一八六〇（万延元）年に摂津国御影《みかげ》村（現在の兵庫県神戸市灘区）で生まれた。生家は、菊正宗や白鶴を醸造する嘉納家の分家であり、祖父の治作は酒造・廻船を営む名望家であった。父の治郎作（日吉神社の禰宜生源寺家の出身）は、幕府の廻船方御用達を務め、一八六二（文久二）年に勝海舟と協力して、和田岬、西宮の砲台築造工事を請け負った。その五年後には、幕府所有の汽船を託され、江戸、神戸、大坂の間に日本初の洋式船による定期航路を開き、その功績によって苗字帯刀を許された。明治維新後は、新政府の下で通商、土木、造船、皇居の造営などに尽力し、海軍権大書記官在任中の一八八五年に七〇歳で死去した。

嘉納は一一歳の時、父とともに東京へ転居した。それ以前から、漢文と習字を習い、四書五経をマスターしていた。東京に来てからは、漢文と書道に加えて英語を学び、一八七五年に官立開成学校に入学した。この学校は、一八七七（明治一〇）年に東京大学へと改称された。嘉納は文学部に在籍して、理財学を専攻した。

在学中、嘉納はアメリカ人の哲学者アーネスト・フェノロサ（一八五三〜一九〇六）の授業を受講し、強い影響を受けている（横山一九四一）。フェノロサの思想の特徴としては社会進化論と日本文化の永久的な価値の強調があげられるが、この特徴は嘉納の著作に散見される。嘉納は、一八八一年に文学部を卒業したが、その後も東京大学哲学科で道義学や審美学を学び、翌年卒業した（加藤一九七〇）。

在学中から、当時宮内省管轄であった学習院の講師に任命されて、教鞭をとった。学習院では、講師から教授輔へ、そして教授へと昇格した。その後は、教頭にも任命された。嘉納は、学長である谷干城中将（一八三七〜一九一一）とその後任の大鳥圭介（一八三三〜一九一一）に高く評価されていたが、大鳥のあとに学長に就任した三浦梧楼中将（一八四七〜一九二六）は華族の子弟を特別扱いし、嘉納とは教育方針をめぐって対立した。嘉納は、学習院の学生である華族、士族、平民を差別しない方針をとっていた（加藤一九七〇）。その結果、嘉納は学習院の職を辞することになった。

嘉納治五郎（1860-1938）

その後、彼はヨーロッパへ外遊し、教育制度等を視察した。帰国後、熊本出身の漢学者兼外交官竹添進一郎（一八四二〜一九一七）の次女須磨子と結婚し、熊本第五中学校（のち高等学校）の校長に抜擢された。しかし、二年もたたないうちに、再び東京へ呼び戻され、第一高等中学校の校長に就任し、数カ月後には、東京高等師範学校の校長に任命された。一九二〇年に定年退職を迎えるまで、嘉納はこの職にとどまり、日本の教育に多大な影響を及ぼした。

嘉納は、高等師範学校を退職した後も、柔道家、著述家として活動を続けた。そして、その功績が認められて一九二三（大正一二）年には貴族院議員に任命され、教育政策に深く関与した。

嘉納の活動の中で、特に注目すべきこととして、日本のオリンピック運動への貢献をあげることができる。嘉納を、日本のオリンピック運動の生みの親と称しても過言ではない。嘉納は、一九〇九年に国際オリンピック委員会の委員になり、一九一二年には、嘉納の指導の下で、日本オリンピック委員会が創立されて、その初代会長に就任した。同年、開催されたストックホルム・オリンピック大会では、オリンピックに初めて参加した日本選手団の団長になった。その後、一九二〇年にベルギーで開かれたアントワープ・オリンピック大会でも、嘉納は、日本選手団の団長を務めた。

先述のように、一九三八年にカイロで開かれた国際オリンピック委員会の会議に参加し、第一二回のオリンピック大会を一九四〇年に東京で開催するという合意を取り付けたが、その帰路、急死した。東京オリンピックは、第二次世界大戦の勃発により中止された。

## †柔道の創始

青年期の嘉納は身体が小さく、体力がなかったため、学校でいじめにあい、それに抵抗するために柔術を習おうと思い立った。身体を鍛えたい、強くなりたいという単純な動機だったが、父はそれを許可しなかった。父に言わせれば、柔術は上流階級の人間がやるべきものではないし、近代化しつつある日本で、柔術を習うこと自体、時代遅れだった。しかし、嘉納はあきらめることなく、父に内緒で柔術の先生を探し、天神真楊流と起倒流という二つの流派の柔術を習い始めた。他の柔術の流派についても研究し、それらの長所を取り入れた。さらには、外国のレスリングなどの技も学び、天神真楊流と起倒流を中心に、新しい柔術の流派を創始することに成功した。嘉納はそれを講道館柔道と名付けた。

なぜ嘉納は、「術」を使わないで「道」という言葉を使ったのだろうか。嘉納自身の説明によると、自分が説くのは単なる術ではなく、「術も講ずるが、主とするところは道である」ということ。つまり柔術の諸流派と区別するために、「道」を使ったのである。彼はさらに、「自分が講ずるところの講道館柔道は、従来の柔術諸流に比べて目的も広くなっているし、修行の方法もいくぶん違っているから、新たに名をつけてもよいわけだけれども、大体は先師から授けられたことに基づいてできたものであるから、まったく新しい名をつけるのは好まなかったのである」とも述べている。

嘉納は、柔道を普及させるために一八八二年に講道館という団体を創設した。嘉納が創始した柔道は柔術の流派を超えるような側面があり、従来の柔術とは異なる性格を持っていた。それによって柔道は、武術の要素を持ちながらも、武術の枠を超えたスポーツになった。柔道はスポーツとして、また運動として様々な長所を有していたが、それだけでは、柔道の輝かしい成功を説明することはできない。それ以外にも次のような要因を指摘することができる。柔道は伝統的で、日本的なものであると同時に、極めて近代的なものであった。明治期には、近代的なものは西洋的なものと同一視される傾向があり、逆に伝統的、日本的なものは古臭く、時代遅れで、役に立たないと見なされた。ところが柔道は、日本の武術の伝統を汲むと同時に近代的なものであった。日本的なものが否定されがちであった時代に、柔道だけは日本的でありながら、近代的なものになった。このような柔道の二面性に着目すると、柔道の長所が明らかになる。

柔術の特徴と柔道のそれを比べると大体、次のようになる。柔術（もっと広く言えば武術）の特徴は一種の秘密主義にある。秘密主義はいわゆる奥義の存在に見られた。師匠は、長年修行を積んだ弟子に柔術を教えるが、決して全ての弟子に無条件で教えていたわけではない。この奥義に代表される秘密主義、つまり、柔術の閉ざされた性格は、柔術に前近代的な性格を与えた。

それに対して嘉納は、前近代的な秘密主義を廃した。嘉納は江戸時代の武術の師匠のように、柔道を独り占めにして秘密裡に扱い、選ばれた弟子だけに教えるという態度を取らなかった。嘉納は、最初から秘密主義を排し、柔道を広く国民に教えなければならないと考えており、柔道を開かれたスポーツにした。こうした開かれた性格によって、柔道は新時代に適応できるようになり、スポーツとして社会に普及するようになった。前近代的な柔術の流派とは対照的に、嘉納は柔道を大衆（一般国民——すべての日本人）が取り組むことができるスポーツとして創始し、大衆性によって、柔道は近代的な性格を持つようになった。

さらに、柔道では級・段の階級が導入され、帯の色によって客観的に実力を評価することができるようにした。柔術の流派の場合、各流派の違いがあり、客観的な評価とそれぞれの流派の比較は不可能であった。こうした開かれた性格と基準化が、柔道の成功の大きな要因であった。

### †嘉納の人脈

嘉納は、大学時代から様々な組織と関わり、数多くの団体や塾を結成した。その中で最もよく知られているのが講道館であるが、その他にも、嘉納の思想や理念に基づき設立された団体があった。一八八二年には、将来の日本の指導者を育成する目的で、英語学校弘文館を設立した。彼の教育活動は、国際的な側面も持っていた。例えば、西園寺公望（一八四九〜一九四〇、第二次伊藤内閣の文相兼外相）の依頼に応じて、嘉納は清国から留学生を受け入れるために、一八九九年に、亦楽学院（のち弘文学院に、さらに一九〇三年に宏文学院に改名した）という日本語学校を創立した。この学院で学んだ留学生には、辛亥革命の指導者であった黄興（一八七四〜一九一六）や胡漢民（一八七九〜一九三六）と近代中国の代表的な作家魯迅（一八八一〜一九三六）らがおり、学院は一九〇九年まで続いた。嘉納は、これらの学校を通じて、自分の教育理念を含めた思想や柔道を普及させた。

嘉納は幅広い人脈を持っていたが、その一部は父から受け継いだものであった。父は、幕末の幕臣や、維新後は新政府の要人と幅広い交友関係を持っていたため、嘉納はこれらの人物と接近することができた。その中の一人に、長州閥の大物政治家で農林大臣、内務大臣、宮中顧問官等を務めた品川弥二郎子爵（一八四三〜一九〇〇）がいた。品川は、嘉納の父と幕末期から交際があった。品川は、嘉納をかなり信用していたようである。一八八五年に品川が駐独公使に任命され、二年ほど日本を留守にしていた間、九段冨士見町の屋敷を嘉納に貸したほどであった。品川がドイツに駐在中、講道館は品川の屋敷内に置かれていた。一八八七年に品川が帰国すると、講道館は引っ越しを余儀なくされたが、品川の斡旋で、本郷真砂町の陸軍省所管の建物に移転した。なお、一八九二年の第二回衆議院議員総選挙の時、内務大臣を務めていた品川は九州を歴訪しているが、当時熊本五高の校長であった嘉納は、品川の用心棒を引き受けたと言われている。

日本海軍の育ての親とも言うべき勝海舟（一八二三〜一八九九）とも懇意の間柄だった。嘉納と勝海舟の関係は、父と勝との関係に遡る。勝と交流があったからこそ、柔道が日本海軍に比較的早くから導入されたと見ることができる。海軍と講道館柔道の親密な関係は、長く続いた。日露戦争で戦死した「軍神」広瀬武夫少佐（一八六八〜一九〇四、死後、中佐へ昇進）が講道館で柔道を練習したことはよく知られている。また財部彪《たけし》、八代六郎両大将も、若いころは講道館の門下生であった。

嘉納は政界の大物ともつながりがあった。例えば、加藤高明（一八六〇〜一九二六）、西園寺公望、平沼騏一郎（一八六七〜一九五二）らと親しくしており、近衛文麿（一八九一〜一九四五）は縁談の際には嘉納夫妻に仲人を依頼したほど親密な関係にあった。

政治家や華族との交際が、柔道の普及の直接的な要因であったとは思われないが、嘉納の父次郎作が抱いていたような日本の上流社会にあった柔術に対する偏見を弱める役割を果たしたと言うことはできる。いずれにせよ、初期の講道館に、華族の子弟や東京帝国大学の学生が少なくなかったことは、嘉納の努力によって偏見がなくなった証拠だと考えられる。

## †柔道と警察

上流階級との関係は、柔道の普及に役立ったと考えられるが、嘉納の高等師範学校校長という地位や警察との関係も見逃すことはできない。当時の東京高等師範学校は、全国の中学校の校長の養成校であったことから、中学校の校長の多くは嘉納の弟子であり、生徒たちに柔道が教えられるようになった。さらに、柔道の普及における警察の存在も重要である。特に柔道の発展の初期には、三島通庸《みちつね》子爵（一八三五〜一八八八）が大きな役割を果たした。薩摩藩出身の三島は、福島県令などを務めたあと、警視総監に就任した。柔道が全国の警察に採用されたのは、三島によるところが大きい。

三島が警視総監になった頃には、警視庁は防衛術や逮捕術について一貫した方針を持っていなかった。地方の警察では、地元に柔術の師匠がいる場合、その師匠と個人的に契約を結んで柔術の訓練を受けていたが、地域により流派が異なっていたので技も違った。場合によっては逮捕などの警官の任務にあまり役に立たない流派もあり、一貫性がなかった。そのため警察の任務に支障を来たし、警官の人事異動の場合、資格を比較することも不可能であり様々な問題が生じた。一八八六年頃、三島はこうした状況を嘆き、新しい流派として警視流をつくらなければならないと考えた。また全国的に比較できるような統一した等級及び免状を導入する必要性を感じていた。品川の斡旋によるものかどうかは定かではないが、三島は、柔道の長所を唱える嘉納に出会い、一から警視流をつくるような面倒なことをやる必要がないことに気づいた。すでに嘉納が作り上げていた柔道を、全国の警察に導入すれば十分であることがわかり、全国の警察の道場で講道館柔道が正式に採用されることになった。それによって、統一した柔道の技と級段の等級制度が導入されて基準化された。

前近代的な柔術の流派では、こうした基準化は不可能であった。古い柔術は恐竜のように新しい環境に適応できなかったのである。嘉納は柔道に近代的な性格を与えると同時に、古い柔術を事実上、終焉させた。その結果、明治維新後、辛うじて生計を立てていた柔術の師範たちはつらい立場におかれることになった。自分の流派を捨てて講道館柔道の傘下に入って警察との契約を継続させるか、代々伝わってきた柔術の流派にこだわり、収入の源を失うか、二者択一を迫られた。いうまでもなく、多くの師範は前者を選んだ。それによって古い流派のほとんどが滅び、柔道の天下になった。

三島をはじめ、警察の指導者が柔道を採用した理由は、もう一つあった。それは柔道が持ち合わせていた思想的な魅力であった。現在、柔道は国際的なスポーツとして嘉納の理想から離れ、柔道に元々内在していた思想ないし理想はほとんど忘れ去られている。嘉納にとって、柔道はスポーツであると同時に、思想体系であり、一種の哲学であった。「健全な身体には必ずしも健全な精神が宿るとのみは言えないが、健全な精神は多く健全な身体に宿るものである」という嘉納の言葉がそのことを端的に表している。つまり、柔道をすれば、身体が鍛えられると同時に精神も養われ、健全な思想の持主になり、危険思想に迷わされなくなると嘉納は考えていた。警察には治安維持の見地から、こうした柔道のイデオロギー的な側面が魅力的だったのである。

## †嘉納の思想

嘉納の思想は、第一次世界大戦を分水嶺に二つの時期に分けることができる。戦前の嘉納の思想の焦点は、日本の伝統的な価値観（道徳）を保存しながら、日本を円滑に近代化させ、欧米列強に対抗できるようにすることにあった。その過程には柔道が中心的な役割を演じるだろうと嘉納は主張した。いかに柔道を全国に普及させ、定着させるべきかという問題に大きな関心を払っていた。この頃の嘉納は、柔道を日本の近代化を促進するための一つの手段と見なしていた。彼は、柔道が、国家や社会が直面している問題を解決する「万能薬的」な機能を果たすと考えていた。柔道が、近代化がもたらした歪みや誤りなどの深刻な問題を正し、健全な近代化の道へと導くことを期待していた。

この明治期の嘉納には、英国の社会主義者ハーバート・スペンサー（一八二〇〜一九〇三）の社会進化論の影響が見られる。例えば、嘉納は「人に強者弱者あり、国に強国弱国あり。(略)しからば我等は、如何にして強者の抑圧を免れ、自己の独立を維持し、毅然として天下にたたんか」と述べている。また、「今日開国後の日本は即ち四通八達の都会に出でたるに似たり(略)。既に平穏無事なる村落の生活を棄てて、生存競争の衢《ちまた》に出たる上は、即ち善く此競争場裡の優勝者たるべき覚悟なかるべからず」(嘉納治五郎「対外の覚悟」『国士』四巻三号、一九〇一年五月)という嘉納の言葉にも、社会進化論の影響が窺える。当時は、戦争が進化を促すと信じられており、欧米では、有史以来戦争が続き、生存競争の最中にあった。それに対し、日本は世界から二五〇年間、孤立しており、生存競争にさらされていなかったため、欧米に比べて著しく遅れをとっていると考えられていた。嘉納は、柔道を利用すれば、日本人が、こうした遅れを取り戻し、西洋人に追い付くことができると考えるようになり、弱肉強食の世界に直面した日本が生き残るためには、柔道が必要不可欠であると主張した。

嘉納は、あらゆる危険から日本を守ってくれる万能薬が、柔道であると考えていた。柔道が日本人の肉体を強健にし、それによって欧米列強に遜色ない強い軍隊を作ることが可能になり、生存競争に勝つことができるようになると嘉納は論じた。

体格の不良な国民より成る軍隊は、たとい何程多くの費用を掛けて拡張せられても、効果の甚だ少ないのは明白の事である。ましてわが国民の体格は、本来列強国民の間においてあまり誇るに足らぬものである。（「青年修養訓」明治四三年『嘉納治五郎著作集』一巻、一九六頁）

さらに嘉納は、柔道が日本の男児を病気から守ってくれると説いた。柔道の鍛練によって、男性の欲望を抑制することができ、性病に感染しなくなると嘉納は主張している。

青年者が時に卑欲の奴隷となってついに重大な慢性病に陥ったり、もしくは一時の不謹慎からして終生活する事のできない不測の疾患に罹ったりしては、ただに自己並びに家族の不幸を招き、国家不忠の臣となるばかりでなく、更に後世の子孫に合わす顔がないようになるのである。青年期においては、得てして諸種の不合理な欲望が起こり易いものだから、一層の勇気をもってこれら裏切者に類するものを圧伏し、そうして身心の平静安康を保つように努力するのは最も欠くべからざる喫緊の工夫である。（同右）

第一次世界大戦前の嘉納は、日本が生存競争に負けないようにするには、柔道が必要不可欠であり、柔道が、日本人の長所をさらに伸ばし、短所や弱点を矯正すると論じたのである。

## †嘉納と第一次世界大戦

第一次世界大戦は日本に好景気をもたらしたが、自由主義、平和主義、個人主義などの新思想が欧米から日本に流れ込み、社会に急激な変化をもたらし、不安定にさせた。一九一七年以降になると、ロシアの共産党革命の影響もあり、当局の治安維持への関心が高まった。こうした新しい状況の下で、嘉納の思想も変化した。この時期に嘉納が主張し始めたのは、柔道が日本社会を安定させる力を持っているという点である。つまり柔道は、日本を脅かす自由主義、享楽主義、個人主義、社会主義のような「不健全」な思想の浸透を阻止することができると主張したのである。第一次世界大戦前には、近代化を促す手段としての柔道が提唱されたが、戦後になると、近代化が引き起こした諸問題を食い止め、それらを正す手段として柔道が論じられるようになった。

嘉納は、同じように社会的な変化に不安を感じていた同志とともに、一九一九年に金曜会という団体を結成した。嘉納と検事総長（のちに、司法大臣、枢密院副議長、議長、総理）である平沼騏一郎が世話役を務めた。この会は、「嘉納の世を思い、国を思う篤い熱誠のほとばしりによって創設されたもの」であったという。嘉納自身の説明によれば、「今日は世界変局の影響を受けてわが国民の生活ならびに思想上きわめて容易ならざる形勢を示している時機なれば、心あるものがこれら生活上、思想上の諸問題につき進んで攻究をかさね」、「時弊」を一日も早く「矯正」、もしくは「除去」する目的で「努力することすこぶる肝要なりと信」じたという。

## †柔道の成功の理由

これまで見てきたように、近代日本における柔道の目覚ましい発展は、嘉納の独特の思想に支えられてきた。嘉納の思想には、大きく分けて二つの時期があり、その分水嶺は、第一次世界大戦にあった。戦前の嘉納は、近代化のために柔道が不可欠であることを主張し、柔道の近代的な特徴を前面に出すとともに、日本的な性格も強調した。その後、大戦が終結すると、嘉納は「大正デモクラシー」に収斂される状況に対して、柔道の新しい役割を見出した。嘉納は、柔道が「時弊」を矯正し、必要に応じてそれを除去する働きをなすと主張するようになった。嘉納は近代日本が建設されていく時期には、柔道がその建設に役立つとし、国家建設が完成された大正期には、柔道が国家を守り、社会的な悪を正す機能を持っていると主張した。

一般的に柔道は日本の伝統の産物であるかのように捉えられる傾向があるが、本講で論じたように、柔道は、日本的な性格を保ちながらも、根本的に近代的な特徴を持ったスポーツである。その近代的な特徴としては、柔道の開かれた性格、級・段の導入による柔道の基準化、合理的、科学的性格をあげることができる。こうした特徴は、柔道の前身である柔術には見られない。柔道はこれらの特徴を備えていたから、大衆化が可能になり、日本社会に普及し、定着することができたのである。

柔道の発展には、嘉納治五郎の社会的地位が不可欠であった。日本社会の各方面にわたる人脈を持ち、長年、東京師範学校の校長を務めていたことから、柔道は全国の学校を通じて若者に親しまれるようになった。また、嘉納は、品川弥二郎や三島通庸のような政治家とも繋がりがあったため、柔道が全国の警察署で導入されるようになった。もちろん、柔道はスポーツとして優れた側面を持っていたが、嘉納の教育界における指導的な地位や社会の上層部との繋がりがなければ、これほど発展することはなかったと考えられる。

**さらに詳しく知るための参考文献**

**資料集**

小谷澄之編『嘉納治五郎大系』一〜一四巻（本の友社、一九八八）……嘉納治五郎の著作、論文、自叙伝、伝記等を中心に編纂された基礎的な史料集。

嘉納治五郎『嘉納治五郎著作集』上・中・下（五月書房、一九九二）……嘉納の道徳論、柔道論、自伝、回顧を収録した便利な著作集。

**伝記類・研究書**

加藤仁平『嘉納治五郎――世界体育史上に輝く』（逍遥書院、一九七〇）……東京教育大学教授が著した伝記。

工藤雷介『秘録日本柔道』（東京スポーツ社、一九七二）……柔道新聞社を設立したジャーナリスト工藤雷介が著した柔道史。

寒川恒夫『日本武道と東洋思想』(平凡社、二〇一四)……第四章では柔道の思想的な背景が検討されている。

藤堂良明『柔道の歴史と文化』(不昧堂、二〇〇七)……柔道の起源とその背景にある思想を分析している。

長谷川純三編『嘉納治五郎の教育と思想』(明治書院、一九八一)……教育者としての嘉納治五郎を取り上げた論文集。

横山健堂『嘉納先生伝』(講道館、一九四一)……評論家が書いた古典的な伝記。

第22講

# 乃木希典――旅順戦・殉死・「昭和軍閥」

筒井清忠

乃木希典《のぎまれすけ》というと軍人のイメージが強いが、乃木が日本近代史に持っている意味としては、社会的・文化的存在としてのそれも大きい。この点に注意しつつ現時点での乃木像を明らかにしていくことにしよう。

## †乃木の生涯

まず乃木の生涯を見ておこう。乃木は一八四九年一二月二五日（嘉永二年一一月一一日）に江戸毛利侯上屋敷で誕生している。典医の家であったにもかかわらず、父希次《まれつぐ》は武術で仕えた人だったという。長府藩邸は赤穂義士の武林唯七《たけばやしただしち》ら一〇名が切腹した場所だったので、父から赤穂義士の話を繰り返し聞かされたという。幼少の頃からそれが内面に深く入っていたと見て間違いないだろう。

一八五八（安政五）年、長府に一家とともに帰郷し（父の藩主への諫言《かんげん》が原因といわれる）、漢学・詩文・兵書・歴史、武芸を学んだ。後、萩の親戚玉木文之進を頼って玉木家に寄食した。玉木は吉田松陰の叔父で松陰を教育した人であったから、玉木から松陰自筆の「士規七則」を与えられ、また父からもらった山鹿素行《やまがそこう》の『中朝事実』の講義を受けている。

一八六四（元治元）年長府藩報国隊を結成、明倫館にも学ぶ。翌年には奇兵隊と合流して小倉徳力村で長州再征の幕府軍と戦った。一八六八（明治元）年の戊辰戦争時には足を怪我していたため出陣できず、一一月に伏見御親兵兵営に入営してフランス式操練伝習を受けている。

一八七〇年、山口での奇兵隊など諸隊の反乱鎮圧に参加。翌年陸軍少佐に任官した。三田尻で病気療養をしていた御堀《みほり》耕助（叔父、禁門の変・下関戦争・高杉晋作の功山寺《こうざんじ》挙兵を御楯隊《みたてたい》を率いて支援するなどした長州藩士。一八七一年病没）を見舞った縁で黒田清隆の推挙によると言われる。名を希典と改めた。一八七五年、熊本鎮台歩兵第一四連隊長心得拝命。

一八七六年、秋月の乱や前原一誠《まえばらいっせい》らの萩の乱が連続して起こり、豊前豊津に出征している。乱の前に、弟による前原側への熱心な加担要請があったが拒絶。しかし、弟や玉木文之進は乱に加わり死去しており、大きな精神的トラウマになったものと推察される。

一八七七年、西南戦争に参加、植木付近で戦闘し、軍旗を西郷軍に奪われた。その後二度戦闘中に銃創を受け入院している。この軍旗喪失を理由として、乃木は山県有朋将軍に「待罪書」を提出したが、山県から「沙汰に及ばず」という指令書が出された。それにもかかわらず、乃木は自殺を図り周囲から止められている。当時、軍旗喪失が自殺せねばならぬほどの重大事であったかについては三浦周行《ひろゆき》以来議論があるが、佐々木英昭は自殺志向の底に萩の乱の際のトラウマを見ている（佐々木二〇〇五）。いずれにせよ、後に自決の際、乃木は軍旗喪失の責を遺言に明記した。

乃木希典（1849-1912）

一八七八年結婚。一八八三年東京鎮台参謀長を経て、一八八七年川上操六らとともにドイツに留学した。八八年帰朝。

ドイツに行くまでの乃木は酒を飲んだり芸者と遊んだりしていたのだが（上記のようなトラウマから厭世的になっていたと見られる）、帰国後すっかり変わって謹厳・質素となる。帰国後、著した報告書から見て、この変化は軍紀の厳格なドイツの軍人に影響されたと見られている。

一八九二年、歩兵第五旅団長を辞任して二月に休職（上司の桂太郎第三師団長と合わなかったといわれる）、一二月に復職後歩兵第一旅団長に就任するなどのことがあった。一八九四年、歩兵第一旅団長（陸軍少将）として日清戦争に出征。一日で旅順要塞を陥落させている。

一八九五年、第二師団長（陸軍中将）に親補され、台湾出兵。一八九六年、台湾総督となった。台湾は当時、日本人にはマラリアの病気にかかりやすい所とされたが、母は無理に同行し（企図に感心した昭憲皇后から励まされている）、一カ月半ほどでマラリアで亡くなっている。一種の「殉職」ともいえよう。厳しい死であり、乃木の周囲にはこうした「死」は普通人が考えるほど大きな違和感のないものとして存在していたことがわかる。

一八九八年、台湾総督を辞職し讃岐第一一師団長となっている。しかし、一九〇一年には依願休職し、那須野を中心にした農耕生活を送った。「農人乃木」とも言われる所以である。

一九〇四年、日露戦争開戦の頃にまず留守近衛師団長に、続いて第三軍司令官（大将）に就任した。旅順攻囲戦を指揮。後、奉天会戦にも参加。長男乃木勝典《かつすけ》が金州南山で、次男乃木保《やす》典《すけ》が二〇三高地でそれぞれ戦死した。

一九〇六年一月、凱旋、宮中参内。この時、責任をとって自決する意図を明治天皇に洩らしたが、天皇在任中は禁じられたという説がある。軍事参議官となる。

一九〇七年には学習院院長を兼任した。ソフト化しつつあった学習院を非常に厳格な校風に変えようとしたので反発を買ったと見られている。後の志賀直哉や武者小路《むしやのこうじ》実篤《さねあつ》ら白樺派による乃木への激しい攻撃はこの時点に発すると見られるからである。一九一一年、大英帝国皇帝戴冠式に東郷平八郎とともに参列。

一九一二年、明治天皇大葬の九月一三日夜、妻・静子とともに自刃。享年六二歳であった。

### †旅順攻囲戦の指揮

さて、乃木というと、司馬遼太郎以来とくに話題になり避けて通れないのは旅順攻囲戦の指揮をめぐる問題である。

司馬らの議論を「乃木愚将論」ともいうが、この議論が一九六〇年代後半に出て来たのにはそれなりの理由があった。一九六六年に谷寿夫《たにひさお》の『機密日露戦史』(原書房)が刊行されたからである。

司馬遼太郎は一九六七年六月『別冊文藝春秋』第百号に乃木を扱った「要塞」を発表(この時点で谷著を参考にしたかは定かではないが)、同年これを『殉死』(文藝春秋)に収録・刊行。さらに一九六八年からは、谷著に大きく依拠しつつ日露戦争をテーマにした『坂の上の雲』の連載を産経新聞に始めた。「乃木愚将論」の全面的展開であった。

谷は陸士一五期、日露戦争には少尉として出征。一九一九年陸大教官となり(したがって日露戦争の一四、五年後)に、日露戦争時に要職にあった人から話を聞いて、陸大の講義用にまとめて書いたのがこの本である。

谷自身が要職にあって主要な作戦にタッチしたわけではなく、戦後すぐに要職者に話を聞いたわけではない。また、乃木第三軍の伊地知幸介《いぢちこうすけ》参謀長ら乃木側の参謀の記録は皆無で、反伊地知の長岡外史《がいし》参謀本部次長・井口省吾満州軍参謀らの資料が大部分を占めるというかなり公平さを欠いた内容であった（桑原嶽《たけし》は、陸大教官を長く務めた反伊地知の井口の影響が谷に及んだと見ている。桑原二〇一六）。

しかし、その影響力は大きく、乃木のもたつきにもかかわらず児玉が急に指揮を執った結果旅順は見事に陥落した、という谷の論に基いて司馬は書いたのである。谷は、旅順陥落後乃木第三軍司令部更迭の電報が発せられかけたが、恥をかかせるわけにいかないと中止になった、更迭されれば乃木はこの時自決したであろうとまで主張している（谷一九六六）。

司馬は国民的作家だからこの説は広く流布した。旅順攻略戦を扱った映画として、一九五八年の新東宝映画『明治天皇と日露大戦争』と一九八〇年の東映映画『二百三高地』とがよく知られているが、前者にはこの視点はまったくなく、それに対して後者はほぼこうした視角から作られている。この見方は司馬以降かなり広汎化したといってよいであろう。

しかし、この説には早くから批判があったが、近年は桑原嶽『乃木希典と日露戦争の真実』（PHP新書、二〇一六）や長南《ちょうなん》政義『新史料による日露陸戦新史』（並木書房、二〇一五）があり、現在研究者の間では司馬批判の方が優勢である。

多くの新しい史料を使った長南の研究によると次のようなことが指摘できるという。

①乃木第三軍が第一回総攻撃でとった強襲法は当時の戦術界の常識であり、それは成功の一歩手前まで到達していた。決して失敗とは言えない。

②二百三高地攻略に際して、児玉が乃木から指揮を預かったことは事実だが、その際乃木第三軍および師団参謀が計画したことを児玉は承認しただけである。その主戦法はやはり「肉弾」注入方式であった。

③乃木第三軍司令部が同一の攻撃法を繰り返し失敗したという批判は的外れであり、失敗の経験から教訓を引き出し戦術改良を実施していた。

④伊地知参謀長を谷＝司馬は「老朽変則の人物」と、誤読したが、それは伊地知参謀長ではなく石田師団参謀長のことである。

⑤司馬は、乃木が第三軍司令官になったのは山県の力によるものであり、薩長のバランス人事だと見ているが、当時の「先任順からすると順当で常識的な人事であった」。

⑥第一回総攻撃後の正攻法への戦術転換は乃木の決断によるものであり、それが「旅順攻略の一歩となった」。乃木の指揮の意義は大きい。

⑦第一回総攻撃において多くの損害を出しながら各師団長から不平の声があがらなかったのは乃木の統率力によるものであり、また、軍司令官は一般に自軍優先になりがちだが、乃

木にそうしたところがなく大局観は間違いなくあった。これらの長所から乃木は「名将という名に恥じない」。

反論の望まれるところだが、これらは新しい史料的研究によるものであり、覆すのは難しいのではないかと思われる。

なお、志岐守治《しきしゆじ》中将という人の「第一線勤務者」の感想として、乃木には「軽蔑の念を以て」いた、〝旅順が落ちねば乃木は自決する〟〝子息が二人戦死した〟などと言われても「ご随意」「知らぬ事」「当然位に考えたに過ぎなかった」などという意見を谷は書いているが、志岐は鹿児島の出身で上原勇作元帥の薩摩閥に属したおかげで中将になった人であり（機密二四一。松下芳男『日本軍閥の興亡』芙蓉書房、一九七五）、（これまで指摘した人はないが）これは陸軍薩摩閥の長州閥への攻撃材料として言われたことと見られるのである。

### †乃木の詩才

さて、乃木を扱うに欠かせないのはその詩才である。乃木を批判した司馬も認めたものであった。明治の軍人には武士出身者が多く「文武両道」と言われる武士らしい教養があったがとくに乃木にはそれが著しい。もともと乃木は「学者」を志望していたとも言われる。生涯多く

の漢詩を残しているが、代表的な二篇を掲げておこう

　金州城下の作
山川草木《さんせんそうもく》転《うたた》荒涼
十里 風腥《なまぐさ》し 新戦場
征馬《せいば》前《すす》まず 人語らず
金州城外 斜陽に立つ

　凱旋
皇師《こうし》百万強虜《きょうろ》を征し
野戦攻城 屍《しかばね》山を作《な》す
愧《は》ず我何の顔《かんばせ》ありてか父老《ふろう》に看《まみ》えん
凱歌《がいか》今日《こんにち》幾人か還る

旅順戦に参加した桜井忠温は、第一回総攻撃後負傷者の中を乃木がバケツに入れた水を口に入れてまわり「よくやってくれた」と涙ながらに繰り返していたのを見た負傷兵の間に「又来

て乃木さんのもとで死なんことを思わざるものはなかった」「乃木さんの腕に抱かれて死にたいように思った」(『人・乃木将軍』)と著しており、こうしたことが伝わり乃木には「国民的人気」のようなものがあったのだが、その原因の一つがこの詩作にあった。とくに「凱旋」には、大勝利の指揮者として祝されながら、多くの犠牲者を出し「相済まない」「申し訳がない」と感じていた心象がそのまま表現されており、人気の大きな源泉であったといえよう。

郭沫若は「金州城下の作」を「日本人の作った漢詩中の最高傑作である」と言いきっており(『歴史群像シリーズ24 日露戦争』)、萩原朔太郎は煙草を「朝日」に決めていた理由を訊かれて「乃木大将が喫ったからだ」と答え「乃木さんの漢詩は一流だわい」と褒め(嶋岡晨「『詩人』乃木大将」『〝ザ・マン〟シリーズ 乃木希典』所収)、小林秀雄は、山本健吉らと漢詩を談じて「きみ、漱石なんかと乃木を一緒にするのかね。乃木は詩人だよ」と言ったという(五木寛之『ステッセルのピアノ』、以上はいずれも佐々木二〇〇五)。

乃木は後に見るように一部の文学者から激しい批判を受けるが、文学的才能があったからこそ、激しい攻撃を受けることになったのではないかとすら思われるのである。

## †殉死の報道

その「愧ず我何の顔ありてか父老に看ん」という感情の帰結が殉死であった。乃木の殉死を扱った文章で忘れられないのは当時やまと新聞の若い記者であった生方敏郎の書いた報道体験記である。次のような内容である。

殉死当夜、やまと新聞編集室では記者たちが「乃木大将は馬鹿だな」「もつと種のない時に死んでくれりや、全く吾々はどの位助かるか」「あの人は唯大和魂さえあれば、何でも出来ると思ひ込んでいる人だから、たまらないや」といった会話を交わしていた。

こうした罵倒のなかでも舌鋒鋭い「文壇の名物男Y君」は旅順攻囲戦における乃木の戦術をさかんに非難し、「子供は二人とも亡くすし……」という同情論が出ると、「雷声を上げて」叱りつけた。「自分の子供を失ったと云うことは、数万の兵卒を下らなく戦死させたと云う過失を、決して賠償することにはならない」というのである。

そこに姿を現した社長も「乃木が死んだってのう。馬鹿な奴だなあ」と言い「社長万歳」の声さえ起こった。

このあと取材に出て旅館に泊まった生方が、翌朝起きて自社の新聞を手にすると、「四段抜きの大見出しで〔その当時四段抜きは破天荒な大見出しだった〕軍神乃木将軍自殺す」とあり、どの記事も「誠忠無二の軍神乃木大将」といった「尊敬を極めた美しい言葉を以て綴られてあった」。生方は「ただ唖然として」「世の中の表裏をここに見せつけられた」のだった。

ここには、日比谷焼打ち事件で初期の大衆社会に入った日本のマスメディアの状況〔筒井

『戦前日本のポピュリズム』中公新書、二〇一八参照）とともに、乃木をめぐる議論の両極面が鮮やかに映し出されている。インテリの記者たちは乃木を嫌っていたが、漢詩のところで見たように乃木への敬愛の感情も国民の各層の間に広汎に存在していたので新聞はそれに合わせたのである。

新聞記者たちの批判について橋川文三は次のように書いている。この場面では乃木に対する「ほとんど嗜虐的ともいうべき酷薄な悪罵がせきを切ったように氾濫し」ており、「乃木が早くからある嘲弄のためのシンボルとして内在化されていた」ことがわかる。自刃したのがもし東郷平八郎ならこうはなっていなかったろう（「乃木伝説の思想」『橋川文三著作集3』筑摩書房）。

こうした乃木批判はインテリ層の一部に多かったと見て間違いなかろう。九月一五日『信濃毎日新聞』号外は桃山行きの汽車の中での会話を次のように伝えている。「乃木大将はエライコツタスナー　不言実行をヤリヤハツタ　学者は屁理屈許《ばか》り言いよるけれど大将はエライ」。『万朝報』九月二六日には、「似非学者」と書かれた男が「乃木」と書かれた日本刀を抜くと中の刀身に「殉死」と書かれており困惑する「ポンチ絵」が掲載されている（佐々木二〇〇五）。

## †殉死への庶民とインテリの反応

こうしてみると乃木の殉死をめぐる問題は庶民とある種のインテリ層との対立とも見れなくもない。この場合、「ある種の」と限定をつけたのは、乃木の殉死に衝撃・感動を受けて作品を書いた夏目漱石や森鷗外はじめ多くの乃木支持インテリも存在したからである。自然主義を代表する作家田山花袋は、「難攻不落の称ある旅順口の要塞に向い、勇敢無比なる敵兵と戦い、包囲八カ月の後、真に敵将ステッセルをして開城降伏せしめたる乃木陸軍大将の英名は、わが三千年の国史に赫々《かつかく》たる光を放つのみならず、世界文明史の上にも亦光栄ある一頁を占むべきこと、固より言うを俟たず。」「吾人は大将の謹厳、剛毅、堅忍、よくこの大成功を収めたるを祝う」と著している（田山花袋「旅順の戦勝者乃木大将」『日露戦争実記』四九号、一九〇七年一月三頁）。

しかし、大正の時代も進んでいくと乃木の殉死批判の声の方がインテリ層の中で大きくなった面があることは否定できない。それを代表するのが芥川龍之介の『将軍』（一九二二）であった。この小説の最後で、旅順でN将軍の部下であった中村少将に学生の一人息子は次のように言う（以下、抄録）。

「今日追悼会《ついとうかい》のあった、河合《かわい》と云う男などは、やはり自殺しているのです。が、自殺する前に写真をとる余裕はなかったようです。僕は将軍の自殺した気もちは、幾分かわかるような気がします。しかし写真をとったのはわかりません。まさか死後その写真が、どこの店頭にも飾られる事を」。

すでに乃木は「多少戯曲的な、感激の調子」で話をする人とされており、これに最後の写真撮影の件とが組み合わされ、自己顕示的演出性をもった人物として批判されたわけである。

これを真正面から批判したのが、小林秀雄である。小林は、青年の言葉を「作者にしてみれば、これはまあ辛辣な皮肉とでもいう積りなのでありましょう」とし、乃木にとって自殺は「大願成就」なのだから写真撮影に何の問題もなく、そこに「余裕」があって当然で「余裕のない方が人間らしいなどというのは、まことに不思議な考え方である」と痛烈に芥川を批判したのであった。

小林は、日露戦争時、アメリカの新聞社の特派員として第三軍に従軍、乃木に接したスタンレー・ウォシュバンの『Nogi』(一九一三。目黒真澄訳『乃木大将と日本人』講談社学術文庫、一九八〇)に触れ、ウォッシュバンの書いた伝記が「芥川龍之介の作品とまるで違つているのは、乃木将軍という異常な精神力を持った人間が演じねばならなかった異常な悲劇というものを洞察し、この洞察の上にたって凡ての事柄を見ているという点です。この事を忘れて、乃木将軍の人間性などといふものを弄くり廻してはいないのであります」と高く評価している(「歴史と文学」一九四一)。

これは小林の方に分があり、芥川に旅順攻囲戦の司令官の心事を書くことは無理であったように思われる。それに、山鹿素行にも『葉隠』にもあるように、昔から嗜みに気をつけ死後を美しくする自己表出性を考えることは武士道そのものに固有のものであり、キリスト者の植村正久も指摘したことであったから、それを芥川のように近代人の心理から批判することはあまり的を射ていないのである（佐々木二〇〇五）。結局、芥川の批判は内在的なものではなく、外側からのものであっただけに時間を経て持続しうるものではなかったのだといえよう。庶民とインテリの対立は庶民の心情をつかみ得たインテリ小林の登場で一つの帰結を見たのである。

## †福沢の皇室論を絶賛

こうした乃木への内在的理解が欠けている議論の一つに乃木のナショナリズム・皇室についての議論がある。

乃木といえば、明治天皇に殉死したのだから、そのナショナリズム・皇室論は極端で神秘的なものだと考えられがちである。実際、赤穂義士と関係があると見られた山鹿素行の『中朝事実』を尊重し、殉死前に時の皇太子（昭和天皇）にこれを献上している。

しかし、意外な事実がある。福沢諭吉の『帝室論・尊王論』（時事新報社、一九一一）が出た時、乃木はこれを購入・完読し「流石に議論に根柢がある」と周囲に賞賛、学習院図書館に寄贈したのだった。

福沢の皇室論は、福沢らしく神秘主義を排し、その有用性に皇室の存在根拠を求めたものである。福沢は、民心の調和・沈静の作用という皇室の実利性に注目していた。「至宝」とされるものは実用性を去るほど尊ばれるのであり、人間もその家名や先祖の功業ゆえに尊重されるところがある。そうした系譜の中から仮に時に凡庸な人が出てもそれによっていれば栄誉は維持しうる。だから「国民一般に尚古懐旧の情を養成して」皇室を守るようしたらよい、と福沢はいうのである。これを乃木は絶賛したのだ。

福沢と乃木と言えば、明治における実用主義と精神主義の対極をなしているように見られるからこれは意外な共通性である。しかし、乃木は軍人である。軍人というものはもっと合理的な存在だと考え直したほうが、こういう論点はよく理解できるであろう。少なくとも明治の軍人には。

その点で重要なのは乃木ら明治の軍人と昭和の軍人との違いという問題である。最後にこの点を論じておきたい。

## †乃木・長州閥排撃から作られた「昭和軍閥」

『乃木希典と日露戦争の真実』の著者桑原嶽《くわはらたけし》は、谷寿夫の講義を検討し、それは陸大専科学生というエリートだけに行われたものであったとし、この講義を受けた大正後期の陸大卒業生の中から「乃木大将なんか大したことはない」などと放言してはばからぬものが出てきた、と指摘している。さらに、大正後期に陸大教官による陸大からの長州閥排除策動が行われていることも谷講義と関係があるのではないかという可能性も示唆している。

調べてみると、谷は二度陸大教官をしており、その時期は最初は一九一九年四月〜一九二〇年一〇月だが、二度目は一九二四年二月〜一九二七年三月である。通算四年七ヵ月と長いので影響力も大きかったものと思われることもさることながら、専攻科学生向きの日露戦史の講義が行われた一九二五年を含む二度目の在籍はとくに重要である。

そして、この講義を直接聞いたのが塚田攻《おさむ》（陸士一九期、日米戦争開戦時参謀本部次長）、山脇正隆（一八期、一九三八年陸軍次官）、天野六郎（一五期）、池野松二（一六期）、草場辰己（二〇期）、中島完一（一七期）ら、陸士一五期から二〇期までのエリート将校である。

「昭和軍閥」の母体となったのは、「バーデンバーデンの盟約」から二葉会・木曜会・一夕会に至る永田鉄山・小畑《おばた》敏四郎《としろう》・岡村寧次《やすじ》（以上、陸士一六期の三羽烏）・東条英機（陸士一七期）らのグループであるが、彼らが陸大教官となった時期は、小畑一九二三年八月〜二六年一二月、永田一九二三年一〇月〜二四年八月、一九二四年一二月〜二六年一〇月、東条一九二二年一一月〜二六年三月である（筒井『二・二六事件とその時代』ちくま学芸文庫、二〇〇六。岡村は経験なし）。講義が行われた一九二五年は三人ともまるまる在籍している。この時期、彼らは長州閥排斥のため、陸大入試の面接試験の際、山口県出身者を入学させない活動を行っていたのである。両者は重なる。

桑原は、その後の教官が谷の講義を使用した可能性があることを書いているが、内容からしてそもそも谷の講義はかなり評判の講義だったと思われる。当時の陸大教官は三〇名程度と見られ、永田・東条らがこれを知らなかったとは考えられない（「付録第六　陸軍大学校職員名簿」『陸軍大学校』からの類推）。永田らが同期の池野らから何も聞かなかったと考える方が不自然であろう。いや、彼らの長州閥排斥活動に格好の根拠を提供したものと考えてもそれほどおかしくはないだろう。

陸大外の参謀本部に勤務していた藤室良輔大尉が谷の陸大戦史研究課題に影響を受け、「武将論」という児玉礼賛・乃木批判の文章を書いていたことを今村均が記録している（『私記・一軍人六十年の哀歓』芙蓉書房、一九七〇、七二〜七七頁）。

また、谷は一度目の陸大教官をした後、この二度目の陸大教官の着任前にインド駐在武官をしており（一九二〇年一〇月〜二三年一一月）、近東・中央アジア・南アジア方面の日本陸軍の諜報体制の構築・充実化の中心人物であった。アフガニスタンを探訪調査し、スパイ利用・国王暗殺クーデター等の方策を提案している。これらは後の参謀本部第二部の活動に大きな影響を与えており、一九三六年時点でのアフガニスタンにおける陸軍の謀略工作にも影響を及ぼしたと見られている（田嶋信雄『日本陸軍の対ソ謀略――日独防共協定とユーラシア政策』吉川弘文館、二〇一七、四三〜四六、一三五〜一三七頁）。谷は諜報の専門家であり、一筋縄ではいかない人物なのであって、谷の講義内容を純軍事的のみに見ることはできないのである。

前述のように、谷著にわざわざ書き込まれた前線（「第一線勤務者」）の「乃木批判」は上原勇作元帥系の薩摩閥からの乃木・長州閥攻撃の一環と見られる（上原自身は乃木批判をしていないが、谷講義作成には大きな影響を与えている〔今村前掲書、七二〜七四頁〕）。この上原・薩摩閥系から真崎甚三郎・荒木貞夫らの皇道派が現れ永田らとともに、長州閥の流れを汲む宇垣一成閥を打倒し「昭和軍閥」は作られる。谷講義・乃木批判は陸軍派閥抗争史（長州閥・宇垣閥対薩摩閥・「昭和軍閥」）の中での後者からの前者攻撃の一環として見られなければならないものなのである。

ただ、そうすると大きくいえば乃木・長州閥排撃から「昭和軍閥」は生まれてきたことになる。実際、昭和の日中戦争から日米戦争にかけて長州閥排撃活動が行われたと見られる後の陸軍の中枢には、長州出身者は陸軍大臣などをしたロボットとして著名な寺内寿一《ひさいち》しかいなかった。

司馬は乃木を攻撃することで「昭和軍閥」を攻撃しているつもりだったようだが、攻撃のベクトルを間違えており、「昭和軍閥」と歩調を合わせて乃木を攻撃していたわけである。

しかも、今日「乃木愚将論」も否定されつつある。多大の犠牲を伴う旅順攻囲戦の悲劇は誰も向き合いたくないものだが、だからと言って派閥抗争に利用したり、その尻馬に乗せられスケープゴートを作ってその人にすべてをなすりつけてすますような思考法から我々は早く訣別すべきではないだろうか。乃木は、そうした思考の犠牲者として今我々の前に存在しているのである。

## さらに詳しく知るための参考文献

大濱徹也『乃木希典』（講談社学術文庫、二〇一〇）……戦後に出た乃木研究の基礎的文献となるもの。参考になることが多い労作である。著者が初版（一九六七）で「乃木希典は、敗戦によって全く無視され、忘却されてしまった人物である」としていることも感慨を起こさせる。ただ、乃木殉死の反響を扱った大宅壮一の『炎は流れる1』（文藝春秋新社）は一九六四年に刊行されているので「全く無視」ではないだろうが。

佐々木英昭『乃木希典——予は諸君の子弟を殺したり』（ミネルヴァ書房、二〇〇五）……乃木に関する様々な史料・議論をよく整理した今日の乃木研究の水準を示す好著。本書も多く参考にさせてもらった。軍事的問題よりもっと広い思想的・社会的問題として扱っている。乃木に関する参考文献は本書巻末参照。

谷寿夫『機密日露戦史』（原書房、一九六六）……司馬の乃木批判の源泉となった書物だが、「昭和軍閥」を養成した書でもある可能性の高いことは本文に書いた。谷自身は南京戦裁判で戦犯として処刑された。

司馬遼太郎『坂の上の雲4・5』（文春文庫、一九九九）／『殉死』（文春文庫、二〇〇九）……司馬自身、「フィクションをいっさい禁じて書くことにした」（司馬遼太郎「坂の上の雲　秘話」『司馬遼太郎全講演』5、朝日新聞社、二〇〇四、一七九頁）と本書をノンフィクションと自任しているので批判されるのはやむを得ないが、大濱書のはしがきを見ると乃木や日露戦争への関心を高めた功績は大きいことがわかる。

桑原嶽『乃木希典と日露戦争の真実——司馬遼太郎の誤りを正す』（PHP新書、二〇一六）……司馬遼太郎の乃木批判に対する批判として入手しやすい書であり、勧められる。

長南政義『新史料による日露戦争陸戦史——覆される通説』（並木書房、二〇一五）……表題に関する最新の研究書。多くの新しい知見が得られる。軍人乃木を批判するには本書以上の研究書を書かねばならないだろう。乃木と日露戦争に関する参考文献については本書巻末参照。

# 編・執筆者紹介

**筒井清忠**（つつい・きよただ）【編者／はじめに・第22講】
一九四八年生まれ。帝京大学文学部日本文化学科教授・文学部長。東京財団政策研究所上席研究員。京都大学大学院文学研究科博士課程単位取得退学。博士（文学）。専門は日本近現代史、歴史社会学。著書『昭和戦前期の政党政治』（ちくま新書）、『戦前日本のポピュリズム』（中公新書）、『昭和史講義』『昭和史講義2』『昭和史講義3』（以上、編著、ちくま新書）、『近代日本文化論』（共編、岩波書店）、『時代劇映画の思想』（ウェッジ文庫）、『近衛文麿』『日本型「教養」の運命』（以上、岩波現代文庫）など。

＊

**落合弘樹**（おちあい・ひろき）【第1講】
一九六二年生まれ。明治大学文学部教授。中央大学大学院博士後期課程退学。博士（文学）。専門は幕末・維新史。著書『明治国家と士族』『西郷隆盛と士族』（以上、吉川弘文館）、『秩禄処分――明治維新と武家の解体』（講談社学術文庫）など。

**家近良樹**（いえちか・よしき）【第2講】
一九五〇年生まれ。大阪経済大学特別招聘教授。同志社大学大学院文学研究科博士課程単位取得退学。博士（文学）。専門は幕末・維新史。著書『江戸幕府崩壊――孝明天皇と「一会桑」』（講談社学術文庫）、『ある豪農一家の近代――幕末・明治・大正を生きた杉田家』（講談社選書メチエ）、『その後の慶喜――大正まで生きた将軍』（ちくま文庫）など。

**勝田政治**（かつた・まさはる）【第3講】
一九五二年生まれ。国士舘大学文学部教授。早稲田大学大学院文学研究科博士課程単位取得退学。博士（文学）。専門は日本近代史。著書『内務省と明治国家形成』（吉川弘文館）、『廃藩置県――「明治国家」が生まれた日』『〈政事家〉大久保利通――近代日本の設計者』（以上、講談社選書メチエ）、『小野梓と自由民権』（有志舎）、『大久保利通と東アジア――国家構想と外交戦略』（吉川弘文館）、『明治国家と万国対峙――近代日本の形成』（角川選書）など。

**苅部 直**（かるべ・ただし）【第4講】
一九六五年生まれ。東京大学法学部教授。東京大学大学院法学政治学研究科博士課程修了。博士（法学）。専門は日本政治思想史。著書『光の領国 和辻哲郎』（岩波現代文庫）、『丸山眞男――リベラリストの肖像』（岩波新書）、『秩序の夢――政治思想論集』（筑摩書房）、『「維新革命」への道――「文明」を求めた十九世紀日本』（新潮選書）、『日本思想史への道案内』（NTT出版）など。

**小宮一夫**（こみや・かずお）【第5講】
一九六七年生まれ。文部科学省教科書調査官。中央大学大学院博士後期課程修了。博士（史学）。専門は日本近現代史。著書『条約改正と国内政治』（吉川弘文館）、『戦後日本の歴史認識』（共編、東京大学出版会）、『人物で読む近代日本外交史――大久保利通から広田弘毅まで』（共編、吉川弘文館）など。

**瀧井一博**（たきい・かずひろ）【第6講】
一九六七年生まれ。国際日本文化研究センター教授。京都大学大学院法学研究科博士課程単位取得退学。博士（法学）。専門は国制史、比較法史。著書『文明史のなかの明治憲法――この国のかたちと西洋体験』（講談社選書メチエ）、『伊藤博文――知の政治家』（中公新書）『明治国家をつくった人びと』（講談社現代新書）、『渡邉洪基――衆智を集むるを第一とす』（ミネルヴァ書房）など。

**湯川文彦**（ゆかわ・ふみひこ）【第7講】
一九八四年生まれ。お茶の水女子大学文教育学部助教。東京大学大学院人文社会系研究科博士課程単位取得退学。博士（文学）。専門は日本近代史。著書『立法と事務の明治維新――官民共治の構想と展開』（東京大学出版会）。

**五百旗頭　薫**（いおきべ・かおる）【第8講】
一九七四年生まれ。東京大学大学院法学政治学研究科教授。東京大学法学部卒業。博士（法学）。専門は日本政治外交史。著書『大隈重信と政党政治――複数政党制の起源　明治十四年－大正三年』（東京大学出版会）、『条約改正史――法権回復への展望とナショナリズム』（有斐閣）、『日本政治史の新地平』（共編、吉田書店）、『自由主義の政治家と政治思想』（共編、中央公論新社）など。

**永島広紀**（ながしま・ひろき）【第9講・第10講】
一九六九年生まれ。九州大学韓国研究センター教授。九州大学大学院人文科学府博士後期課程単位修得満期退学。博士（文学）。専門は朝鮮近現代史、日韓関係史。著書『戦時期朝鮮における「新体制」と京城帝国大学』（ゆまに書房）、『寺内正毅と帝国日本――桜圃寺内文庫が語る新たな歴史像』（共編、勉誠出版）など。

**川島　真**（かわしま・しん）【第11講】
一九六八年生まれ。東京大学大学院総合文化研究科教授。東京大学大学院人文科学研究科博士課程単位取得満期退学。博士（文学）。専門はアジア政治外交史。著書『中国近代外交の形成』（名古屋大学出版会）、『近代国家への模索　1894-1925（シリーズ中国近現代史2）』『中国のフロンティア――揺れ動く境界から考える』（以上、岩波新書）、『21世紀の「中華」――習近平中国と東アジア』（中央公論新社）など。

**清水唯一朗**（しみず・ゆいちろう）【第12講】
一九七四年生まれ。慶應義塾大学総合政策学部教授。慶應義塾大学大学院法学研究科博士課程単位取得退学。博士

（法学）。専門は日本政治外交史、オーラルヒストリー。著書『政党と官僚の近代——日本における立憲統治構造の相克』（藤原書店）、『近代日本の官僚——維新官僚から学歴エリートへ』（中公新書）、『憲法判例からみる日本——法×政治×歴史×文化』（共編、日本評論社）など。

小林和幸（こばやし・かずゆき）【第13講】
一九六一年生まれ。青山学院大学文学部教授。青山学院大学大学院博士後期課程満期退学。博士（歴史学）。専門は日本近代史。著書『明治立憲政治と貴族院』（吉川弘文館）、『谷干城——憂国の明治人』（中公新書）、『「国民主義」の時代——明治日本を支えた人々』（角川選書）、『明治史講義【テーマ篇】』（編著、ちくま新書）など。

麓 慎一（ふもと・しんいち）【第14講】
一九六四年生まれ。新潟大学人文社会教育科学系教授。北海道大学大学院文学研究科博士課程単位取得退学。博士（文学）。専門は日本近世史・近代史。著書『近代日本とアイヌ社会』（山川出版社）、『開国と条約締結』（吉川弘文館）。

千葉 功（ちば・いさお）【第15講・第16講】
一九六九年生まれ。学習院大学文学部教授。東京大学大学院博士課程修了。博士（文学）。専門は日本近現代史。著書『旧外交の形成——日本外交 一九〇〇～一九一九』（勁草書房）、『桂太郎——外に帝国主義、内に立憲主義』（中公新書）、『桂太郎関係文書』（東京大学出版会）など。

西川 誠（にしかわ・まこと）【第17講】
一九六二年生まれ。川村学園女子大学教授。東京大学大学院博士課程中退。専門は日本近代史。著書『明治天皇の大日本帝国』（講談社）、『日本立憲政治の形成と変質』（共編著、吉川弘文館）、『山縣有朋関係文書』全三巻（共編、山川出版社）など。

奈良岡聰智（ならおか・そうち）【第18講】
一九七五年生まれ。京都大学大学院法学研究科教授。京都大学大学院法学研究科博士後期課程修了。博士（法学）。専門は日本政治外交史。著書『加藤高明と政党政治』（山川出版社）、『「八月の砲声」を聞いた日本人』（千倉書房）、『対華二十一カ条要求とは何だったのか』（名古屋大学出版会）など。

三浦泰之（みうら・やすゆき）【第19講】
一九七四年生まれ。北海道博物館学芸員。京都大学大学院文学研究科日本史学専攻修士課程中退。専門は日本近世史、北海道の文化史。著書『松浦武四郎研究序説――幕末維新期における知識人ネットワークの諸相』（共編、北海道出版企画センター）、『新版北海道の歴史　上　古代・中世・近世編』（共著、北海道新聞社）、「戦前・戦後の北海道を生きた撮影技師・栃木栄吉の生涯――北海道記録映画史序説」（『北海道開拓記念館研究紀要』第四二号所収）など。

田中智子（たなか・ともこ）【第20講】
一九六九年生まれ。京都大学大学院教育学研究科准教授。京都大学大学院文学研究科博士後期課程研究指導認定退学。博士（文学）。専門は日本近現代史、教育史。著書『近代日本高等教育体制の黎明』（思文閣出版）、『日本女性史研究文献目録 1868-2002 CD-ROM 版』（共著、東京大学出版会）、論文「『満洲の思い出』考――ある女性の満洲体験」（『女性史学』七号）など。

クリストファー・W・A・スピルマン（Christopher W. A. Szpilman）【第21講】
一九五一年生まれ。帝京大学文学部日本文化学科教授。米国エール大学大学院歴史学部博士課程修了。博士（Ph.D. 歴史学）専門は日本近現代史。著書『近代日本の革新論とアジア主義』（芦書房）、*Routledge Handbook of Modern Japanese History*（共編著、Routledge）、『満川亀太郎書簡集――北一輝・大川周明・西田税らの書簡』（共編著、論創社）、*Pan-Asianism: A Documentary History*（1・2、共編著、Rowman & Littlefield）など。

ちくま新書
1319

明治《めいじ》史《し》講義《こうぎ》【人物篇《じんぶつへん》】

二〇一八年四月一〇日　第一刷発行

編　者　筒井清忠（つつい・きよただ）
発行者　山野浩一
発行所　株式会社　筑摩書房
東京都台東区蔵前二-五-三　郵便番号一一一-八七五五
振替〇〇一六〇-八-四一二三
装幀者　間村俊一
印刷・製本　株式会社　精興社



乱丁・落丁本の場合は、左記宛にご送付ください。送料小社負担でお取り替えいたします。
ご注文・お問い合わせも左記へお願いいたします。
〒三三一-八五〇七　さいたま市北区櫛引町二-六〇四
筑摩書房サービスセンター　電話〇四八-六五一-〇〇五三



ISBN978-4-480-07140-8 C0221

## ちくま新書

1318 明治史講義【テーマ篇】 小林和幸編

信頼できる研究を積み重ねる実証史家の知を結集。20のテーマで明治史研究の論点を整理し、変革と跳躍の時代を最新の観点から描き直す。まったく新しい近代史入門。

1136 昭和史講義 ——最新研究で見る戦争への道 筒井清忠編

なぜ昭和の日本は戦争へと向かったのか。複雑きわまる戦前期を正確に理解すべく、俗説を排して信頼できる史料に依拠。第一線の歴史家たちによる最新の研究成果。

1194 昭和史講義2 ——専門研究者が見る戦争への道 筒井清忠編

なぜ戦前の日本は破綻への道を歩んだのか。その原因をより深く究明すべく、二十名の研究者が最新研究の成果を結集する。好評を博した昭和史講義シリーズ第二弾。

1266 昭和史講義3 ——リーダーを通して見る戦争への道 筒井清忠編

昭和のリーダーたちの決断はなぜ戦争へと結びついたのか。近衛文麿、東条英機ら政治家・軍人のキーパーソン15名の生い立ちと行動を、最新研究によって跡づける。

983 昭和戦前期の政党政治 ——二大政党制はなぜ挫折したのか 筒井清忠

政友会・民政党の二大政党制はなぜ自壊したのか。軍部台頭の真の原因を探りつつ、大衆政治・劇場型政治が誕生した戦前期に、現代二大政党制の混迷の原型を探る。

1096 幕末史 佐々木克

日本が大きく揺らいだ激動の幕末。そのとき何が起き、何が変わったのか。黒船来航から明治維新まで、日本の生まれ変わる軌跡をダイナミックに一望する決定版。

951 現代語訳 福澤諭吉 幕末・維新論集 福澤諭吉 山本博文訳/解説

激動の時代の人と風景を生き生きと描き出した傑作評論選。勝海舟、西郷隆盛をも筆で斬った福澤思想の核心とは。「瘦我慢の説」「丁丑公論」他二篇を収録。